Sammlung Metzler
Band 252

Helmut Glück / Wolfgang Werner Sauer

Gegenwartsdeutsch

2., überarbeitete und erweiterte Auflage

Verlag J.B. Metzler
Stuttgart · Weimar

Die Deutsche Bibliothek – CIP-Einheitsaufnahme

Glück, Helmut:
Gegenwartsdeutsch /
Helmut Glück/Wolfgang Werner Sauer.
2., überarb. und erw. Aufl.,
– Stuttgart ; Weimar : Metzler, 1997
(Sammlung Metzler ; Bd. 252)
ISBN 978-3-476-12252-0
NE: Sauer, Wolfgang Werner; GT

ISBN 978-3-476-12252-0
ISBN 978-3-476-04110-4 (eBook)
DOI 10.1007/978-3-476-04110-4
ISSN 0558–3667

SM 252

Ursprünglich erschienen bei J.B. Metzlersche Verlagsbuchhandlung
und Carl Ernst Poeschel Verlag GmbH in Stuttgart 1997

Inhalt

Verzeichnis der Abkürzungen

1. Zeitungen und Zeitschriften

DS	Der Sprachdienst, Wiesbaden
FAZ	Frankfurter Allgemeine Zeitung
FG	Fachdienst Germanistik, München
FR	Frankfurter Rundschau
HAZ	Hannoversche Allgemeine Zeitung
LB	Linguistische Berichte, Braunschweig
LiLi	Zeitschrift für Literaturwissenschaft und Linguistik (heute Stuttgart)
LS ZISW	Linguistische Studien, Zentralinstitut für Sprachwissenschaft der AdW der DDR, Berlin
ND	Neues Deutschland, Berlin
NOZ	Neue Osnabrücker Zeitung
NZZ	Neue Züricher Zeitung
OBST	Osnabrücker Beiträge zur Sprachtheorie
Sp.	Der Spiegel, Hamburg
StZ	Stuttgarter Zeitung
SWP	Südwestpresse, Ulm/Do.
SZ	Süddeutsche Zeitung, München
TAZ	Tageszeitung, Berlin
Tsp.	Tagesspiegel, Berlin
WamS	Welt am Sonntag, Bonn
ZGL	Zeitschrift für Germanistische Linguistik, Berlin
ZS	Zeitschrift für Sprachwissenschaft, Göttingen

2. Weitere Abkürzungen

ADSV	Allgemeiner Deutscher Sprachverein
AW	Ausgewählte Werke
BadL	Briefe an die Leser. Tausend Briefe von der >Titanic<. Ausgewählt und herausgegebene von Hans Saalfeld. Frankfurt/M. 1986.
CLF	Conseil de la langue française, Quebec
DAAD	Deutscher Akademischer Austauschdienst, Bonn
DaF	Deutsch als Fremdsprache

DUW	Deutsches Universalwörterbuch. Mannheim/Wien/Zürich 1983.
DW	Deutsches Wörterbuch
GfdS	Gesellschaft für deutsche Sprache, Wiesbaden
GI	Goethe-Institut, München
GW	Gesammelte Werke
GWDS	Großes Wörterbuch der deutschen Sprache
HDG	Handwörterbuch der deutschen Gegenwartssprache in zwei Bänden. Berlin DDR 1984.
Hgg.	Herausgeber (pl).
IdS	Institut für deutsche Sprache, Mannheim
MLS	Metzler Lexikon Sprache
MOE	Mittel- und Osteuropa
Vff.	Verfasser (pl.)
WDA	Wörterbuch der deutschen Aussprache. Leipzig 1964. 2. Aufl. Leipzig/München 1969.
WDG	Wörterbuch der deutschen Gegenwartssprache. 6 Bde. Berlin DDR 1962 ff., 9. Aufl. 1978.
Z	Zimmer, Dieter E., Redens Arten. Über Trends und Tollheiten im neudeutschen Sprachgebrauch. Zürich 1986
Zs.	Zeitschrift

3. Technische Konventionen

[ ]	1. phonetische Einheiten 2. Auslassung in Zitaten
/ /	phonologische Einheiten
< >	graphematische Einheiten
( )	Erläuterung von Fachausdrücken
Kursive	Wort- und Wortgruppenzitate und Namen von Publikationen bzw. Publikationsorganen im laufenden Text

Vorwort

Was ist Deutsch? Vor beinahe 100 Jahren parodierte Fritz Mauthner mit seiner Antwort auf diese Frage vermeintlichen Tiefsinn: »Das in unseren Schulen gelehrte Hochdeutsch ist – das in unseren Schulen gelehrte Hochdeutsch« (1901, II: 159).

Um sprechen zu lernen, muß man nicht zur Schule gehen, wohl aber, um etwas über Sprache zu lernen. Und dieses Sprachwissen aus den beiden ersten Lebensjahrzehnten konserviert man, es wird zur Elle, mit der man alle sprachlichen Neuerungen mißt. Neue Erscheinungen in der Sprache werden nicht annähernd so leicht akzeptiert wie z.B. solche im Automobilbau. Was hier neu ist, wird mit Fortschritt gleichgesetzt und begrüßt – das neue Auto ist in jedem Fall besser als das alte. Verändertes Design in der Sprache macht hingegen mißtrauisch. Hier ist der zeitlos-klassische Typ gefragt, das Kunstwerk vergangener Zeiten, wo doch die Sprache »eines der ältesten Kulturgüter, das die Nation zu bewahren hätte, und so ziemlich das wichtigste« (Sp. 84/28, 129) ist. Auch über diese Auffassung spottete schon Fritz Mauthner:

> Man hat die Sprache so oft ein bewunderungswürdiges Kunstwerk genannt, daß die meisten Menschen diese schwebende Nebelmasse in einem verfließenden Begriffe wirklich für ein Kunstwerk halten. Nur daß der eine dieselbe Bildung für eine Wiesenfläche, der zweite sie für einen alten Tempel und der dritte sie für das Porträt seines Großvaters hält (1906, I, 26).

Wer die Literatursprache des späten 18. und des 19. Jahrhunderts mit der deutschen Sprache schlechthin gleichsetzt, wird die Porträts der Großväter im heutigen Deutsch suchen und – wenn er sie findet – restaurieren wollen. Alte Tempel ausgraben, vor dem Verfall bewahren und so weit wie möglich wieder aufbauen wollten nicht nur die Grimms; viele ihrer Nachfolger versuchten und versuchen, das Heiligtum Sprache vor Entweihungen zu bewahren und Frevler zu strafen. Und als eine Spielwiese diente die Sprache schon immer – nicht nur für Dichter wie Christian Morgenstern oder Alfred Döblin, denn auch Graffitimaler und Werbetexter tollen auf ihr herum. Als ein recht uneinheitliches Ganzes bietet sich das Deutsche heute dar, *ein* Begriff, mit dem man es bezeichnen kann, läßt sich nicht finden. Im zweiten Kapitel dieses Buches sind Listen einschlägiger Begriffe zusammengestellt und kommentiert. Mehr als Konturen des Deutschen heute können auch sie nicht sichtbar machen.

Über das Deutsche der Gegenwart zu sprechen oder zu schreiben heißt nicht nur, sich über den aktuellen Zustand unserer Sprache zu äußern, ein System und seinen Gebrauch zu skizzieren. Sprache ist ja kein autonomes Gebilde, entwickelt sich nicht im politikfreien Raum, ist stets beeinflußt von einer Vielzahl sozialer Faktoren. In diesem Buch geht es um die jüngste Entwicklung der deutschen Sprache. Es ist weder eine Grammatik noch eine Darstellung des Wortschatzes noch eine Abhandlung zu soziolinguistischen Entwicklungen noch ein sprachkritisches Traktat, aber von allem ein bißchen, und es beansprucht keine Vollständigkeit. Seine methodische Leitlinie ist es, bemerkenswerte Veränderungen in Sprachstruktur, Sprachgebrauch und Sprachbewertungen zu zeigen, die sich in den letzten Jahrzehnten vollzogen haben oder derzeit (möglicherweise) ablaufen. Die Fehler von heute sind die Regeln von morgen, sagt ein germanistisches Sprichwort. Anders formuliert: »Was gestern noch Ausnahme war, kann heute schon Regel sein« (Helbig 1994, 22). Daran möge sich die Leserin, der Leser an den Stellen erinnern, an denen das vorgeführte Material allzu lax, leger oder ganz einfach falsch erscheint.

Der Schwerpunkt der Darstellung liegt auf den Varietäten des Deutschen, die in der Bundesrepublik Deutschland in den von 1949 bis 1990 geltenden Grenzen und in Westberlin gesprochen und geschrieben wurden. Soweit es uns möglich war, haben wir auch Material aus dem früheren östlichen deutschen Teilstaat herangezogen, der kurz nach Erscheinen der ersten Auflage dieses Buches zu existieren aufhörte und damit die Passagen, die sich mit dem Deutschen in der DDR befaßten, teilweise unaktuell machte. Sie wurden für die zweite Auflange überarbeitet. Die in Österreich und der Schweiz verbreiteten Besonderheiten des Deutschen werden nur gelegentlich erwähnt (ausführlich dazu Ammon 1995).

Lautliche und intonatorische Einheiten, grammatische Formen, Wörter, Sätze und Texte sind die Gegenstände, an denen unsere Beobachtungen sprachlicher Sachverhalte erläutert werden. Doch keiner dieser Sachverhalte existiert ohne die sprechenden und hörenden bzw. schreibenden und lesenden Menschen. Um zu zeigen, was einzelne an Eigenheiten ins Sprachsystem einbringen, wie Gruppen sich über sprachliche Merkmale definieren und dadurch Einfluß nehmen auf die Entwicklung der Sprache, wie der Sprachgebrauch in den Medien die Standardvarietät verändert, wie die politische Entwicklung seit dem zweiten Weltkrieg sich im Deutschen niedergeschlagen hat – um all das zu zeigen, sprechen wir über Personen,

Gruppen, Bewegungen, Institutionen, über Flüchtlinge, Gastarbeiter und Aussiedler, Besatzer und Alternative, über Touristen, Marketingleute, den *Duden*, Computer und politische Korrektheit.

Viel ist geschrieben worden zu den vielen Bindestrich-Sprachen (oft ohne Bindestrich geschrieben), zur DDR-Sprache, zur *Spiegel*-Sprache, zur Werbe-, Medien-, Jugend- und Frauensprache, zu den Fach- und Wissenschaftssprachen. Schillernd ist dabei der Wortbestandteil *-sprache*. Sehr Verschiedenes wird damit bezeichnet: die (angenommene und nie vernünftig belegte) Entwicklung einer besonderen Sprache in vierzig Jahren DDR, der Sprachgestus des wichtigsten Presseorgans der BRD, spezifische sprachliche Eigenheiten verschiedener sozialer Gruppen, Besonderheiten zielgruppengerichteten Sprechens, sachbezogene sprachliche Spezialisierungen. Hinter all diesen mehr oder weniger griffigen Bezeichnungen verbergen sich einigermaßen deutlich konturierte Entwicklungstendenzen in Teilbereichen der Sprache. Einige dieser Labels sind in den Kapitelüberschriften dieses Buches wiederzufinden, andere wird man beim Durchblättern vermissen.

- *Sprachpolitik* und *Sprachplanung* sind zwar nicht das Thema eines einzelnen Kapitels, aber sie sind, besonders in Teil I und Teil III dieses Buches, vielfach zentrale Momente ganzer Kapitel und Abschnitte. Beide Teile folgen einer phänomenologischen Systematik, und bei näherer Betrachtung der einzelnen Phänomene wird vielfach deutlich, in welchem Maße sie von politischen Absichten und Eingriffen bzw. deren Fehlen bestimmt sind. Das Gesagte gilt entsprechend für den Bereich
- *Sprachplanung* und *Sprachenrecht*. Sprachenrechtliche Fragen werden an verschiedenen Stellen im jeweiligen Zusammenhang angesprochen. Problemen der Sprachplanung ist beispielsweise das gesamte Kapitel 12 gewidmet. Auch die Auswirkungen der Computerisierung vieler Kommunikationsvorgänge auf die Sprache (Kap. 10) sind unter diesem Gesichtspunkt zu nennen.
- Die *Sprache in der Politik*, also die spezifischen Register der politischen Rede, der regierungsamtlichen Verlautbarung, des Grußworts, des Dementi usw., kommt in Beispielen und Zitaten häufig vor.
- Die *Mediensprache* (»Journalesisch«) gibt es, vielen Buchtiteln zum Trotz, als einheitliche Erscheinung sowieso nicht – zu verschieden sind die Themen, die stilistischen und pragmatischen Eigentümlichkeiten und die sprachliche Gestalt journalistischen Sprechens und Schreibens. Analysen und Betrachtungen zu den Fernsehnachrichten, zu Fußballreportagen, zu Wirtschaftsberich-

ten, Leitartikeln und vielem anderen fehlen in diesem Buch. Das Kapitel zur Reklamesprache (9) befaßt sich allerdings mit einem wichtigen Ausschnitt aus diesem Themenbereich. Ein Großteil des Beispiel- und Belegmaterials stammt aus den Medien; sie sind insofern durchgängig ein zentraler sachlicher Bezugspunkt.
- *Fachsprachen* gibt es bekanntlich viele, und obwohl ein systematisches Kapitel zu diesem Bereich fehlt, kommen Fachsprachen unterschiedlicher Art laufend vor, besonders solche, die in die Alltagssprache eingedrungen sind. Das sind z.B. Fachsprachen aus verschiedenen Zweigen des Transportgewerbes, aus der Werbung, der Psychologie, der Computertechnik usw. – sie gehören zweifellos zum Gegenwartsdeutschen. Ähnliches gilt für das Thema
- *Fremdwörter* bzw. *Internationalismen.* Fast in jedem Kapitel ist das Problem der um sich greifenden Anglizismen im jeweiligen Zusammenhang thematisiert, so daß ein eigenständiges Kapitel dazu entfallen konnte. Dasselbe gilt für die Themen
- *Gruppen-* und *Sondersprachen, Dialekte* und *Soziolekte*: Diese Themen sind verschiedentlich angesprochen, ein exemplarischer Fall ist Thema eines Kapitels geworden (Kap. 8), aber sie werden nicht systematisch als besondere linguistische Gegenstände abgehandelt.

Bei der Auseinandersetzung mit dem Deutschen heute schien es uns unerläßlich zu sein, mit dem zeitgeschichtlichen Rahmen zu beginnen; wirkliche »sprachhistorische Tiefe«, die Gotthard Lerchner (1992, 710) sich in einer Rezension zur 1. Auflage gewünscht hat, kann und will dieses Buch nicht bieten.

Die Beschäftigung mit dem Namen *deutsch* hat in der Sprachwissenschaft eine lange Tradition, und seine Entstehung und Entwicklung sind hinlänglich aufgearbeitet. Wir beginnen deshalb mit einer Darstellung des Dilemmas, das man seit 1945 mit der Verwendung dieses Worts (und vieler seiner Komposita) hat, im privaten wie im öffentlichen Leben. Wie das Deutsche, das wir alle sprechen und schreiben (sollen), von diesem Dilemma berührt wird, diskutieren wir im zweiten Kapitel an althergebrachten Beispielen, mit denen Klagen über den angeblichen Verfall unserer Sprache schon immer gerne illustriert wurden. Weniger spektakulär, aber sehr viel systematischer im Sinne einer sprachwissenschaftlichen Darstellung lassen sich diese Vorgänge an verschiedenen Punkten der Grammatik selbst demonstrieren. Teil II des Buches befaßt sich mit Entwicklungen und Entwicklungstendenzen im Sprachsystem des Gegenwartsdeutschen. Was uns am Sprechen und Schreiben des heutigen Deutsch bemerkenswert zu sein scheint, behandeln wir in Teil III. Dort greifen wir auffällige Entwicklungstendenzen auf, manchmal auch an, und versuchen gelegentlich, den jeweiligen Zeitgeist einzufangen.

Grammatiken, Wörterbücher und andere Texte, die das Deutsche insgesamt oder teilweise beschreiben oder beschreiben wollen, müssen mit *Resultaten* arbeiten – nämlich den Resultaten früherer Sprachveränderungsprozesse, die zum Zeitpunkt der jeweiligen Beschreibung den Standard darstellen, ggf. auch Varianten dieses Standards:

Sprachwandel läuft in der Zeit ab, ist aber auch ein Moment synchroner Sprachzustände, denn in jedem aktuellen Sprachzustand gibt es altertümliche oder »veraltende« Elemente und andererseits »Neuerungen«, »Sprachmoden« und »verbreitete Fehler«, die sich v.a. in der Lexik als Stilebenen oder unterschiedlich bewertete Normen gegenüberstehen; sie werden v.a. in der Soziolinguistik und der Dialektologie untersucht. Der Generationenwechsel ist der soziale Ort aller Sprachveränderung, und da das Zusammenleben verschiedener Generationen jede soziale und sprachliche Gegenwart kennzeichnet, ist Sprachwandel ein stets aktuell ablaufender Vorgang und nicht nur ein abgeschlossenes Resultat historischer Abläufe (MLS 590).

Was Grammatiken, Wörterbücher und Bücher wie dieses folglich nicht können: Sie können die künftige Sprachentwicklung nicht vorhersehen, sie können nicht absehen, ob sich aktuelle Substandard-Varianten als Standard durchsetzen, ob aktuelle Fehler sich zu akzeptablen Varianten mausern. Deshalb ist es lehrreich, verschiedene Auflagen einer Grammatik oder eines Wörterbuches miteinander zu vergleichen, denn man kann an vielen Stellen zeigen, daß sie Sprachwandel reflektieren, aber – notwendigerweise – stets *post festum*. Ein Beispiel sind die Regeln für die Verwendung des Konjunktivs in der indirekten Rede, deren sukzessive Liberalisierung seit 1970 auch grammatographisch Schritt für Schritt nachvollzogen wurde. Nicht, daß sich zuvor alle Sprecher an die früheren Normen gehalten hätten; jedoch machten sie vor 1970 Fehler, wenn sie das taten, und seither verwenden sie Varianten des Standards. Auch die zweite Auflage dieses Buchs ist deshalb beim Erscheinen schon am Veralten, und dieser Veraltensprozeß geht weiter in dem Tempo, in dem Sprachveränderungen ablaufen.

In den vergangenen sechs Jahren war dieses Tempo hoch. Deshalb mußte dieses Buch komplett überarbeitet und teilweise neu geschrieben werden. Der in der ersten Auflage (S. XI) erwähnte, aber nicht abgedruckte Text über *Sprache und Sexus* ist inzwischen an anderer Stelle erschienen (Glück/Sauer 1990). Das Kapitel *Bildungsjournalismus* der 1. Auflage wurde herausgenommen wegen seiner starken Zeitbezogenheit. Dazugekommen ist ein Abschnitt über *Po-*

litische Korrektheit (8.4), und das Kapitel 9 (*Reklamesprache*) wurde ausgeweitet. Für die Neufassung des Kapitels über *Kommunikation im Computerzeitalter* haben wir Marco Crueger als Autor gewonnen. Das 11. Kapitel (*Westdeutsch + Ostdeutsch = Gesamtdeutsch*) ist neu entstanden, ebenso Kapitel 12.2 (*Die Rechtschreibreform*). Das Literaturverzeichnis wurde aktualisiert und gestrafft.

Dem Problem der Geschlechtsspezifikation bei allen Ausdrücken, die Personen bezeichnen, sind wir dadurch aus dem Weg gegangen, daß wir die generische Form verwendet haben: »[...] Mit generischen Ausdrücken oder generischem Gebrauch von Ausdrücken wird von der individuellen Eigenschaft des natürlichen Geschlechts einzelner Mitglieder einer Klasse abstrahiert, z.B. *die Kinder*. Da das Deutsche durch eine Tendenz zur Geschlechtsspezifikation charakterisiert ist, sind generische Lexeme selten (z.B. *Mensch, Person, Wesen*). I.d.R. werden das Maskulina [...] generisch gebraucht: *alle Lehrer* für *Lehrerinnen und Lehrer*. Dieser asymmetrische Sprachgebrauch wird zunehmend kritisiert: Die Sprachkritik der feministischen Linguistik sieht in der Mehrdeutigkeit der maskulinen Formen keine wirkliche Neutralisierung, sondern die Gefahr, daß beim Sprechen Frauen ausgeklammert und beim Hören nur Männer assoziert werden.« (Gisela Schoenthal im MLS, 213). Weshalb wir generische Ausdrücke für sinnvoll und nicht für diskriminierend halten, haben wir in dem erwähnten Aufsatz erläutert (Glück/Sauer 1990, vgl. auch Leiß 1994) Wir meinen also immer, wenn wir Ausdrücke wie *Jahrespraktikant* oder *Teilnehmerbefragung* verwenden, *Jahrespraktikanten* und *Jahrespraktikantinnen* oder *Teilnehmerbefragung* und *Teilnehmerinnenbefragung.*

Entstanden ist die 1. Auflage dieses Buches zwischen zwei Welten. Jeweils einer der beiden Autoren lebte und arbeitete zwischen 1985 und 1990 in Kairo, der andere in Hannover, und eine Zeitlang waren wir gemeinsam in Ägypten. Die gelegentliche Diskussion von Fragen des Deutschen als Fremdsprache und des Deutschen im anderssprachigen Ausland ist jedenfalls kein Zufall. Wir haben uns bemüht, dieses Buch *auch* für Germanisten und Germanistikstudenten außerhalb des deutschen Sprachraums lesbar zu gestalten. Auslandsgermanisten sind bekanntlich angewiesen auf aktuelle »Nachrichten aus dem sprachlichen Inland«, und dieses Buch enthält solche Nachrichten. Insofern möchte es auch als ein Beitrag zur »Förderung der deutschen Sprache im Ausland« verstanden werden.

Am Ende dieses Vorworts möchten wir den vielen Lesern der ersten Auflage danken, die uns öffentlich in Rezensionen und privat in Briefen oder Gesprächen Kritik und Lob mitgeteilt haben, was für die Arbeit an der zweiten Auflage sehr nützlich war. Zu danken haben wir auch Friederike Schmöe, Peter Ritter, Gisela Rumold, Stefan Deinzer und Sabine Schwertführer, die uns redaktionell geholfen haben. Unser gemeinsames Buch bleibt zwei Nichtgermanisten zugeeignt: Klaus und Ursula Wyneken, die von 1976 bis 1989 den akademischen Austausch zwischen Ägypten und der Bundesrepublik Deutschland organisiert und gefördert haben, auch und gerade im Bereich der Germanistik.

I. Deutsche Normen

1. Der Name »Deutsch«

1.1 Mehrheitssprachen und Minderheitssprachen

Das Deutsche ist gegenwärtig für etwa 100 Millionen Menschen Muttersprache, von denen etwa 80% in Deutschland leben. Es ist alleinige Amtssprache in Deutschland, Österreich und Liechtenstein. In der Schweiz und in Luxemburg ist Deutsch eine von mehreren gleichberechtigten Amtssprachen (vgl. Ammon 1995). Regionale Amtssprache ist das Deutsche in Ostbelgien (Eupen, Malmedy, St.Vith) und in Italien (Südtirol). Keine besonderen rechtlichen Privilegien genießt es im Elsaß und in Lothringen und im dänischen Südjütland. Relativ große deutschstämmige Bevölkerungsgruppen gibt es in den meisten mittel- und osteuropäischen Ländern (im folgenden: MOE-Länder). In den meisten Nachfolgestaaten der Sowjetunion und Jugoslawiens, in der tschechischen und der slowakischen Republik, in Rumänien, Polen und Ungarn leben etwa 3 Millionen Deutschstämmige, die verschiedene meist altertümliche Dialekte des Deutschen sprechen, falls sie nicht sprachlich assimiliert worden sind. Diese mittel- und osteuropäischen Dialekte des Deutschen sind im wesentlichen historisch, denn es gibt heute in den MOE-Ländern keine größeren deutschen Sprachinseln mehr. Während des 2. Weltkriegs und nach seinem Ende wurden die deutschsprachigen Minderheiten dort durch ›Umsiedlung‹, Flucht, Vertreibung und Deportationen dezimiert. Seit den 80er Jahren verlieren sie durch Aussiedlung weiter an Substanz (vgl. Kap. 7). Fast überall gibt es heute für diese Minderheiten wieder deutschsprachige Zeitungen und Zeitschriften, sie haben Zugang zu deutschsprachigen Rundfunk- oder Fernsehprogrammen und Möglichkeiten der Selbstorganisation. In der Regel erhalten sie dazu finanzielle Hilfe aus Deutschland. Nennenswerte Gruppen von Deutschsprechenden gibt es außerdem in Amerika, vor allem in Kanada, den USA (etwa 35 Millionen US-Bürger sind deutscher Abstammung), Brasilien und Chile, außerdem in Australien, Namibia und Südafrika (vgl. Born/Dickgießer 1989).

Das Deutsche hat mehr direkte Kontakte zu anderen Sprachen als jede andere europäische Sprache außer dem Russischen. An den

Außengrenzen berührt es sich mit 14 anderen Sprachen. Im Westen sind das das Niederländische, das Letzeburgische und das Französische. Im Süden grenzt unser Sprachgebiet ans Italienische, an die alpenromanischen Sprachen und ans Slovenische. Unsere östlichen Nachbarsprachen sind das Kroatische, Ungarische, Slovakische, Tschechische und Polnische, im Norden das Dänische.

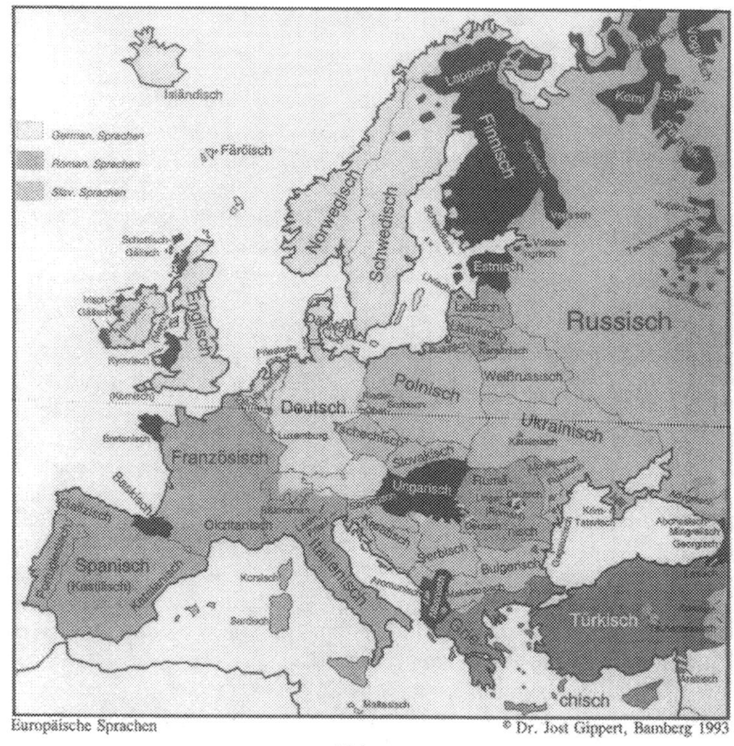

Europäische Sprachen

Abb. 1

Dazu kommen Minderheitensprachen innerhalb des deutschen Sprachgebiets. Das Sorbische in der Lausitz, eine westslavische Sprache, hat etwa 60.000 zweisprachige Sprecher. Zwei der drei Dialekte des Friesischen werden nur in Deutschland gesprochen – das Nordfriesische an der Westküste Schleswig-Holsteins (mit etwa 15.000 Sprechern) und das Ostfriesische (Saterfriesische) im Oldenburgischen (mit etwa 1500 Sprechern); Westfriesisch spricht man nur in den Niederlanden. Man weiß nicht genau, wieviele Sinti und Roma in Deutschland leben – sie sprechen neuindische Dialekte, die mit dem Hindi verwandt sind. Nationale Minderheiten in Österreich sind die Kärntner Slowenen und die Burgenländer Kroaten.

Die gut sechs Millionen Arbeitsmigranten, die auf Dauer in Deutschland leben, haben weitere Sprachen zu uns gebracht. Die zahlenmäßig wichtigsten sind das (Türkei-) Türkische, das Kurdische (eine indogermanische Sprache), das Neugriechische, Serbokroatische, Italienische, Spanische, Portugiesische und Arabische. Eher unbekannt ist eine Reihe weiterer Einwanderersprachen, die in den ehemaligen ›Entsendeländern‹ selbst Minderheitensprachen sind. Aus der Türkei kamen Sprecher kaukasischer Sprachen, etwa des Lasischen (eine mit dem Georgischen verwandte Sprache) und tscherkessischer Sprachen, aus der Südosttürkei kamen Sprecher neusyrischer Sprachen zu uns. Marokkanische Einwanderer haben mitunter Berberisch als Muttersprache, und viele vermeintliche Südslaven sind in Wirklichkeit Albaner (vgl. zu allen genannten Sprachen das MLS). Der Einfluß dieser Sprachen auf das heutige Deutsch ist noch kaum erforscht (vgl. Kap. 7).

Die Minderheiten im Osten des ehemaligen Deutschen Reiches (Polen, Tschechen, Kaschuben, Litauer, Masuren), in seinem Norden (Dänen) und Westen (Wallonen in Eupen und Malmedy, frankophone Elsässer und Lothringer) sind durch die Grenzrevisionen, die Folge der beiden Weltkriege waren, als sprachenpolitische Problemgruppen hinfällig geworden. Die nur noch in Resten existierende (zweisprachige) ruhrpolnische Minderheit ist weitgehend assimiliert. Wesentliche Teile der preußisch-deutschen Sprachengesetzgebung sind allerdings noch heute geltendes Recht. Sie sind in der Zeit vor dem Ersten Weltkrieg entstanden, die von chauvinistischen, minderheitenfeindlichen Grundströmungen geprägt war (vgl. Glück 1979, Lässig 1980).

In der jüngeren Geschichte hatte das Deutsche große Anziehungskraft vor allem auf die Völker Nord-, Mittel- und Osteuropas (vgl. Stark 1995). Eine ›Weltsprache‹ war es deshalb dennoch nicht. Den schlimmsten Schlag versetzte das nationalsozialistische Deutschland seiner internationalen Geltung, es hat das Ansehen der deutschen Sprache als Kultursprache nachhaltig ruiniert. Mit dem millionenfachen Mord an den Juden haben Deutsche eine Bevölkerungsgruppe dezimiert, die ein wichtiger Sprachträger für das Deutsche (als Sprache der Bildung und der Kultur) gewesen ist. Dadurch haben sie auch der Sprache der osteuropäischen Juden, dem Jiddischen, die Sprachgemeinschaft zerstört. Lemberg, Riga und Tschernowitz, Dor-

gab es einen monatelangen Streit zwischen Regierung und der Opposition über den Begriff *Inland* in einem Steuergesetz. Für die Regierung war *Inland* das Territorium der BRD samt Berlin (West), für die Opposition das Deutsche Reich in den Grenzen von 1937. Man einigte sich schließlich darauf, statt *Inland* den Ausdruck *Erhebungsgebiet* und statt *Ausland Außengebiet* zu verwenden und kam zu der schönen Formulierung, daß »als Außengebiet im Sinne des Gesetzes [...] das Gebiet zu verstehen [ist], das weder zum Erhebungsgebiet noch zum Gebiet der Deutschen Demokratischen Republik und Berlin (Ost) gehört« (FR 9.11.79, 1).

Mit der ›Wende‹ in der DDR ist die gesamte Terminologie aus den Fugen geraten. Nach den Wahlen in der DDR im März 1990 setzten West und Ost auf einen raschen staatlichen Zusammenschluß, und die DDR gab ihre Eigenstaatlichkeit innerhalb der folgenden sieben Monate sukzessive auf. Es galt nun, für viele neue bzw. im Fluß befindliche politische Sachverhalte Bezeichnungen zu finden, insbesondere für die Territorien der beiden deutschen Staaten bzw. die beiden Landesteile des neuen Gesamtstaats, die beiden Teile Berlins und das neue Staatsgebilde.

Den Westen hat man vorzugsweise durch Zeitausdrücke (z.B. *Alt-Länder, bisherige BRD, der alte Teil der Republik*) und die Attribute *Bundes-* (*Bundesrepublik, Bundesgebiet*) und *West-* (z.B. *bundesdeutscher Westen*) identifizierbar gehalten. In der DDR mußten zunächst einmal Länder geschaffen werden, bevor man ihr Territorium als *neue (Bundes-) Länder* bezeichnen konnte. In den Monaten nach der Wende wurde die DDR vor allem mit Attributen wie *DDR, Ost-* bzw. *östlich* und Zeitausdrücken (z.B. *dann, bald, künftig ehemalige DDR, vergehende, dahinsterbende DDR* usw., *die DDR in den letzten Zügen*) bezeichnet, die den Übergangscharakter dieser Phase kennzeichnen sollten, wobei Oxymora wie *demnächst ehemalige DDR, künftig frühere DDR* am auffälligsten waren.

Nach dem 3. Oktober 1990 wurde es notwendig, sehr genau zwischen Früherem und Gegenwärtigem zu unterscheiden, schon weil der alt-neue Staatsname *BRD* eine andere Referenz bekommen hatte und der alte Staatsname *DDR* Geschichte geworden war. Man behalf sich wiederum mit Zusammensetzungen mit *Ost-* bzw. *östlich* und Wortgruppen, die Zeitausdrücke enthalten, z.B. *vormalige, verflossene, bisherige, gewesene, verschwundene DDR*. Gelegentlich fanden sich auch umfangreiche nominale Konstruktionen mit einer präpositionalen Einleitung wie *Vor-Wende-Zeiten* oder *Nach dem Untergang der Ost-Republik* und temporale Nebensatzkonstruktionen wie »Solange es die DDR gab, [...]« oder »[...] als es die DDR nicht mehr gab [...]«. In einem Leserbrief fand sich *jetzt auchige*

BRD (Sp. 44/90, 7), die SZ (1.12.90, 1) sprach von den *FNL* (fünf neuen Ländern), die *Welt* (3.10.90, 3) von der *DDR, die es bei Erscheinen dieser Welt-Ausgabe nicht mehr gibt.* Zusammensetzungen mit *Beitritts-* (*Beitrittsgebiet, Beitrittsländer* usw.) gehen auf amtliche Sprachregelungen zurück und finden sich in den Medien selten. Im Einigungsvertrag heißt die damalige DDR ab Artikel 4 nur noch *das in Art. 3 des Einigungsvertrags genannte Gebiet.*

Der neue Gesamtstaat wurde vor allem mit Ausdrücken bezeichnet, die *Deutschland* als zweites Glied (z.B. *Gesamtdeutschland)* oder als Kern einer Wortgruppe enthalten *(neues, größeres, vereintes, ganzes Deutschland).* Den alt-neuen Staatsname *Bundesrepublik Deutschland* fand man zunächst vor allem in außenpolitischen Meldungen, wo er in Verbindung mit Datumsangaben eindeutig war. Meist war er nach wie vor eher mit der *alten BRD* assoziiert. Die Bezeichnungen für die staatspolitischen Veränderungen am 3.10.1990 reichten von amtlichen wie *Beitritt, Einheit* über pathetische (z.B. *friedliche Überwindung der Teilung Deutschlands*) Ausdrücken zu solchen, in denen zum Ausdruck kommt, daß ihr Benutzer den damit bezeichneten Vorgang ablehnt, z.B. *Anschluß, Einverleibung, Beitreibung* (vgl. für Belege zu den letzten Absätzen Glück 1992a, 1992b, Latsch 1994, Stötzel/Wengeler 1995, Kap.8).

1.4 »Deutsch« als Wort- und Namensbestandteil

Bei den Holländern, Skandinaviern, Italienern und in den baltischen Sprachen heißt *deutsch* tatsächlich *deutsch*, nämlich *duits, tysk, tedesco* und *tauta*, und unser Land heißt bei den ersten entsprechend *Duitsland* und *Tyskland*, bei den Italienern aber *Germania*, vom Wortstamm *german-* abgeleitet, der auch im Englischen, Griechischen und Irischen verwendet wird. In den älteren Sprachstufen der westromanischen Sprachen findet sich ebenfalls das mittellateinische *theodiscus* als Volksbezeichnung für die Deutschen. Im Englischen wird unser Volks- und Sprachenname für die Niederländer verwendet (*dutch*). Im slavischen Sprachraum werden wir mit dem Wortstamm *nemc-* bezeichnet, der wörtlich die *Stummen* bezeichnet (russ. *nemec,* poln. *niemiec*; das polnische Verb *niemieć* bedeutet *stumm werden, verstummen).* Die Namen einzelner historischer Stämme der Deutschen werden im Finnischen und Estnischen als Gesamtbezeichnung für die Deutschen verwendet (Sachsen: *saksa),* ebenso in den westromanischen Sprachen (Alemannen: *allemands, alemãos, alemanes),* im Arabischen (*'almaniyyin)* und im Türkischen (*almanlar).* Die Schweizer nennen uns abwertend *Schwaben*, die

Österreicher *Piefkes*, die Dänen *pølsetysker*, die Holländer *moffen*, die Russen *fritzy*, die Franzosen *boches*, die Briten und Amerikaner *krauts*.

Im Deutschen kommt das Lexem *deutsch* in vielfältigen Verbindungen vor. Nominalableitungen mit *deutsch* als erstem Glied gibt es nur wenige: *Deutschheit, -tum (-tümler, -tümelei)*. Adjektivbildungen sind *deutschsprachig, deutschnational* und *deutschvölkisch, urdeutsch, altdeutsch, undeutsch* und *halbdeutsch* sowie eine Reihe von dialektologischen, sprachgeschichtlichen, volkskundlichen und politischen (z.B. bis 1990 *deutsch-deutsch*) Fachausdrücken. Die beiden Verben *eindeutschen* und *verdeutschen* haben als Grundbedeutung *ins Deutsche übersetzen*. Sehr viel zahlreicher sind die zweigliedrigen Substantivkomposita mit *Deutsch-* als erstem Glied, z.B. *Deutschlehrer, Deutschmeister, Deutschrock* und *Deutschmark*. *Deutschamerikaner, -brasilianer* und *-chilenen* sind Menschen mit der Staatsangehörigkeit des jeweils an zweiter Stelle genannten Landes und mit Vorfahren, die aus Deutschland stammen, wogegen *Deutschschweizer* und *Deutschösterreicher* sich lediglich dadurch von ihren Mitschweizern und Mitösterreichern unterscheiden, daß sie das Deutsche als Standardsprache verwenden. Bildungen des Typs *deutsch + Volksname* haben die Bedeutungskomponente, daß aus deutscher Sicht für die so Bezeichneten kein Minderheitenproblem existiert: Sie sind loyale Bürger ihres Heimatstaates, und ihre Bindungen an die Heimat ihrer Vorfahren ist eher eine Angelegenheit der Traditionspflege (Oktoberfest, Weihnachtsbaum).

Dies ist anders bei analogen Bildungen mit *deutsch* als zweitem Glied, bei denen das erste Glied teils ein Volks-, teils ein geographischer Name ist. Ein *Deutschrusse* ist ein Russe mit deutschem Familienhintergrund, wogegen ein *Rußlanddeutscher* ein Deutscher ist, der in Rußland lebt. Letzterer ist ein *Auslandsdeutscher*, ersterer nicht. Ein *Auslandsdeutscher* ist ansonsten ein Deutscher, der sich längere Zeit im Ausland aufhält, aber beabsichtigt, nach Deutschland zurückzukehren und jedenfalls einen deutschen Paß besitzt. Ein *Volksdeutscher* hingegen ist ein Angehöriger einer deutschsprachigen Minderheit im Ausland, z.B. ein *Balten-, Rußland-, Rumänien-, Sudeten-, Ungarn-, Wolga-* oder *Wolhyniendeutscher*. Ein *Grenzlanddeutscher* war ein Volksdeutscher, der jenseits der Vorkriegsgrenze im östlichen Ausland lebte. *Volksdeutsche* sind außerdem *deutschblütig* oder *deutschbürtig* (dtv-Lexikon (1974) Bd.4, 12); die letztgenannten Ausdrücke haben unangenehme Nebenbedeutungen, da sie in der Rassen- und Volkstumspolitik der Nationalsozialisten eine miserable Rolle spielten. Angehörige dieser Gruppen, die nach Deutschland übergesiedelt sind, neigen zur Bildung von

Landsmannschaften, die die kulturellen Traditionen der alten Heimat pflegen wollen. Ihre dort verbliebenen Landsleute ebenso wie Österreicher der älteren Generation pflegen die Bewohner Deutschlands als *Reichsdeutsche* zu bezeichnen, obwohl das ein Anachronismus ist.

Norddeutsche sind die Bewohner Norddeutschlands (letztere nennt man regional auch *Fischköppe).* Hier bezeichnet der geographische Wortbestandteil tatsächlich nur die Geographie, ebenso wie bei den *Süddeutschen.* Dasselbe gilt für die dialektgeographischen Bezeichnungen *ober-, nieder-* und *binnendeutsch. Mitteldeutsch* wiederum ist ein mehrdeutiger Ausdruck. *West-* und *Ostdeutsche* waren im gängigen Sprachgebrauch vor allem Bezeichnungen für die Staatsbürger der BRD und der DDR. Erst in zweiter Linie bezeichnet der Ausdruck *Westdeutsche* Personen, die aus dem Großraum Rhein-Ruhr stammen und der Ausdruck *Ostdeutsche* solche, die aus den ehemaligen preußischen Ostprovinzen kommen. Der Ausdruck *Mitteldeutsche* war im kalten Krieg ein Kampfbegriff, mit dem im Westen neben dem Anspruch auf den ehemaligen Osten des Reiches auch der auf seine frühere Mitte, nämlich das Gebiet der damaligen DDR, zum Ausdruck gebracht wurde.
Nach 1949 gab es das Problem, wie der jeweils andere Staat genannt werden sollte. Es wurde in den 50er und 60er Jahren zu einer Gesinnungsfrage gemacht. Noch zu Beginn des Jahres 1989 verwendete die Springerpresse »nationalpolitische Tüttelchen« (Sp. 4/89: 47), wenn sie den Ausdruck *DDR* gebrauchte. Gebräuchliche Bezeichnungen für den jeweils anderen Staat waren in der BRD für die DDR *drüben, Osten, (Ost-, Sowjet-) Zone, sowjetische Besatzungszone, Mitteldeutschland, Ostdeutschland, »DDR«, sogenannte DDR, sogenannte »DDR«* und *DDR*, in der DDR für die BRD *drüben, Westen,* bis 1949 *Westzonen* oder *westliche Besatzungszonen,* dann *Westdeutschland, westdeutsche Bundesrepublik* und *BRD*. Daneben gab es eine Reihe von Euphemismen für den eigenen Staat und Schimpfwörtern für den anderen, in der DDR etwa *Arbeiter- und Bauernstaat* bzw. *westdeutscher Separatstaat*, in der damaligen BRD z.B. *Wirtschaftswunderland* bzw. *Spalterstaat* oder *Sowjetdeutschland.* Während und nach der Wende von 1989/90 kam es zu großen terminologischen Unsicherheiten, die inzwischen einigermaßen behoben sind (vgl. Abschnitt 1.3).

Es ist normal, daß Institutionen, Vereinigungen und auch Unternehmen, die auf nationaler Ebene operieren oder den Anschein erwecken wollen, daß dies der Fall sei, in ihrem Namen das Attribut *deutsch* führen. Die Beispiele sind Legion: Staatseinrichtungen (z.B. *Deutsches Hydrographisches Institut*), halbstaatliche und öffentlichrechtliche Einrichtungen (z.B. *Deutscher Akademischer Austauschdienst*), private Organisationen, die auf Bundesebene operieren (z.B. *Deutscher Bund für Vogelschutz* oder *Deutscher Hausfrauenbund*), Privatunternehmen (z.B. *Deutsche Postreklame*). Auch viele multinationale Unternehmen greifen bei der Bezeichnung ihrer deutschen »Tochter« auf diesen Namensbestandteil zurück (z.B. *Deutsche BP Tankstellen AG*). Auch in der DDR gab es eine Reihe von Institutionen, Vereinigungen und Unternehmen, in deren Namen das Adjektiv *deutsch* oder das Kürzel *deu* auftaucht. Beispiele sind der Staatsname *Deutsche Demokratische Republik* und viele weitere Bezeichnungen, z.B. *Deutsche Reichsbahn,* oder *Deutrans* und *Deutfracht* (staatliche Transportunternehmen). Häufig wurde die Attribuierung des Staatsnamens statt des Adjektivs *deutsch* verwendet, z.B. *Grenztruppen der DDR* oder *Staatsbürgerschaft der DDR.* 1964 wurde die *Deutsche Mark* durch die *Mark der deutschen Notenbank* (MDN) abgelöst, die ihrerseits 1967 in *Mark der DDR* umbenannt wurde, was den umgangssprachlichen Ausdruck *Ostmark* jedoch nicht tangiert hat. Doppelt markiert waren beispielweise die Bezeichnungen *Deutsches Rotes Kreuz der DDR* oder *Der deutsche Schäferhund in der DDR* (Zeitschriftentitel).

Entsprechungen waren und sind in der BRD und in Österreich Zusammensetzungen mit *Bundes-* für gesamtstaatliche Einrichtungen. Die parallelen oder untergeordneten Einrichtungen der Länder werden häufig mit dem Kompositionsglied *Landes-* bezeichnet (in Bayern, Sachsen und Thüringen mit *Staats-*), z.B.: *Bundes-/Landes-/Staatsregierung, Bundesautobahn, Landesversicherungsanstalt, Staatsinstitut.* Auch viele nichtstaatliche Einrichtungen und Organisationen, die auf nationaler Ebene operieren bzw. Gültigkeit besitzen, tragen solche Namen, z.B. *Bundesverband mittelständischer Unternehmungen* oder *Bundesangestelltentarif.* Schließlich gibt es Institutionsbezeichnungen, in denen sowohl *deutsch* als auch *Bundes-* vorkommen, z. B. *Deutsche Bundesbahn* (bis 1994), *Deutsche Bundesbank.* Ihnen standen in der DDR Ausdrücke gegenüber, in denen *Staats-* und das Attribut *der DDR* auftreten, z.B. *Staatsbank der DDR.* Häufiger als in der BRD fand sich in der DDR das Adjektiv *national* in der fraglichen Funktion, z.B. in *Nationalpreis* und *Nationale Front.* Zusammensetzungen mit *Reichs-* sind naheliegenderweise nach 1945 selten geworden, denn mit der Sache verschwindet üblicherweise auch der Name. Relikte sind vor allem im juristischen Bereich zu finden, z.B. *Reichsversicherungsordnung.* Auch der Sachverhalt, daß die Staatsbahn der DDR *Reichsbahn* hieß, hatte rechtliche Gründe.

Deutschland ist eines der wenigen Länder, dessen Landesname vor 1995 (Abb. 2) nie auf seinen Briefmarken erschien. Staatsbezeichnungen oder die Namen von Postverwaltungen wurden bevorzugt. Vor 1866/71 trugen die Briefmarken die Namen der Einzelstaaten (*Baden, Preußen, Oldenburg* usw.); Bayern und Württemberg hatten bis 1918/20 eigene Ausgaben. Seit 1871 trugen die deutschen Marken die Bezeichnung *Deutsche Reichspost*, seit 1889 *Reichspost*, ab 1902 *Deutsches Reich*, von 1943-45 *Großdeutsches Reich*. 1945 stand auf Marken für alle Besatzungszonen *Deutsche Post*. Regional- und Lokalausgaben trugen Ländernamen wie *Baden* und *Sachsen* oder Städtenamen wie *Berlin* oder *Plauen*.

Abb. 2

Marken, die für einzelne Besatzungszonen ausgegeben wurden, trugen Auf- oder Überdrucke: *Zone française – Briefpost, Am Post Deutschland, Sowjetische Besatzungszone.* Die Am-Post-Marken der amerikanischen Besatzungsmacht (1945) sind unseres Wissens die einzigen, in denen jemals auf einer deutschen Briefmarke vor 1995 das Wort *Deutschland* auftaucht. Auch nach der Gründung der beiden deutschen Staaten stand auf ihren Briefmarken noch *Deutsche Post*: im Westen bis zum Juni 1950 (danach: *Deutsche Bundespost*), in der DDR vereinzelt bis 1953 (danach: *Deutsche Demokratische Republik* oder *DDR*). In Berlin-West wurden bis Sommer 1952 Marken der *Deutschen Post* herausgegeben, die abgelöst wurden von der *Deutschen Post Berlin.* Im März 1955 erschienen zwei Marken, auf denen *Landespost Berlin* stand; danach wurde bis 1990 die Bezeichnung *Deutsche Bundespost Berlin* verwendet. Im Saarland wurden bis 1956 Briefmarken mit dem Landesnamen *Saar* ausgegeben; vom 1.1.1957 bis Mai 1959 gab es dort Marken der *Deutschen Bundespost Saarland* mit französischen Währungsbezeichnungen.

1.5 Die BRD-Affäre

Im Mai 1974 beschlossen die Regierungschefs des Bundes und der Länder, daß im amtlichen Verkehr aller Staatsbehörden stets der voll ausgeschriebene Staatsname *Bundesrepublik Deutschland* zu verwenden sei (die 1961 und 1965 erlassenen Vorschriften, die DDR *»DDR«* zu nennen, waren 1971 aufgehoben worden). Das war aber noch längst nicht alles:

In Brüssel haben Bonner Vertreter bereits eine Dienstanweisung durchgesetzt, die in sämtlichen Dokumenten, Schriftstücken und Briefen der Europäischen Gemeinschaft die Verwendung der Abkürzung BRD verbietet. [...] Schulbücher, in denen die Buchstaben BRD vorkommen, sind verboten. In Aufsätzen, ergänzte West-Berlins Schulverwaltung, dürfe das Kürzel – wenn das Thema Deutschland im Unterricht behandelt worden ist – als Fehler angestrichen werden. [...]. Auf dem Index stehen die Buchstaben mittlerweile auch bei vielen Verbänden, in Industrie- und Handelskammern und in den meisten westdeutschen Unternehmen, die der Verdächtigung entgehen wollen, kommunistische Sympathien zu pflegen. Einige Firmen, so die Nürnberger »Molkerei-Zentrale Süd GmbH & Co. KG«, klagten [...] über das Problem, auf dem »relativ kleinen Etikett« ihrer »Sennerbrotzeit-Schmelzkäsezubereitung mit Schmelzsalz aus Bayern, streichfähig, 20% Fett i.Tr., 150g« auch noch das »relativ lange Wort Bundesrepublik Deutschland« unterzubringen. Schließlich aber obsiegte bei den Nürnberger Käsern [...] der Respekt vor der »Souveränität der Bundesrepublik Deutschland« [...] (Sp. 39/78, 38).

In der zweiten Hälfte der 70er Jahre wurde in einer Reihe von Erlassen der Regierungen des Bundes und der Länder amtlich verordnet, daß die Abkürzung *BRD* grundsätzlich zu unterlassen sei, weil sie

die geschichtliche Identität der Deutschen nicht mehr erkennbar werden läßt mit der Folge, daß die Wörter »Deutschland« und »deutsch« zunehmend aus dem politischen Bewußtsein unserer Schüler und Jugendlichen sowie des In- und Auslands verdrängt werden. Diese abträgliche Abkürzung schadet dem deutschen Anliegen. Das Landesministerium hat deshalb am 25.7.1978 beschlossen, daß im amtlichen Sprachgebrauch ausschließlich die volle Bezeichnung »Bundesrepublik Deutschland« zu verwenden ist. Die staatlichen Behörden haben diesen Beschluß zu beachten (Runderlaß der Regierung des Landes Niedersachsen vom 11.9.1978, Nds. MinBl. 46/1978, 1857. Er wurde erst im Februar 1991 aufgehoben; SZ 28.2.91, 2).

Notfalls sollte man lieber auf das Automobilsignet *D* oder das englische Kürzel *GER* (nicht jedoch *FRG* (Federal Republic of Germany) oder *RFA* (République Fédérale d'Allemagne) oder dgl.) zurückgreifen; nach Möglichkeit sei aber, wenn der Staatsname nicht ganz ausgeschrieben werden könne, z.B. aus Platzgründen, *BR Deutschland* oder *Deutschland*, ganz ohne Staatsnamen, zu schreiben. Denn es war ja in der Tat ein Problem, auf Zuckerstückchen oder Lippenstifthüllen *Hergestellt in der Bundesrepublik Deutschland* unterzubringen. Ähnliche Probleme quälten die Setzer von Tageszeitungen, wenn sie Medaillenspiegel oder Spielpaarungen in Tabellenform auf der Sportseite unterbringen mußten: *DDR – USA* paßte immer in den Satzspiegel, *Bundesrepublik Deutschland – Vereinigte Arabische Emirate* fast nie.

Die BRD-Affäre hat sogar den Bundestag beschäftigt. In einer Debatte (am 12.4.1978) ging es u.a. um die besonderen Probleme der Abkürzung des Namens der westdeutschen Republik bei Sportveranstaltungen, auf Formularen und Eisenbahnfahrkarten. Einen ihrer absurden Höhepunkte erreichte die Geschichte im August 1978 in Prag, als die Oberen des Deutschen Leichtathletik-Verbandes der Nationalmannschaft der BRD verboten, an den Eröffnungsfeierlichkeiten der Europameisterschaft teilzunehmen, weil man die Abkürzung *FRG* auf dem vorweggetragenen Schild nicht akzeptieren konnte; man bestand (erfolglos) auf *GER* (SZ 30.8.78, 31). Den Kompromiß *SR Nemačko* (ungefähr: BR Deutschland) lehnte die Verbandsführung ab; dennoch durfte die Mannschaft unter Protest an den Wettkämpfen teilnehmen.

Bei der Olympiade von 1984 in Los Angeles, die von den Staaten des Ostblocks boykottiert worden war, gelang es nach einer Intervention des damaligen Bundesaußenministers Genscher, bei der Eröffnungsfeier als GER statt – wie ursprünglich vorgesehen – als FRG ins Stadion einmarschieren zu dürfen. Als ein amerikanischer Hallensprecher unsere Basketballmannschaft dennoch hartnäckig als das Team aus »West Germany« betitelte, protestierte der Teamchef offiziell und verlangte, daß auch bei Lautsprecherdurchsagen entweder das »team of the Federal Republic of Germany« oder einfach das »German team« anzukündigen sei (*Die Welt* 1.8.84, 16). Jahrelang flimmerte bei Sportberichten – je nach produzierendem Sender – hinter dem Namen des einzelnen Athleten GER, FRG, RFA, BRD, FRN, NFR usw. oder ein schwarz-rot-goldenes Fähnchensymbol auf dem Bildschirm.

Aber die BRD-Affäre hatte nicht nur vergnügliche Höhepunkte, sondern auch miserable Tiefpunkte. Der damalige baden-württembergische Ministerpräsident Filbinger nannte die Abkürzung eine »kommunistische Agitationsformel«, das *Hamburger Abendblatt* rief dazu auf, »Dämme gegen die BRD-Flut« zu errichten, und in »5904 Eiserfeld« wurde ein Sonderstempel der Bundespost eingezogen, der die ›höchste Eisenbahnbrücke der BRD‹ pries« (Sp. 39/78, 36). Auf Marmeladegläsern, Knäckebrotschachteln, Unicef-Glückwunschkarten, in Sportberichten und Reiseprospekten verdrängte die *Bundesrepublik Deutschland* die *BRD* und schuf manchmal bedrängende graphische Enge. Die Züricher *Weltwoche* schrieb dazu, daß »›Sprachregelungen‹ keineswegs das Privileg diktatorischer und totalitärer Regimes« seien, und der *Spiegel* ergänzte: »Wenn selbsternannte Sprachhüter semantische Geßlerhüte aufrichten, um dem Volk auch noch so unsinnige Gesinnungsbeweise abzuverlangen, mag kaum einer den Gruß verweigern« (Sp. 39/78, 41).

Noch gegen Ende der 80er Jahre hatte die Affäre Spätwirkungen. Viele Botschaften der BRD verwendeten eine amtliche Plastiktüte, die in etwa fünfzehn verschiedenen wichtigen Sprachen mit dem voll ausgeschriebenen Namen unserer Republik beschriftet war. Es gibt auch entsprechende Aufkleber für Kraftfahrzeuge. In der BRD war der *BRD*-Aufkleber nicht nur kein korrektes Nationalitätsschild am Autoheck, sondern schlicht verboten.

Abb. 3

Aber auch in der DDR nahm man solche deutschlandpolitischen Feinheiten gelegentlich zur Kenntnis; 1980 wurde einem dänischen Lastwagen fast die Einreise für den Transit in die BRD verweigert, weil er die Aufschrift »Deutschland – Skandinavien« trug (Tsp. 27.11.80). Das *Wernesgrüner Pils Luxus Sonderklasse, hergestellt in der DDR* war ein *Vollbier Deutsches Pilsner* (es hat die ›Wende‹ überlebt), und »die Nationale Volksarmee der DDR ist die einzige deutsche Armee, die diesen Namen verdient« (ND, zit. nach FR 21.2.81, 2).

Die »Gesellschaft für deutsche Sprache« hat herausgefunden, daß die Abkürzung *BRD* in der BRD erfunden worden und in den 50er und 60er Jahren ohne irgendwelche Beanstandungen verwendet worden ist. Die ältesten Belege für *BRD* stammen aus dem Jahr 1949. Der Verdacht, kommunistische Saboteure hätten mit einem heimtückischen »semantischen Kampfmittel« der »freiheitlich demokratischen Grundordnung« an den Kragen gewollt, hielt sich aber bis zum Ende der deutschen Zweistaatlichkeit: »Noch 1988 [hat] ein Verwaltungsgerichtshof befinden müssen, ob die Abkürzung BRD in einer juristischen Examensarbeit benutzt werden dürfe oder nicht und dies bejaht« (SZ 9.12.88).

„... aber das da ist diffamierend!“ Deutsches Allgemeines Sonntagsblatt

Abb. 4

2. Norm, Normen und Gewohnheiten

2.1 Normprobleme

In Abhandlungen zu sprachlichen Themen, bei denen mit empirischem Material gearbeitet wird, muß geklärt werden, welcher Art dieses Material ist. Das in diesem Buch vorgelegte und bearbeitete Material ist heterogen. Es reicht von literarischen Belegen über Material aus Zeitungen und anderen Massenmedien bis zur Reklame und verschiedenen Registern des gesprochenen Deutsch. Das methodische Problem, dem man sich in einem solchen Fall zu stellen hat, kann in Form dreier Listen von Komposita erläutert werden:

1. Hochsprache, Schriftsprache, Gemeinsprache, Nationalsprache, Einheitssprache, Kultursprache, Literatursprache, Standardsprache, Umgangssprache, Alltagssprache, Konversationssprache, Volkssprache, Vulgärsprache, Landschaftssprache, Regionalsprache, Stadtsprache, Dialekt, Mundart.
2. Sondersprache, Gruppensprache, Fachsprache, Berufssprache, Wissenschaftssprache, Jugendsprache, Frauensprache, Männersprache, Managersprache, Szenesprache, Sportsprache, Werbesprache, Mediensprache, Ganovensprache, Gaunersprache, Politikersprache, Zeitungssprache, Sprache der Öffentlichkeit, des Tourismus, der alternativen Gruppen, Argot, Slang, Jargon, Kauderwelsch, Kaderwelsch.
3. Sprachverfall, Sprachsumpf, Sprachverschleiß, Sprachunarten, Schluderei, Sprachverluderung, Sprachverunreinigung, Sprachwucherung, Sprachunkraut, Sprachverrottung, Sprachverrohung, Sprachspülicht, Sprachsudelei, Sprachschändung, Sprachverwahrlosung, Sprachverlotterung, Sprachverwirrungen, Sprachverderbnis, Sprachverhunzung, Sprachverwilderung, Sprachverödung, Sprachwüsten voller Wortungeziefer, Satzruinen und Sprachtrümmer, verseucht von der grammatikalischen Pest und durchzogen von einem »trüben Strom aus Schlamperei und Halbbildung« (Fr. Sieburg, in: Benckiser 1960, 38. Ein Teil der dritten Liste findet sich in Ivo 1975, 157).

Es wäre ein fruchtloses Bemühen, für die einzelnen Elemente der Begriffsfelder, die in 1. und 2. aufgeführt sind, knappe und griffige Definitionen vorzulegen (eine Reihe von Definitionen enthält das MLS). Dies ist besonders deshalb schwierig, weil eine Vielzahl von unterschiedlichen Parametern in solche Definitionen einzugehen hat – soziologische, psychologische, weltanschauliche, geographische und andere. In der germanistischen Literatur wird im Hinblick auf die Begriffe der ersten Liste vielfach mit einem dreigliedrigen Modell gearbeitet (z.B. Mundart – Umgangssprache – Literatur-/Hochsprache). Dieses Modell hat den Vorteil, einfach zu sein, aber den

Nachteil relativer Beliebigkeit. In Teilen Norddeutschlands fallen Mundart und Umgangssprache zusammen. In Süddeutschland gibt es vielfach drei funktional und strukturell voneinander unterschiedene Umgangssprachen – einmal die örtlichen oder kleinräumigen Dialekte, dann die städtischen Ausgleichsdialekte (Münchener Stadtmundart, »Honoratiorenschwäbisch« im Württembergischen) und schließlich das, was die Einheimischen für Hochdeutsch und die Zugereisten für halbwegs verständlichen Dialekt halten.

Ähnliche Schwierigkeiten werfen die in der zweiten Liste genannten Begriffe auf. Reihenbildende Merkmale sind hier vor allem soziologische und funktionale Gesichtspunkte, aber auch sie sind heterogen. Ganoven und Gauner sind keine besondere soziale Gruppe, weil sie in allen sozialen Schichten zu finden sind. Dasselbe gilt für die Jugendlichen, die Männer und die Frauen, die Touristen und die Sportler. Man hat es in diesen Fällen mit besonderen Wortschätzen, Stilelementen und manchmal spezifischen Verwendungsweisen bestimmter grammatischer und Wortbildungsmittel zu tun. Fachsprachen lassen sich einigermaßen präzise definieren im Hinblick auf ihren Objektbereich. Es sind Varietäten, die der Kommunikation in technisch und wissenschaftlich geprägten Kontexten dienen, wogegen Berufssprachen (z.B. *Technikersprache, Managersprache, Politikersprache)* durch ihre Sprecher definiert sind. Aber auch dabei gibt es Probleme; die Fachsprache eines Chemikers, der einen Geschmacksstoff entwickelt, unterscheidet sich von der des Laboranten, der ihn en gros produziert. Beides unterscheidet sich wiederum von der Fachsprache des Werbetexters, der das Produkt unters Volk bringen soll, und der des Verkäufers, der in der Regel umgangssprachnah sprechen wird, weil er als einziger mit fachfremden Nachfragen rechnen muß; das heißt nicht, daß er seine Rede nicht wohldosiert mit unverständlichen Fachausdrücken würzen darf, die das Prestige des Produkts anheben (vgl. Kapitel 9). Begriffe wie *Slang, Argot, Jargon, Kauderwelsch* sind vor allem wertend, d.h. daß die damit bezeichneten Sprechweisen als negativ eingestuft werden. Die *Zeitungssprache* könnte als Teilbereich der *Mediensprache* aufgefaßt werden, aber sie ist in sich vielfältig gegliedert, und der Politikteil einer Zeitung hat andere sprachliche Merkmale als der Wirtschafts-, Sport- oder Lokalteil und der Anzeigenteil. Gehört denn die *Werbesprache* auch zur *Mediensprache* – oder muß sie nicht, wegen ihres im Prinzip andersartigen funktionalen Charakters, unter »persuasive Kommunikationstechnik« als spezifisches Register eingestuft werden, an der Seite von Predigt, Wahlrede und Klappentext?

Und schließlich die dritte Liste: die sprachliche Katastrophe. Hier sind Wertungen aufgelistet, Ausdrücke, die besagen, daß bestimmte Arten zu sprechen oder zu schreiben unschön, nichtswürdig und Schlimmeres seien. Natürlich stellt sich dabei gleich die Frage nach der Position des Kritisierenden und danach, wie er sie begründet. Es ist heutzutage aber eher die Ausnahme, daß sprachkritische Gefechte mit Totschlagvokabeln dieser Art bestritten werden. Die professionelle Sprachkritik ist smarter geworden, den Glossisten wird Unterhaltsamkeit abverlangt, der Prügel ist weitgehend der Pointe gewichen. Auch scheint ihnen der erzieherische Impetus, der die ältere Sprachkritik ausgezeichnet (und manchmal unerträglich gemacht) hat, weitgehend abzugehen. Man macht sich lieber lustig über Leute, die anscheinend weniger gut Deutsch können als der Kritiker.

Deskriptive Grammatiken des strukturalistischen und generativen Typs beschreiben das Sprachsystem, ohne funktionale und pragmatische Beschränkungen systematisch zu berücksichtigen, die für unterschiedliche Elemente und Strukturen des Systems in verschiedenem Maße gelten. Deshalb behandeln solche Grammatiken linguistische Fakten mit unterschiedlichem funktionalen Status als gleichberechtigt. Das Sprachsystem, das solche Grammatiken beschreiben, ist ein Konglomerat von Grammatiken verschiedener sozialer, funktionaler, regionaler, beruflich-fachlicher und weiterer Varianten. Bei seiner Beschreibung und Analyse wird von den Verwendungsbedingungen der einzelnen Elemente kräftig abstrahiert, die als linguistische Fakten behandelt werden. Mehr oder weniger unterschiedslos werden Strukturen, die in jeder Hinsicht im Zentrum des Sprachsystems stehen (d.h., daß sie in allen relevanten funktionalen Varianten vorhanden sind, z.B. der einfache Hauptsatz im Deutschen), genauso behandelt wie Strukturen, die funktional beschränkt sind auf einzelne Fachsprachen, einzelne Soziolekte oder einzelne Äußerungsgattungen. Es erscheint aus diesen Überlegungen heraus problematisch, »rein linguistische« Fakten als scheinbar objektiven Bezugspunkt anzunehmen, an dem erst sekundär wertende Beurteilungen ansetzen können.

Linguistische Fakten tragen funktionale Charakteristiken in sich in dem Maße, in dem sie funktional markiert sind, d.h. Beschränkungen in der Verwendung unterworfen sind. Aus diesem Grund wird in diesem Buch versucht, die Verwendungsbedingungen und -kontexte von linguistischen Fakten so weit wie möglich mitzureflektieren. Die Sprachwissenschaft soll klären, wie die Sprache beschaffen ist, sie soll sprachliche Fakten beschreiben und erklären, aber nicht bewerten: So stellt sich seit über zwanzig Jahren die vorherrschende Position in der Sprachwissenschaft dar. Es hat gute Gründe für diese Zurückhaltung gegeben, für die Beschränkung auf die Beschreibung, doch löst dieser Standpunkt nicht das angesprochene Problem, denn das, was ein sprachliches Faktum sein soll (das, was es zu beschreiben gilt), ist mit dem Bekenntnis zu wissenschaftlicher Objektivität noch nicht geklärt. Für den Gegenstand dieses Buches gilt das in besonderem Maße. Eine ganze Reihe von Gegenständen, die wir für sprachliche Fakten halten (und durch ihre Erörterung zu sprachlichen Fakten machen), ist nämlich in den maßgeblichen Grammatiken und in der germanistischen Spezialliteratur bisher kaum oder gar nicht zur Kenntnis genommen worden, weil es sich für die meisten Autoren um Abweichungen oder Fehler handelte. Ein sprachliches Faktum, so viel soll damit gesagt sein, kann auch in der Negation eines sprachlichen Faktums liegen, d.h. in der Abschwächung oder Auflösung einer Regel oder einer Norm (worin mitunter die Entstehung einer neuen Regel oder Norm liegen kann).

Ein Lehrer, der in einem Schüleraufsatz Fehler anstreicht, drückt das von ihm Kritisierte bzw. Gewünschte durch rote Tinte aus. Einen Teil seiner Kritik kann er leicht begründen; er kann (und muß) nämlich alles anstreichen, was in den maßgeblichen Grammatiken und im orthographischen Wörterbuch als unzulässig gekennzeichnet ist. Meistens erfolgt diese Kennzeichnung ex negativo: Unzulässig ist alles, was nicht definitiv zulässig ist. Der andere Teil seiner Kritik, der sich meist in geschlängelten Unterstreichungen und Randbemerkungen wie »Ausdruck«, »Formulierung« oder »Stil« niederschlägt, ist erheblich schwerer zu vermitteln. Über Sprachgefühl, über guten und sicheren Ausdruck, über flüssigen, angemessenen, gar eleganten Stil läßt sich nämlich streiten, und verschiedene Bewertungskriterien sind möglich. Diese Kriterien sind nicht völlig subjektiv – jeder wird einsehen, daß situative, persönliche, soziale und vielleicht auch ästhetische Faktoren solche Urteile beeinflussen. Deutlicher gesagt: Jeder weiß, daß in einer Kneipe anders gesprochen wird als in der Familie oder in einer Versammlung, und jeder weiß, daß man in Mahnschreiben einen anderen Stil pflegen sollte als in Liebesbriefen. Jeder von uns ist mehr oder weniger gut dazu in der Lage, seinen Sprachstil der jeweiligen Situation anzupassen (im Schriftlichen haben allerdings viele Leute Schwierigkeiten damit, weshalb es dafür zahlreiche Hilfestellungen gibt). Jeder Sprecher verfügt also über eine ganze Reihe sogenannter Register und über die Fähigkeit, je nach Situation das passende Register anzuwenden. Wenn einem jemand sagt, daß sein Vater schwer erkrankt sei und er deshalb wegfahren müsse, kann die Antwort in einem formellen Kontext sein: »Das bedaure ich außerordentlich« oder: »Das tut mir sehr leid für Sie«. In einem informellen Kontext könnte diese Antwort unaufrichtig oder lächerlich klingen; angemessen könnte ein Satz sein, dessen Hauptaussage in den Wörterbüchern mit derb oder vulgär gekennzeichnet ist, etwa: »Ach du große Scheiße«. Viele solcher Register (mit ihren jeweils besonderen strukturellen Präferenzen und ihrem manchmal speziellen Wortschatz) gehören zur Sprachbeherrschung, und keineswegs alle fallen unter die Literatur-, Schrift-, Alltags- oder gehobene Umgangssprache, keineswegs alle sind in den großen Grammatiken beschrieben. Viele der im vorliegenden Buch erörterten Fälle genügen nicht den Normen, die in den maßgeblichen Grammatiken und Wörterbüchern fixiert sind. Aber sie gehören zur deutschen Sprache der Gegenwart, sind ein Teil dessen, was das heutige Deutsch ausmacht. Etliches mag vielen Lesern nicht gefallen. Uns geht das manchmal genauso, und deshalb erlauben wir uns an einigen Stellen, das auch zum Ausdruck zu bringen, nachdem wir das jeweilige sprachliche Faktum benannt und beschrieben haben. Wir halten also Sprachwissenschaft und Sprachkritik durchaus auseinander, aber wir verzichten nicht auf letztere, weil wir dächten, daß dies unsere wissenschaftliche Objektivität gefährden müßte.

Der Umgang mit Sprache hat oft etwas mit dem Herzen zu tun, und das Herz der Sprache schlägt nicht für jeden. Lange Zeit war es einer Berufsgruppe vorbehalten, die Macht der Sprache zu erfühlen und von ihrer Sonderheit der Allgemeinheit mitzuteilen: »Des unermüdlich schaffenden Sprachgeistes unsichtbares Walten vernehmen aber Dichter und Schriftsteller in der Begeisterung und Bewegung durch ihr Gefühl«, teilte Jacob Grimm 1818 in der *Vorrede* zur *Deutschen Grammatik* seinen Lesern mit. Poesie war das Zauberwort, mit dem Goethe und seine zeitgenössischen Kollegen ihre Art und Weise, mit Sprache umzugehen, vergoldeten. Sie setzten die Norm für das, was gutes Deutsch zu sein hatte. Selbst die Sprachkrise, über die in literarischen Kreisen um die Jahrhundertwende nachgedacht wurde, setzte die Gleichung von Emotion – Sprache – Handeln nicht außer Kraft. »Deutsch fühlen, Deutsch sprechen, deutsch kaufen« prangte zu Beginn des Ersten Weltkrieges auf Plakaten, die der *Allgemeine deutsche Sprachverein* massenhaft verbreitete.

Engelein umschweben, Engelein umweben
unser täglich Brot
Poesie ist Leben, Prosa ist der Tod.

Unter aufgeklebten, pausbäckigen Kunststoffengeln zierte dieser Spruch, zierlich auf Leinen gestickt, manches deutsche Heim. Doch Brot wurde im Krieg immer knapper, zu kaufen gab es immer weniger, nur der Dichter Worte blieben wohlfeil. Wieviele deutsche Mädchen ergötzten sich an dem Buch *Nesthäkchen im Weltkrieg* von Else Ury, erlebten mit, wie ihre Heldin das heroische Ringen des Reiches auf ihre Weise unterstützte: Für jedes fremde Wort, das im Hause Nesthäkchens gesprochen wurde, mußte der Bösewicht zehn Pfennig in eine Sparbüchse werfen. Diese war ein niedlich nachgestalteter deutscher Soldat, aufs feinste bemalt, mit einem Schlitz im Kopf, durch den die Münzen in seinen hohlen Körper fallen konnten. War er wohlgefüllt, wurde er mit einem Hammer zertrümmert und das Geld fürs Vaterland gespendet. Das Herz schlug deutsch, das Deutsche blieb rein, so sollte es sein. Und hätten Nesthäkchens Freunde und Verwandte nicht gewußt, wie sie es »auf gut Deutsch« sagen sollten, Rat wurde ihnen in den zahllosen Verdeutschungsbüchern ihrer Zeit allenthalben schnell zuteil.

Sprich Deutsch! befahl der Titel eines dieser Werke. *Zum Hilfsdienst am Vaterland* lautete sein Untertitel. Von gefühllosen »Deutschverderbern« sah sein Verfasser, Eduard Engel (1917), die Sprache bedroht, ja, das Vaterland. Mit Abscheu fragte er: »Welche Achtung gebührt denen, die unsere Muttersprache verachten?« (16). Doch noch immer gab es Rettung:

> Der deutsche Dichter, es klingt wie Wunder, vermag bis auf diesen Tag ausschließlich mit den Mitteln seiner Muttersprache die zartesten Regungen der Menschenbrust, die feinsten Farbentöne der Sinnenwelt auszudrücken, und jeder seiner Leser hält es für selbstverständlich, daß die deutsche Sprache ihm hierbei überall treulich zu Willen ist (Engel 1917, 17).

Bescheiden vermerkt Engel, »ohne mich dessen zu berühmen«, daß er selbst aus diesen erlauchten Kreisen stammt. Nun, er war wohl auch einer der letzten, die die ungebrochene Macht des deutschen Dichterwortes öffentlich priesen. Ein Zeitgenosse Engels schrieb wenige Jahre später: »Denn das mögen sich alle die schriftstellernden Ritter und Gecken von heute besonders gesagt sein lassen: die größten Umwälzungen auf dieser Welt sind nie durch einen Gänsekiel geleistet worden!«

Adolf Hitler – von dem dieser Satz stammt (*Mein Kampf*, 3. Kapitel) – funktionalisierte die Sprache, machte sie zu einem Mittel erfolgreicher politischer Propaganda. In ihren Reden erzeugten die Nationalsozialisten kalkuliert Emotionen, steuerten die Gefühle derer, die zuhörten. Kühl berechnend setzten sie die sprachlichen Mittel ein, mit denen sie Wirkung erzielen konnten. Die Bewahrung der hehren deutschen Literatursprache war ihnen dabei genauso gleichgültig wie die Verdeutschung fremder Wörter. Der Propagandaminister (nicht, wie von »Verdeutschern« vorgeschlagen wurde,

von Berufsanfängern sei generell schlimmer geworden, jammern seit Jahr und Tag die Industrie- und Handelskammern, allein: Vergleichsdaten gibt es kaum. Ausdrucksfähigkeit, Formulierungssicherheit und stilistisches Geschick hätten abgenommen, klagen Personalchefs, Schulaufsichtsbeamte und viele Hochschullehrer. Bei Urteilen dieser Art kommt es jedoch darauf an, zwischen verschiedenen Textsorten und verschiedenen Schreibanlässen zu unterscheiden. Jemand, der im Bewerbungsdiktat versagt, mag dennoch ordentliche Musikkritiken für ein Stadtteilblättchen schreiben können, und jemand, der nicht in der Lage dazu ist, ein Referat »logisch aufzubauen«, schreibt vielleicht passable Gedichte. Schließlich ist es ja auch nicht so, daß jeder Fachaufsatz in philologischen Zeitschriften vom sprachlichen Ausdruck her brilliert, daß interne Rundschreiben in Behörden oder Banken stets vorzüglich formuliert wären oder daß der *Spiegel* oder die *Zeit* bedenkenlos als Stilschulen verwendet werden könnten.

Der *Spiegel* (28/84) hatte einen einschlägigen Titel: »Deutsch – ächz, würg. Eine Industrienation verliert ihre Sprache«. Der dazugehörige Artikel trug die Überschrift: »Eine unsäglich scheußliche Sprache. Die westdeutsche Industriegesellschaft verliert ihre Schriftkultur«. In diesem Beitrag werden zunächst viele vergnügliche Beispiele für Rechtschreibfehler aufgeführt und mit Zitaten garniert. Dann wird mitgeteilt, daß es immer wieder dieselben Fehlerquellen seien, die die deutsche Sprache bedrohten: die Regeln für die Groß- und Kleinschreibung, die Dehnung und die unterschiedlichen Schreibungen von »gleich und ähnlich klingenden Lauten« (129). Ein weiterer Gegenstand der Klage ist die angeblich zurückgehende Fähigkeit der jüngeren Generation, sich schriftlich auszudrücken. Dafür wird das Anfang der 70er Jahre verkündete Bildungsziel der »mündlichen Sprachkompetenz« (131) verantwortlich gemacht, das die Entwicklung von Sprachkompetenz im Geschriebenen behindert und verkrüppelt habe. Als weitere Schuldige werden das Fernsehen, die Video-Inflation, Kassettenrecorder, *walkmen* (oder *walkmans*?) usw. genannt, die das Medium Buch ins Abseits gedrängt hätten, und schließlich auch der Kleincomputer.

Man kann nicht in Abrede stellen, daß heutige Abiturienten oder Studenten im Durchschnitt weniger lesen, als dies vor zwanzig Jahren der Fall war, und daß immer mehr von ihnen Schwierigkeiten mit dem Schreiben haben. Dabei ist aber in Rechnung zu stellen, daß sich die Zahl der Abiturienten im gleichen Zeitraum drastisch gesteigert hat, daß der Deutschunterricht an den Oberschulen andere Schwerpunkte bekommen hat und daß Vielfalt und Zugänglichkeit des Medienangebots stark gewachsen sind. Man muß weiterhin berücksichtigen, daß an den Schulen und Universitäten seit Mitte der 70er Jahre aus finanzpolitischen Gründen ein gravierender Mangel an Personal geschaffen worden ist. Von der personellen und finanziellen Ausblutung der Universitäten quer durch die BRD sind die philologischen Fächer besonders stark betroffen gewesen. Die Germanistik ist an vielen Universitäten durch Mittelkürzungen dermaßen demoliert worden, daß die Qualität von Lehre und Forschung beeinträchtigt wurde – und dort wurden und werden die Lehrer ausgebildet, die dem Volk seine Muttersprache beibringen sollen.

Es ist bestenfalls naiv, wenn Journalisten und Politiker aus einer Generation, deren Abiturienten das alte Gymnasium samt Graecum und Latinum absolviert und fleißig Camus oder Marcuse gelesen haben, von der heutigen Abiturientenschaft, die absolut und prozentual mehrfach größer ist, dieselben Qualifikationen und Einstellungen verlangen. Sie unterschätzen dabei, daß die heutigen Erstsemester oft andere Qualifikationen mitbringen, etwa im Bereich der Datenverarbeitung. Daß solche Qualifikationen auch Sprachliches betreffen können, steht außer Frage, und daß sie den meisten Kritikern der ›Sprachnot der Jugend‹ abgehen, ist ziemlich wahrscheinlich. Die Umsätze im Buchhandel wachsen immer noch, auch und gerade im Bereich der Kinder- und Jugendbücher, was nicht unbedingt dafür spricht, daß die jungen Leute nicht mehr lesen. Der Personalcomputer ersetzt zunehmend auch in Jugendzimmern und Studentenbuden die Schreibmaschine, und das spricht nicht dafür, daß immer weniger geschrieben wird.

Damit soll die referierte Kritik nicht pauschal zurückgewiesen, jedoch relativiert werden. In der Tat gibt es Seminar- und Examensarbeiten im Fach Deutsch, deren Orthographie mangelhaft und deren sprachlich-stilistische Gestaltung miserabel ist. Aber das ist schließlich nicht die Regel. Der Spiegel schließt seinen Beitrag mit einem Zitat von Karl Kraus: »Eine verkommene Sprache ist das System einer verkommenen Gesellschaft«. Es muß wohl »Zeichen« oder »Symptom« heißen. In der Kraus-Biographie von Paul Schick (1965, 67) findet sich die referierende Formulierung, daß für Kraus »die Verlotterung der Sprache ein Zeichen des Verfalls der ganzen Gesellschaft« gewesen sei. Jedenfalls hatte Karl Kraus nicht die Sprachprobleme von Schulkindern, Lehrstellenbewerbern und Studenten im Auge, sondern die Sprache der Presse seiner Zeit.

blick aufs Sexuelle neutral sind. Auch scheint die Rechtssprechung im Bereich des Beleidigungsparagraphen liberaler zu werden, denn inzwischen endet längst nicht mehr jeder Strafprozeß wegen des klassischen Götz-Zitats mit der Verurteilung des Zitierenden. Gerade in gereizter Stimmung, etwa bei Auseinandersetzungen mit dem Hauswirt, kann es einem nach Auffassung des Nürnberger Amtsgerichts schon mal rausrutschen, weil »zunehmend Ausdrücke der Fäkalsprache in den allgemeinen Sprachgebrauch, insbesondere auch bei Theater, Film und Fernsehen sowie in der Literatur Einzug gehalten« haben (Az. 26 C 4676/93).

Ausdrücke für die praktische Liebe, an denen unsere Sprache im gedruckten Bereich herkömmlicherweise arm ist, sind vielfältiger geworden. Bisher hieß es *koitieren* oder *den Beischlaf ausüben*, wenn kühle Distanz gezeigt werden sollte, *den GV vollziehen* oder *sexuell verkehren* im juristischen Deutsch. *Miteinander schlafen* und *es miteinander treiben/machen/tun* waren die neutralsten Ausdrücke. Kleinen Kindern konnte man die Wendung *sich gaaanz, gaaanz lieb haben* zumuten, *seine Sexualität leben* heißt es auf Bewegungsdeutsch (vgl. Pörksen 1988, 25-30) und *sich lieben* in besseren Romanen. Heute kann man nicht unbedingt in jeder Tageszeitung, aber beispielsweise im *Spiegel*, im *Stern* und in der *Titanic* sowieso Verben wie *ficken, pimpern, bürsteln, rammeln, vögeln, bumsen* oder *pudern* finden, die früher außerhalb des Gesprochenen allenfalls in Pornos zu finden waren.

Das sexualsprachliche Klima ist liberaler und unverklemmter geworden, wenn auch sicher nicht durchgängig, und die Wörterbücher halten sich keineswegs mehr bedeckt: »Das große Wörterbuch der deutschen Sprache« in acht Bänden registriert alle die angeführten Verben. Die stilistische Wertung reicht von »salopp« (bumsen) über »derb« (pimpern) bis zu »vulgär« (vögeln).

Schwanz, Möse, Titte sind heute nur noch »derb«, lediglich *Fotze* wird mit dem Vermerk »vulgär« versehen. Das HDG (aus der DDR) führte von diesen zehn sexualsprachlichen Wörtern lediglich drei auf (ficken, bumsen, Schwanz). Dieselbe Zurückhaltung der DDR-Lexikographen fand sich auch bei einem Vergleich der Rechtschreibungs-Duden aus Mannheim und Leipzig. Bei den schmutzigen Wörtern verzeichnet die westliche Ausgabe von 1986 wesentlich mehr Einträge als das gleichzeitig erschienene Leipziger Wörterbuch (vgl. Sauer 1988, 169). Noch viel umfangreicher ist der einschlägige Wortschatz bei Küpper (1987) aufgeführt.

Helmut Heißenbüttel beklagte, daß der »Bereich der sogenannten Tabuwörter« von der Lexikographie immer noch stiefmütterlich behandelt werde: »Sollte hier eine typisch deutsche Tabuzone berührt sein [...]?« (1986, 64f.). Er hat einfach nicht aufgepaßt.

II. Zur deutschen Grammatik der Gegenwart

3. Zur Syntax

3.1 Hauptsatzwortstellung im Nebensatz: »Weil die machen jetzt bald zu«

Im Deutschen gibt es drei Stellungstypen für das finite Verb:

1. die Zweitstellung im normalen Hauptsatz (1), bei Entscheidungsfragen (2), bei Ergänzungsfragen (3) und uneingeleiteten Nebensätzen (4):

   (1) Maria schreibt eine Dissertation.
   (2) Maria schreibt eine Dissertation?
   (3) Was schreibt Maria?
   (4) Ich glaube, Maria schreibt gerade an ihrer Dissertation.

2. die Erststellung bei Frageinversion (5), Imperativsätzen (6), uneingeleiteten Nebensätzen (7), nachgestellten Hauptsätzen (in (7) mit konditionaler Bedeutung) und schließlich in sog. Wunschsätzen (8):

   (5) Schreibt Maria eine Dissertation?
   (6) Schreib eine Dissertation, (Maria)!
   (7) Schreibt Maria ihre Dissertation nicht, verliert sie ihre Stelle.
   (8) Schriebe Maria ihre Dissertation doch endlich fertig!

3. die Endstellung bei subjunktional eingeleiteten Nebensätzen (9) und Wunschsätzen (10):

   (9) Maria geht selten ins Kino, weil sie eine Dissertation schreibt.
   (10) Wenn Maria doch (bloß, nur) endlich ihre Dissertation fertig schreiben würde!

Von der Endstellungsregel gibt es ein paar Abweichungen, die in den einschlägigen Kapiteln der Grammatiken beschrieben sind, hier aber nicht weiter interessieren (z.B. *Maria tut so, als schriebe sie an ihrer Dissertation).* Hier interessieren solche Abweichungen, die in den Grammatiken als Fehler oder Anakoluth (Konstruktionswechsel mitten im Satz, vgl. MLS) und als allenfalls im laxen mündlichen Sprachgebrauch erträglich charakterisiert werden, nämlich die Zweitstellung des Verbs in Nebensätzen, die mit *weil, obwohl* oder *während* eingeleitet sind:

(11) Ich trinke Jägermeister, weil auf dem Etikett hat er die Fauna und innen drin die Flora. (Anzeige im *Spiegel*, nach Gaumann 1983, 234).

Auch für ›einfache‹ *weil*-Hauptsätze gibt es Druck- und Hörbelege:

(12) Zwar bestens gerüstet, versucht der Mann am Steuer seine Grenzen zu erfahren und schlittert stets unmittelbar am Crash entlang. Weil er hat ja schließlich Winterreifen! (SZ 18.11.93, 47)
(13) Weil zum Spielen gehören immer elf dazu [...]. (SZ 25.6.93, 48)
(14) Ich konnt nicht anrufen, weil ... weil ... ich war nicht so gut drauf.
(15) [...] obwohl ich kenn mich da nicht so gut aus.
(16) Maria arbeitet zu Hause, während Gisela muß früh aus dem Haus.

Ulrike Gaumann hat in ihrer Dissertation *Weil die machen jetzt bald zu* diese Umkonstruktion detailliert beschrieben und auf der Grundlage abhängigkeitstheoretischer Grammatikmodelle erörtert. Sie weist darauf hin, daß diese Umkonstruktion keine Neukonstruktion ist, denn »bis ins 16. Jahrhundert sind beide Stellungstypen (Verbendstellung und Verbzweitstellung) im Nebensatz möglich« (1983, 8f.), so noch bei Hans Sachs (vgl. dazu Glück/Sauer 1995, 110). Im Mittelhochdeutschen konnte *wande,* die *weil* und *denn* entsprechende kausale Konjunktion, sowohl mit Verbzweitstellung als auch mit Verbendstellung konstruiert werden. Erst mit der Konsolidierung der schriftsprachlichen Normen des Deutschen im 17. und 18. Jh. setzt sich die Verbendstellung im Geschriebenen allgemein durch. Eingeleitete Nebensätze sind im Standarddeutschen also durch ein Einleitungsmorphem, in der Regel eine Konjunktion, und ein ›Stellungsmorphem‹, nämlich die Endstellung des Verbs, charakterisiert. Wenn das Einleitungsmorphem Homonyme hat, die andere grammatische Funktionen erfüllen, verbietet sich ein Aufgeben des Stellungsmorphems, weil nur das gleichzeitige Auftreten beider Morpheme den fraglichen Satz als Nebensatz bestimmt (Homonyme sind Wörter mit verschiedener Bedeutung und gleicher Lautung und manchmal auch Schreibung). Die Verbendstellung definiert den Satz als abhängigen Satz und klärt gleichzeitig die grammatische Funktion des Einleitungsmorphems, z.B.

(16) [...] da sie schreibt / [...] da sie geschrieben hat.
(16i) [...] da schreibt sie / [...] da hat sie geschrieben.

Das Stellungsmorphem regelt hier eindeutig, daß (16) als subordinierende (unterordnende) Verknüpfung zu verstehen ist, d.h. das Lexem *da* ist als kausale Konjunktion zu interpretieren. Demgegenüber ist (16i) eine adverbiale Verknüpfung. *Weil* und *obwohl* haben keine solchen Homonyme. *Während* hat zwar sowohl adversative als auch temporale Bedeutung, woraus sich jedoch keine Folgen für Stellungsregeln ergeben. So könnte man hier sagen, daß das Stellungsmorphem redundant ist (zusätzliche, ›überflüssige‹ Information enthält) und deshalb ohne Einbußen in struktureller und semantischer Hinsicht aufgegeben werden kann.

Nun scheint also die Verbzweitstellung in den genannten Fällen in der Umgangssprache an Terrain zu gewinnen; Harald Weinrich prophezeite, daß »sich die Zweitstellung des Verbs [...] nach der Konjunkton *weil* in Zukunft durchsetzen wird« (1984, 102). In der grammatischen Literatur sind diese Fälle der Verbzweitstellung nur gelegentlich erörtert; ein einschlägiger Forschungsbericht ist bei Gaumann (1983, 11-27) nachzulesen. In der 4. Auflage der Duden-Grammatik (1984, §§ 1235, 1237) und in der Grammatik von Johannes Erben (1972) ist die Verbzweitstellung bei *weil-* und *obwohl-*Sätzen nicht erwähnt. Im Abschnitt über die Wortstellung in abhängigen Sätzen wird in beiden Grammatiken ironischerweise ein *weil-*Satz als Beispiel für die generelle Endstellungsregel gegeben:

(17) Karl ging nach Hause, weil ich ihn geärgert hatte. (Duden 1984, § 1281)

(18) [...] weil (Vater den Kindern Äpfel) geschenkt hat. (Erben 1972, § 567).

Auch in der Grammatik von Gerhard Helbig und Joachim Buscha (9. Aufl. 1986), in den *Grundzügen* (1981) und bei Peter von Polenz (1985) sind die interessierenden Fälle nicht erwähnt. Von den wichtigen neueren Grammatikern geht außer Ulrich Engel, der sie kurz erwähnt (1988, 730), und der 5. Auflage der Duden-Grammatik (1995, Vorwort und § 1325) nur Peter Eisenberg auf sie ein. In der syntaktischen Spezialliteratur werden sie in der Regel als Anakoluthe bzw. als »Satzbrüche« betrachtet: »Ein Satzbruch oder ein Anakoluth ist diejenige Form der Rede, in der das Ende eines Satzes der am Anfang gewählten Konstruktion nicht entspricht, [...]. Es handelt sich dabei zunächst um Fehler aus Nachlässigkeit oder Unachtsamkeit« (Duden-Grammatik 1984, § 1147). In der 2. Auflage (1966) war noch von einer »Unsitte« die Rede gewesen (§ 6810). Erben (1972, § 580) spricht von »Konstruktionsentgleisungen«, Wolfgang Klein davon, daß die Verbletztstellung in *weil-*Sätzen »als schlecht bewertet« werde – sie sei aber nur »deshalb schlecht [...], weil bisher war es immer anders« (1986, 12f.).

Eisenberg (1994, 19ff.) wählt die Verbzweitstellung in *weil-*Sätzen als exemplarischen Fall für seine Erörterung des Dilemmas, in dem der Grammatiker bei Falsch-richtig-Entscheidungen steckt, denn »Ausdrücke dieser Art kommen im gesprochenen Deutsch seit

sie beispielsweise in vielen Texten von Jürgen v. Manger (»Tegtmeier«) oder Elke Heidenreich (»Frau Stratmann«) verwendet. Lediglich *wirklich, echt* und *gewiß* können an allen drei möglichen Positionen auftauchen, ohne daß sich größere Bedeutungsverschiebungen erkennen lassen. *Echt* und *wirklich* können sowohl in Spitzen- als auch in Endstellung zusätzlich von *also* (zweite Lesart) begleitet werden. *Indessen* (2, 2i) und *freilich* (3, 3i) können nur in der normgerechten Position oder in der Spitzenstellung vorkommen.

Immerhin verhält sich syntaktisch ohnehin anders, weil sowohl die Spitzenstellung unmittelbar vor dem flektierten Verb (4ii), die Endstellung (4iii), aber auch die Stellung nach dem Hauptverb bei Hauptsatzwortstellung (4i) normgerecht sind. Die Abweichung von (4) beruht deshalb nicht auf der Ausgliederung von *immerhin*, sondern auf der inversen Wortstellung von Prädikat und Subjekt. Direkt entgegengesetzt verhält sich *nur*, das ebenfalls an verschiedenen Positionen im Satz stehen kann, wenn die satzspezifischen Wortstellungsregeln eingehalten werden. Normgerechte Stellungen sind (5) und (5iii). Der Unterschied der Stellung bewirkt hier einen Bedeutungsunterschied, denn in (5) bezieht sich *nur* auf den Subjektsausdruck des Satzes, aber in (5iii) auf das Prädikativum, also: In (5) hat Peter genau einen Freund, und das ist Jürgen (der womöglich weitere Freunde hat), und in (5iii) hat Jürgen genau einen Freund, und das ist Peter (der womöglich weitere Freunde hat). Dasselbe gilt entsprechend für (5ii) und (5iiii), in denen Frageinversion vorliegt. Ausgliederungen liegen vor in (5i) und (5iiiii). Der semantische Unterschied zwischen (5) und (5iii) einerseits, (5i) andererseits ist erheblich. In (5) und (5ii) ist *nur* eine Partikel, die eine Einschränkung bezüglich des Satzgliedes ausdrückt, auf das sie sich bezieht, in (5i) hat sie beinahe adversative Bedeutung in bezug auf einen textuellen oder situativen Kontext, der hier darin bestehen könnte, daß vor der Äußerung von (5i) darüber gesprochen worden ist, wie man Jürgen dazu veranlassen könne, Peter irgendeine unangenehme Mitteilung zu machen. Die Verwendung von *nur* in Spitzenstellung bei inverser Stellung von Prädikat und Subjekt (5iiiii) scheint übrigens in der Regel von einer verstärkenden Partikel begleitet zu sein, die unmittelbar nach dem Hauptverb steht (*wirklich, tatsächlich, echt* u.a.).

Im Geschriebenen wird Ausgliederung üblicherweise durch einen Doppelpunkt oder einen Gedankenstrich markiert. Im Gesprochenen liegt ein relativ starker Akzent auf dem ausgegliederten Element, und darauf folgt eine deutliche Pause. Der anschließende Satz wird dann normal intoniert.

4. *Zur Morphologie der Nomina*

4.1 Kasusverwendung

Es ist vielfach konstatiert worden, daß sich das Deutsche in den letzten tausend Jahren vom flektierenden zum analytischen Sprachtypus hin entwickelt habe. Die Markierung der Kasus und der Numeri bei den Substantiven war von dieser Entwicklung betroffen. Markiert werden in vielen Fällen nicht mehr die Substantive selbst, sondern davon abhängige Artikel und Adjektive. In einigen Fällen regelt lediglich die Wortstellung, welcher Kasus einem Substantiv zuzuweisen ist, z.B. *Siegfried beschummelt Ulrich* gegenüber *Ulrich beschummelt Siegfried.* Bei den Pronomina ist die Kasus- und Numerusdifferenzierung noch weitgehend flektierend geregelt. In den folgenden Abschnitten werden einige Entwicklungen in den Strukturen und Gebrauchsweisen der »reinen« Kasus dargestellt; der »Anredekasus« wird in Kapitel 8.5 kurz behandelt.

Der Genitiv

Seit langem wird gegen den angeblichen Rückgang des Genitivs gewettert. In Ludwig Reiners' *Stilfibel* wurde dazu aufgerufen, ihm ein sprachökologisches Biotop einzurichten: »Rettet den Genitiv!«, und Gerhard Storz schrieb über »Die Schwierigkeiten mit den Genitiven« (1984, 13-15), um nur zwei Beispiele zu nennen. Aber es gibt ihn noch, sogar in der gesprochenen Sprache. Der Alarm scheint auf mangelnde Differenzierung zurückzugehen. Denn der Genitiv entwickelt sich je nach seiner syntaktischen Funktion verschieden. Von den syntaktischen Funktionen des Genitivs ganz unabhängig ist die Tendenz zu sehen, daß die morphologische Kennzeichnung des Genitivs in bestimmten Teilbereichen zurückzugehen scheint, namentlich bei Eigennamen und bei Kurzwörtern.

In der Tat geht ein bestimmter Typ von Genitivkonstruktionen zurück, nämlich der Objektsgenitiv, den eine Reihe von Verben fordert. Diesem Rückgang liegt ein Veraltensprozeß zugrunde, denn einige der betreffenden Verben sind in den Wörterbüchern mit Zusätzen wie *veraltend, veraltet, buchsprachlich* versehen. Man hat es offenbar mit einer Sprachwandelerscheinung zu tun. Beispiele sind etwa *einer Sache/jds. bedürfen, sich jds. schämen, jds. gedenken, sich jds. erinnern, jds. harren.*

Dasselbe gilt für einige prädikative Adjektive, die vom Genitiv regiert werden, wie sie etwa das alte Lateinerverslein *begierig, kundig, eingedenk, teilhaftig, mächtig, voll* aufzählt. Gelegentlich finden sich brachiale Übergriffe auf die Rektion, statt daß das Verb gewechselt würde:

(1) Wittemann. Alles was der Bau bedarf (Sichtwerbung in Bad Honnef, 1985).

Auf der anderen Seite sind Genitivattribute offenbar nach wie vor beliebt. Es gibt keine Anzeichen, daß sie generell von Präpositionalausdrücken mit *von* abgelöst würden, denn letztere werden oft als Stilmittel oder als Durchschlagen eines süddeutschen Dialekthintergrunds verstanden. Manchmal sind sie aber auch im geschriebenen Standard Genitivattributen vorzuziehen, etwa in (2) bis (5):

(2) [...] Bücher, die sich vorwiegend um die Vermittlung geschriebenen Deutschs kümmern [...] (Engel 1979, 54).
(3) Eintrachts beste Tage [...] (Bildunterschrift im *Kicker*, 19.2.1987).
(4) Aber des Deutschen Heinrich Heines Heimweh wird noch geringer werden in seiner Pariser Gruft (Janssen 1983, 162).
(5) Die kubanische Revolution ist grau geworden – wie der Bart ihres Maximo Liders (*Zeitmagazin* 8/89, 21).

Im Verwaltungs-, Juristen- und Hochschuldeutsch haben Genitivattribute Hochkonjunktur (›Nominalstil‹) und bieten Stoff für Glossen:

Dies bedeutet aber nicht, daß deshalb die Anfechtung einer Anfechtung der Annahme hinsichtlich der Anfechtungsfrist wie die Anfechtung einer Ausschlagung und die Anfechtung einer Anfechtung der Ausschlagung wie die Anfechtung einer Annahme behandelt werden müßten (Ellermann 1986).

Man kann noch nicht einmal sagen, daß Genitive im Gesprochenen in Spitzenstellung seltener vorkämen als in Zweitstellung:

(6) Marias neuer Freund ist doof.

ist nicht ungewöhnlicher als

(6i) Der neue Freund Marias ist doof.

oder

(6ii) Der neue Freund von Maria ist doof.

(6i) und (6ii) dürften einander stilistisch völlig äquivalent sein. Anders sieht es aus bei der Ersetzung der diesen beiden Sätzen zugrundeliegenden Konstruktionen durch eine Fügung aus dem bestimmten Artikel bzw. einem Pronomen mit dem attributiven Nomen im Dativ, gefolgt von einem Possessivpronomen, das sich auf jenes bezieht. Normalerweise besteht zwischen den beiden Nominalgruppen eine spezielle semantische Beziehung, nämlich die eines besonderen Besitzverhältnisses (das auch Körperteile oder persönliche Eigenschaften betreffen kann). Diese Fügung muß nach wie vor als ausgesprochen umgangssprachlich (7), (9) oder stark dialektal gefärbt (8) gelten:

(7) Du hast dem Karl sein Bier ausgetrunken.
(8) Es grießt Sie for diesmal Ihne Ihrn Schlappekicker.
(9) Die wichtigsten Bestandteile vom millionenfach bewährten TANDIL (Aufdruck auf einem Waschmittelkarton).

Hans Jürgen Heringer, Bruno Strecker und Rainer Wimmer (1980, 66f.) diskutieren am Beispiel des Pertinenzdativs die Frage, wie man im Rahmen des Modells der generativen Grammatik die Frage von Grammatikalität (rein grammatische Korrektheit) bzw. Akzeptabilität (reale Verwendbarkeit) von Sätzen entscheiden kann. Für sie liegt in dieser Konstruktion ein Paradebeispiel dafür vor, »daß in Einzelfällen die Unterscheidung zwischen einem syntaktischen und einem semantischen Bereich immer schwierig und problematisch ist« (ebd.). In der Tat ist nicht klar, ob man Sätze wie (7) und (8) einfach als syntaktisch abweichend und falsch bezeichnen kann – bezogen auf den kodifizierten hochsprachlichen Standard mag das so sein, bezogen auf die Präsenz dieser Fügung in der Alltagssprache kann man aber kaum davon sprechen, daß sie abweichend sei.

Gelegentlich findet man diese Konstruktion auch im Geschriebenen – als Stilmittel, wenn, wie im folgenden Beispiel Kurt Tucholsky, der Schreibende die Person, der er diese Konstruktion in den Mund legt, als besonders ungebildet und roh charakterisieren will:

Der Unteroffizier: Komm mal her! Was ist das?
Der Muschkot*: Ein Kalbskotelett, Herr Unteroffizier!
Der Unteroffizier: Schafskopf! Das seh ich alleine! Was ist das noch?
Der Muschkot: ...
Der Unteroffizier (klebt ihm eine): Das ist – so ein Ochsenpantoffel! – das ist deinem Herrn Unteroffizier sein abendliches Kalbskotelett! Was ist das?
Der Muschkot: Das ist meinem Herrn Unteroffizier sein abendliches Kalbskotelett! (1920, in: GW 2, 334).

Noch umgangssprachlicher wirkt dieselbe Fügung, wenn das Attributsnomen ein Pronomen ist oder gar beide Nominalkomplexe als Pronomina auftauchen:

(10i) Du hast dem sein Bier ausgetrunken.
(10ii) Du hast dem seins ausgetrunken.
(11i) Er hat der ihr Glas umgeschmissen.
(11ii) Er hat der ihrs umgeschmissen.

---

* *Muschkot* war im ersten Weltkrieg ein abwertender Ausdruck des preußisch-deutschen Offiziersslangs für einfache Soldaten.

Ein nur mäßig unterhaltsames Sprachspiel sind schließlich die komplett pronominalen Varianten *mein seins* und *dein seins*, die wohl nur in selbstironischer Sprechweise vorkommen.

Schließlich gibt es einige Konjunktionen bzw. Konjunktionaladverbien, die vorzugsweise im Amts- und Hochschuldeutschen vorkommen wie *kraft, behufs, betreffs, um ... willen, wegen, hinsichtlich, bezüglich* und *angesichts,* die den Genitiv regieren und die zum größten Teil jüngere Entwicklungen sind. Die Konjunktion *wegen* war jahrzehntelang ein prominentes Exempel der Sprachpfleger für den Niedergang der deutschen Sprache, weil die Sprachgenossenschaft vom Dativ nicht lassen wollte. Inzwischen lassen die wichtigen Grammatiken hier den Dativ zu, der wahrscheinlich inzwischen auch im Geschriebenen das Übergewicht hat. Das trifft auch für die Abkürzung *wg.* zu, die ein tüchtiger Buchhalter der Fa. Flick unsterblich gemacht hat; er schrieb *wg. Lambsdorff* und *wg. Kohl* und nicht *wg. Lambsdorffs* und *wg. Kohls.*

(13) Wegen Urlaub geschlossen

ist zweifellos im Gesprochenen wie im Geschriebenen normaler als

(13i) Wegen Urlaubs geschlossen,

und manchmal muß der Genitiv bei *wegen* nachgerade als Verstoß gegen pragmatische Regeln charakterisiert werden:

(14) ? Wegen dieses Mistes rufst du mich mitten in der Nacht an?

In (14) kann wohl nur der Dativ stehen. – Gelegentlich findet man Genitive nach *wegen,* deren manieristische Schrägheit fast schon wieder ästhetisch ist, so etwa in H. J Gadamers Bekenntnis, er lese regelmäßig die *Neue Zürcher Zeitung* »des guten Deutsches wegen« (*FAZ-Magazin* 38/83, 10).

Zu erwähnen sind schließlich einige genitivische Adverbialbestimmungen wie *eines Tages/Morgens/Sonntags, unverrichteter/guter Dinge, viel Aufhebens,* die zwar nicht sehr häufig vorkommen, bei denen aber keine Gefährdung durch konkurrierende Kasusbindungen erkennbar ist. Man kann deshalb sagen, daß sich Genitivkonstruktionen in einem Bereich verringert, in einem anderen gehalten und in einem dritten eher ausgebreitet haben: »Der Rückgang der Objektgenitive ist eine Beobachtung, daneben steht eine ganz andere: die außergewöhnliche Zunahme des adnominalen Genitivs in der Substantivgruppe [...]« (Braun 1979a, 45).

Der Akkusativ

Es gibt die Tendenz, die normgerechte Markierung von Akkusativobjekten durch die entsprechenden Endungen aufzugeben. Dennoch bleiben die Nomina als Akkusativobjekte erkennbar, und zwar wegen ihrer Stellung im Satz und/oder wegen der Flexionsendung(en) des Subjektsausdrucks: ist er eindeutig ein Nominativ, kann das unmarkierte Objekt bewegt werden. Einige Beispiele sind:

(1) Kein Schutt abladen! (Verbotsschild an einem Berliner Seeufer).
(2) Greift Euer Vorteil (Gaststättenwerbung in Hannover).
(3) Nur zwei kreative Kräfte können solche zarte und kleine Klangwunder hervorbringen (Werbeanzeige für Lautsprecher, Sp. 5/89, 217).
(4) Mach kein Scheiß, laß die Fragebögen weiß (Volkszählungs-Boykott-Parole, 1983).

In der gesprochenen Umgangssprache ist diese Erscheinung häufig zu beobachten. Allerdings: Es ist fraglich, ob man sie generell als Kasuswechsel oder nicht vielmehr als phonologische Reduktionen (nachlässige Aussprache, ›Verschlucken‹ von unbetonten Silben) interpretieren soll, insbesondere dann, wenn die Kasusmarkierung nur am Artikel oder einem Pronomen möglich ist:

(5) Bringm Peter mal nBier un nKorn. – NMoment bitte, muß ehm noch mitm Ralf abrechnen.

In (5) tauchen die Artikel nur in der Form ihrer Endkonsonanten auf; lediglich diesen Punkt soll der Transkriptionsversuch verdeutlichen. Wo dieser Endkonsonant für die Nominativform *ein* und wo er für die Akkusativform *einen* steht, ergibt sich eindeutig aus der Satzstruktur. Es ist deshalb müßig, hier über Morphologie zu grübeln: Die Stellung drückt die syntaktische Funktion solcher Reduktionsformen hinreichend klar aus. Im Geschriebenen ist die Verwendung von Nominativformen anstelle von Akkusativformen – soweit sie sich morphologisch voneinander unterscheiden – regelwidrig.

(6) Schickt uns unsere sechs Millionen Gefangene zurück (*Diese Woche* Nr. 3, 2.12.1946, zit. nach Sp. 1/87, 60).
(7) Borussias Generalprobe am Sonntag gegen Zweitligist Rot-Weiß Essen war trotz des 6:1 nicht gerade »das Gelbe vom Ei« (*Kicker* 19.2.87, 7).
(8) Auch sie haben in Bonn eine eigenständige Landesgruppe – mit 62 Mitglieder – [...] (Sp. 45/87, 10).
(9) Ein 27-jähriges Mädel ruft nach Dir. [...] Antwort und kein Vertreterbesuch sichere ich Dir zu (Heiratsannonce, NOZ 13.10.84).

(6) bis (9) weisen endungslose Objekte auf, die durch die Stellung (6), (8), die Rektion einer Präposition (7) bzw. eines Verbs (9) als Akkusative bestimmbar sind. Daß solche Formen vorkommen, mag

einerseits darauf zurückgehen, daß Reduktionsformen des Gesprochenen direkt in geschriebene Wortformen umgesetzt werden (z.B. in (1) und (4)). Andererseits gibt es dialektale Hintergründe; seit alters bekannt ist etwa der ›pfälzische Akkusativ‹, der sich vom pfälzischen Nominativ morphologisch nicht unterscheidet, und die ›Verwechslung‹ von Akkusativ und Dativ ist in Norddeutschland verbreitet.

Der Dativ

Ausführliche Darstellungen des Gebrauchs des Dativs in der Gegenwartssprache finden sich in den Arbeiten von Werner Abraham (1983) und Heide Wegener (1985). Wir beschränken uns hier auf einige Bemerkungen zu Abweichungen von der normgerechten Verwendung. Unsere Beispiele sind stark umgangssprachlich gefärbt und im Geschriebenen zweifellos als fehlerhaft einzustufen. Da Druckbelege für diese Beispiele existieren, muß man davon ausgehen, daß auch hier eine Eigentümlichkeit der gesprochenen Umgangssprache dabei sein könnte, ins Geschriebene vorzudringen.

(1) Außer Bewohner und Versorgungsfahrzeuge (Verkehrsschild *Durchfahrt verboten* in Erfurt, Mai 1985).
(2) Sich bei einer Halbe Härle-Bier von den Strapazen zu erholen (Text auf dem Bierdeckel einer Brauerei in Leutkirch/Allgäu, Sommer 1983).
(3) Bundesdeutsche Prüfer mit neuem Präsident (*Deutsche Briefmarkenzeitung* 14/90, 925).
(4) Statt Pilze findet der Wanderer Raketen (*Berliner Zeitung*, 28.6.91, 15).

In allen Fällen hat man es mit einer Abweichung von der Rektion der Präposition zu tun, die den Dativ verlangt. Der Artikel bzw. das Attribut in (3) steht immerhin im Dativ, lediglich die Endungslosigkeit des Substantivs ist abweichend. Die Endungslosigkeit der Bezugsnomina in allen vier Fällen kann man entweder so interpretieren, daß man Nominative ansetzt, oder man geht von einem endungslosen Objektskasus aus, den man auch in den Beispielen (6) bis (9) des vorigen Abschnitts unterstellen könnte.

Vielfach wurde behauptet, daß der Dativ insgesamt ebenso zurückgehe wie der Genitiv. In den 50er Jahren gab es heiße Debatten über das Vordringen von Verben mit dem Präfix *be-*, die den Akkusativ regieren, auf Kosten der entsprechenden Vollverben, die Dativobjekte fordern (vgl. Kolb 1960). Die Pertinenzdative, die Genitivkonstruktionen ersetzen, wurden oben angesprochen. Sie haben die Domäne des Dativs in Präpositionalobjekten zweifellos erweitert, so daß Brauns Aussage zwar für den ›reinen‹ Dativ zutreffen mag, aber nicht für die präpositionalen Dative, die ja schließlich auch Dative sind: »Die Tendenzen der Akkusativierung und der Präpositionalisierung bedeuten gleichzeitig einen Rückgang an Satzmodellen mit notwendigen Genitiv- und Dativobjekten« (Braun 1979a: 44).

4.2 Pluralbildung

Wenig Aufmerksamkeit wird in den meisten Grammatiken und Stilistiken den Formen des Plurals geschenkt. Die Duden-Grammatik (1984), Eisenberg (1994) und Engel (1988) systematisieren lediglich die Regelmäßigkeiten der Pluralbildung des Substantivs, gehen auf einige Dubletten ein *(das Band, die Bande/Bänder)*, lassen aber den bedeutsamen Bereich der Bildungen aus, die aus fremden Sprachen übernommen worden sind. Für genauere Analysen ist man auf ausgesprochene Spezialuntersuchungen angewiesen (z.B. Augst 1975, Wurzel 1984, Korte 1986, Russ 1989, Harnisch 1990, Köpke 1993, Wegener 1995). Dabei sind Unsicherheiten und Verstöße gegen die normgerechte Pluralbildung häufig.

Wir senden Ihnen ein Visa für Ägypten heißt es in einem amtlichen Schreiben aus Bonn. Offensichtlich wird der lateinische a-Plural mit der femininen Singularendung auf -a verwechselt. So kommt es zunehmend zu sekundären Pluralbildungen des Typs *Visas, Internas, Rarissimas. Die Tempusse des Deutschen* steht in einem Referat eines Germanistikstudenten. Die Schwierigkeit der Pluralbildung bei solchen Nomina, die als Fremdwörter gelten, führt dazu, daß es eine Reihe akzeptierter, in Wörterbüchern verzeichneter Dubletten gibt (›Grundformflexion‹ bzw. ›Agglutination‹, z.B. *Globusse*, versus ›Stammflexion‹, z.B. *Globen*). Maßgeblich ist dafür der »Grad der Eindeutschung« (Grundzüge 1981, 597). Es stehen in diesen Fällen nebeneinander einerseits die Ableitungsform, die mit derjenigen der Ausgangssprache identisch ist, andererseits die Form, durch die das betreffende Lexem in eines der Pluralparadigmata des Deutschen eingegliedert wird (eine umfangreiche Liste findet sich bei Harnisch 1990). Beispiele dafür sind: *Komma – Kommata/Kommas, Schema – Schemata/Schemen/Schemas, Atlas-Atlanten/Atlasse, Kodex/Codex – Kodices (Kodizes)/Kodexe/Codici, Espresso – Espressi/Espressos, Kaktus – Kakteen/Kaktusse, Pizza – Pizze/Pizzen/Pizzas, Famulus – Famuli/ Famulusse, Konto – Konti/Konten/Kontos.*

Andererseits gibt es eine Reihe von Fällen, in denen Analogiebildungen nach einem Muster des Deutschen als systemwidrig bzw. nicht normgerecht betrachtet werden, z.B. *Modus – Modi (*Modusse), Tempus – Tempora (*Tempusse), Genus – Genera (*Genusse), Abstraktum – Abstrakta (*Abstrakten, *Abstraktums), Hapaxlegomenon – Hapaxlegomena.*

Da es sich um einen relativ kleinen Wortschatz handelt, der im wesentlichen zu verschiedenen Fachsprachen gehört, kommen hier Schwankungen, das heißt Fehler, relativ selten vor. Die Beherrschung der korrekten Formen ist deswegen als ein Ausweis der höheren Bildung des Benutzers zu betrachten. Voll in die Pluralparadigmata des Deutschen sind hingegen zahlreiche gängige Lexeme aus anderen Sprachen eingefügt (vgl. Wegener 1995): *Album – Alben (*Alba), Villa – Villen (*Villae), Praxis – Praxen (*Praxeis), Epos – Epen (*Epē), Radius – Radien (*Radii), Bonus – Bonusse (*Boni).* Bei einigen echten Dubletten weisen die beiden Varianten unterschiedliche Bedeutungen auf: *Tempo – Tempi* (Takt), aber *Tempos* (®Papiertaschentücher).

Bei Wörtern, die weder fach- noch fremdsprachlichen Ursprungs sind, findet man häufig Pluralformen mit verschiedener Bedeutung, z.B. *Bank – Bänke/Banken, Ding – Dinge/Dinger, Wort – Worte/Wörter. Bänke* und *Banken* können kaum verwechselt werden, und bei den Varianten von *Ding* muß man zwischen Standard- und lockerer Alltagssprache unterscheiden können. Zwischen *Worte* und *Wörter* zu differenzieren war als Nachweis von Bildung lange Zeit unerläßlich. Noch gilt die Wörterbuchweisheit: »[...] *Wörter* für: Einzelwort oder vereinzelte Wörter ohne Rücksicht auf den Zusammenhang, z.B. *Fürwörter*; [...] *Worte* für: Äußerung, Ausspruch, Beteuerung, Erklärung, Begriff, Zusammenhängendes, z.B. *Begrüßungsworte*; auch für bedeutsame einzelne Wörter, z.B. *drei Worte nenn ich euch, inhaltsschwer*; [...]« (Duden-Rechtschreibung, 21 Aufl. 1996). Eike Christian Hirsch lehnt in einer seiner Sprachglossen diese Unterscheidung allerdings bereits als »Schulmeisterei« ab (1976, 115).

Sehr auffällig ist die starke Zunahme des s-Plurals. In der 5. Auflage der Duden-Grammatik (1995, 233) wird in einem besonderen Paragraphen der »nicht standardsprachliche Gebrauch des s-Plurals« abgehandelt; dort geht es um Fälle wie *Jungs* und *Mädels, Kumpels* und *Fatzkes,* die den Dudenmachern nicht gefallen, obwohl sie alltagssprachlich zweifellos verbreitet sind (vgl. Wurzel 1984, 93, 156ff., Bornschein/Butt 1987). Barbara Korte (1986, 27) hat herausgefunden, daß im Rechtschreib-Duden zwischen den Auflagen von 1961 und 1980 die Liberalität gegenüber dem s-Plural zugenommen hat; 1961 waren dort z.B. für *Biskuit, Boykott, Bukett* und *Barett* e-Plurale vorgeschrieben, 1980 waren sowohl e- als auch s-Plurale möglich. Der s-Plural ist seit dem 15. Jahrhundert aus dem Französischen ins Deutsche übernommen worden; nach anderer Auffassung stammt er aus dem Mittelniederdeutschen. Im kindlichen Spracherwerb ist der s-Plural oft beobachtet worden (*Dackels, Tigers, Katers* usw., vgl. Augst 1979, 230). Neben den *Sofas, Omas,*

Echos, den *Kinos, Loks, Muttis* und *Pullis,* den *Hochs* und *Tiefs* (vgl. Helbig/Buscha 1986, 242) findet man *Studis, Assis* und *Profs* in studentischen Texten zur Bezeichnung der Statusgruppen an Universitäten, *Wessis* und *Aussies* für Westdeutsche und Australier, *Spastis* und *Rollis* für Gruppen von Behinderten, *Drogis* und *Alkis* für Süchtige, *Promis, Schickis, Nudos* und *Edel-Schlabus* für verschiedene Gruppen von Zeit-Geist-Genossen, *Zentralos, Realos* und *Fundis* für politische Gruppierungen, *Feuchties, Grillies* und *Zündis* für schlichte Gebrauchsgegenstände (vgl. zu den *-i*-Ableitungen Kapitel 6). Das (feuchte) Papiertuch wird auf diese Weise ebenso modernisiert wie die Grillbratwürstchen und die Streichhölzer. Die politischen Etikettierungen stehen auch schon in biederen Tageszeitungen (HAZ 3.12.87, 2), sind nicht mehr auf ›Grüne‹ beschränkt. Prominente, Schickeria und Edel-Schlachtenbummler werden nicht nur im *Spiegel* verkürzt (7/88, 30, 32/87, 135), auch dem seriösen *Tagesspiegel* sind Nudisten zu langweilig (28.4.87, 10). Die Kurzwörter für Drogensüchtige und Alkoholiker sind zeitungsfähig (HAZ 9.4.87, Beilage), die für Spastiker und Rollstuhlfahrer werden im *Spiegel* als »Selbstbezeichnung« gekennzeichnet (7/88, 30). Alle diese Pluralformen sind aus Kurzwörtern gebildet. Dieser Hang zur Verkürzung längerer Wörter ist zwar nicht neu *(Kinos, Autos, Akkus),* aber stärker ausgeprägt als jemals zuvor. Und durchgängig wird in dieser Wortklasse der s-Plural verwendet. Zur enormen Ausweitung dieses Paradigmas tragen zusätzlich die vielen neuen Fremdwörter aus dem Englischen bei (vgl. v. Polenz 1995, 91f. und Kapitel 6). Ebenfalls nehmen die morphologisch unmarkierten Plurale (ø-Plurale) bei den zahlreichen neuen Fremdwörtern auf *-er* stark zu, beispielsweise in der Computerterminologie: die *Computer, Recompiler, Composer, Interpreter, Assembler* und *Sequenzer*:

Diese sind zwar alle aus dem Englischen entlehnt, der Ausgang -er wird aber wohl intuitiv als deutsches Derivat -er aufgefaßt, das in der Hochsprache stets den ø-Plural fordert. Dafür spricht nicht zuletzt die Tatsache, daß diese Substantive ohne Ausnahme im Deutschen als Maskulina analysiert werden (Korte 1986, 27).

Eine Ausnahme bildet *Poster*. Hier sind *der* oder *das* als Artikel möglich, ebenso kann ein s-Plural realisiert werden.

Für einige Substantivgruppen gilt, daß sie in der Alltagssprache normalerweise nicht pluralfähig sind, z.B. einige Stoffbezeichnungen, Generalisierungen und Abstrakta (*Stäube, Wässer, Zemente, Bedarfe, Meinungsaustausche, Stillstände* usw., vgl. Sommerfeldt 1988, 125). In den Grammatiken sind sie als Singulariatantum erfaßt. Das heißt aber nicht, daß es keine Kontexte gebe, in denen man Plurale von ihnen brauchte und dann eben auch bildet, namentlich in Fachsprachen. Ein Kunde wird im Lebensmittelgeschäft kaum *Milche* verlangen, wenn er Voll-, Butter- und Sauermilch haben will, wogegen ein Molkereitechniker durchaus von verschiedenen *Milchen* spricht. Für einen Drucker ist die Mehrzahl von *Druck Drucke*, aber für einen Statiker sind es *Drücke*. Wenn eine staatliche Stelle eine Sache finanziert, kann man sagen, daß die *öffentliche Hand* Geld dafür zur Verfügung stellt. Sind verschiedene staatliche Stellen beteiligt, stellen eben *öffentliche Hände* Geld (oder *Gelder*) zur Verfügung.

Es geht hier um Differenzierungsbedürfnisse, über deren Berechtigung kaum sinnvoll zu diskutieren ist, da sie offenbar auf Bezeichnungsnotwendigkeiten im jeweiligen Sachgebiet beruhen, und Kritik an der mangelnden Schönheit solcher Bildungen geht deshalb an der Sache vorbei. Dennoch gab es eine Kontroverse zwischen dem *Zeit*-Autor Manfred Sack und Mitarbeitern des *Sprachreport* (Sack 1988, Haß 1988, Günther 1988a) zu diesem Thema (Günthers Beitrag war eigentlich für die *Zeit* geschrieben worden, dort aber abgelehnt worden). *Schmöcke* ist auch kein besonders schöner, aber ein notwendiger Plural, weil es in Hamburg viele davon gibt.

Auf einem anderen Blatt steht die Pluralkonjunktur in der Bewegungssprache (vgl. Kapitel 8), namentlich in ihrer Psychoabteilung. Man hat nicht einfach *Angst*, sondern *Ängste*, meist *diffuse*. Angst ist in der Regel etwas Konkretes, und der Grund dafür, daß jemand Angst empfindet, kann und wird normalerweise mit einem Präpositionalausdruck auch genannt: Man hat Angst vor dem Examen, vor Hunden, vor dem Zahnarzt. Wenn jemand *Widerstand* leistet, dann normalerweise gegen jemand oder etwas anderes – psychosprachlich empfindet man *innere Widerstände, mentale Blockierungen* und hat *gefühlsmäßige Hemmschwellen*. In diesen Fällen ist nicht zu erkennen, welchem sachlichen Differenzierungsbedürfnis die Pluralformen dienen. Ihre Funktion besteht offenbar darin, Verschwommenheit herzustellen, den verwendeten Begriff unscharf zu machen, sich nicht allzusehr festzulegen auf das, was man sagt. Formal identisch und wahrscheinlich seelenverwandt ist diese Methode mit der Vorliebe der Literatur der Empfindsamkeit im späten 18. Jh., Abstrakta im Plural zu verwenden: *Empfindlichkeiten, Zärtlichkeiten, Leiden* usw. (v. Polenz 1995, 105). Wenn jemand sagt, er habe Angst vor Flugreisen, kann sein Gesprächspartner zu diesem Thema beispielsweise sagen, daß er noch nie abgestürzt sei, daß es schön sei, die Alpen von oben zu sehen, daß der Lufthansa-Service immer noch besser sei als der von KLM, oder Reisetabletten empfehlen. Wenn aber jemand sagt, er habe *unbestimmte Ängste* wegen seiner *periodisch auf-*

tretenden Beziehungsschwierigkeiten, ist der Abend im Grunde schon im Eimer.

5. Zu den Formen und Funktionen des Verbs

Seit langem wird von vielen Sprachfreunden kritisch beobachtet, daß der Formenreichtum des deutschen Verbs, namentlich bei den unregelmäßigen Verben, kontinuierlich abnimmt. Veränderungen im Formenbestand und bei den Funktionen einzelner Formen im Hinblick auf temporale, aspektuelle und modale Referenz vollziehen sich an folgenden Punkten:

- Ehemals starke Verben gehen in die Klasse der schwachen Verben oder Mischklassen über (*fragen – fragte/frug, backen – backte/buk, melken – melkte/molk* u. a., bei denen die abgelauteten Formen veraltet sind). Ähnliches ist auch bei einigen Imperativen zu beobachten, z.B. *helf ihm mal, geb das her, tret mal drauf,* auch in der Reklame: »Interesse? Dann bewerbe Dich doch einfach!« (Sparkasse, 1995); all diese Formen sind normwidrig. Es ist allerdings unwahrscheinlich, daß die unregelmäßigen Verben ganz verschwinden, denn sie decken semantisch zentrale Bereiche ab, kommen also sehr oft vor, und sie sind die Basis für eine große Anzahl von Komposita, was ihre Frequenz weiter erhöht.
- Der ›Schwund des Präteritums‹, also die Ersetzung von präteritalen durch Perfektformen, nimmt zu.
- Das Plusquamperfekt verliert Terrain an das Perfekt, was mit dem fortschreitenden Abnehmen der Verbindlichkeit der ›consecutio temporum‹, einer aus dem Lateinischen stammenden Stilnorm, zusammenhängen dürfte.
- Die Formen des Futurs I werden zunehmend durch ein Zeitadverbial und eine Verbform im Präsens ersetzt. Das Futur I gerät in die Nähe modaler Bedeutungen (Erwartungsmodus). Das Futur II (Futurperfekt) scheint sich tendenziell ebenfalls in diese Richtung zu entwickeln und wird im Gesprochenen oft mit entsprechenden Partikeln (*(doch) wohl, (sicherlich) bald* u. a.) verbunden. Die aspektuellen Funktionen des Futurs II (Ausdruck der Abgeschlossenheit eines Vorgangs in der Zukunft) übernimmt oft das Perfekt:

(1) Morgen wird Elisabeth den Stundenplan fertig (geschrieben) haben.
(1i) Morgen hat Elisabeth den Stundenplan fertig (geschrieben).

– Die Perfektformen der Modalverben werden systemgerecht, aber normwidrig anstelle der normgerechten Infinitivfügungen verwendet, z.B.

(2) Peter hat arbeiten gemußt/gesollt/gedurft/gekonnt.

Andererseits gibt es Entwicklungen, die auf eine Bereicherung des Formenbestands des Verbs und auf neue Möglichkeiten des Ausdrucks temporaler und aspektueller Beziehungen hindeuten. In der letzten Zeit hat sich, möglicherweise als Reflex dieser Tendenzen, eine neue Konstruktion durchgesetzt, die man in Anlehnung an einen entsprechenden Terminus aus der Grammatik des Englischen als *Verlaufsform* oder *Progressiv* bezeichnen kann (vgl. Thieroff 1992, 69f., Reimann 1996): Formen von *sein* als verbum finitum mit folgendem *am* und einem Infinitiv, die ausdrücken, daß die fragliche Handlung im Moment der Äußerung durchgeführt wird, z.B.

(3) Elisabeth ist am Schreiben.
(4) Elisabeth war am Schreiben, als wir kamen.
(5) Elisabeth ist noch am Schreiben gewesen, als ich anrief, aber sie ist dann sofort losgegangen.

Im Bereich des Gesprochenen ist diese Konstruktion weit verbreitet; man findet sie durchaus auch in den Massenmedien. Ariane Reimann (1996) hat gezeigt, daß es sich nicht um einen (rheinischen) Regionalismus handelt. Im Geschriebenen ist die Verlaufsform eher selten:

(6) Wenns zum Klappen kommt, dann gilt der alte Trott (Kurt Tucholsky (1920), in: GW 2, 328).
(7) Stets gern für Sie am Kochen. Heins Zauberküche (Prospekt eines Osnabrücker Metzgerladens, Herbst 1984).

Nur regional verbreitet (als selbstironisches Sprachspiel), aber gemeinhin verständlich und als rheinisch-westfälischer Regionalismus identifizierbar ist die Anreicherung der Verlaufsform durch ein nachgestelltes *dran*:

(4i) Elisabeth war noch am Schreiben dran, als wir kamen.

Gleichfalls als Sprachwitz ist die Variante zu beurteilen, in der bei trennbaren Verben *am* zwischen das verbale Präfix und das Basisverb gestellt wird:

(8) Er ist an am fangen.
(9) Sie ist weg am gehen.

Ob die Verlaufsform Aussichten hat, eine Umstrukturierung des Verbsystems durch die Etablierung einer expliziten Aspektkategorie zu bewirken, sei dahingestellt. Verwunderlich ist jedenfalls, daß die germanistische Forschung sich mit ihr bislang kaum beschäftigt hat. In der Arbeit zu den Aktionsarten im Deutschen von Renate Steinitz kommt diese Konstruktion lediglich in einem Beispielsatz für die durative *Aktionsart* vor (*am Blühen sein;* 1981, 15). Steinitz diskutiert in dieser Arbeit zwei unterschiedliche kategoriale Konzeptionen von Aktionsart.

Eine dieser Konzeptionen ist in der Germanistik verbreitet (beispielsweise in der 9. Auflage der Grammatik von Helbig/Buscha (1986, 72ff.), in der 4. Auflage der Duden-Grammatik (1984, 93f.), in den Grundzügen (1981, 501ff., 551f., dort mit erheblichen Einschränkungen) und bei Eisenberg (1994, 113ff., 352; Eisenberg zieht die Kategorie der Aktionsart sogar für die Diskussion der Semantik temporaler Konjunktionen heran). Sie ist die ›weichere‹ zweier konkurrierender Konzeptionen, denn sie stützt sich stark auf wortsemantische Kategorisierungen (z.B. *gehen – laufen – hasten – rennen – rasen* für die intensive Aktionsart) und gehört durchaus in die Domäne logischer Analysen. Die ›harte‹ Variante wird in der Slavistik und anderen Philologien vertreten, für deren sprachliche Gegenstände Aktionsarten im Bereich von Morphologie und Syntax systematisch nachweisbar sind, d.h. daß strukturelle Elemente wie Affixe oder syntaktische Regularitäten diese Kategorie tragen. Die ›weiche‹ Interpretation muß sich im wesentlichen auf Semantisches stützen, weil es (im Deutschen) nur wenige strukturelle Ausdrucksmittel der fraglichen Art gibt, z.B. das Infix *-l-* für die diminutiv-iterative Aktionsart (vgl. MLS) in Verben wie *hüsteln, brummeln, spötteln, lächeln, granteln*. Die ›harte‹ Variante verlangt demgegenüber, daß das Vorhandensein durchgängiger struktureller Regularitäten Definitionsgrundlage einer grammatischen Kategorie sein soll, was einleuchtend und normalerweise auch in der Germanistik selbstverständlich ist. Steinitz beschreibt dieses Postulat folgendermaßen:

Grammatikalisierung heißt:
- Verbindung eines (komplexen) semantischen Merkmals mit morphologisch-syntaktischen Kennzeichnungen zu einem »grammatischen Morphem«, d.h. einem *Nichtbasismorphem* (einem Flexions- oder Derivationsmorphem) oder einem grammatischen Wort. Dies geschieht in der Flexionsmorphologie bzw. durch Wortbildung oder in der *Syntax*.
- Verbindung *genereller*, klassenbildender semantischer Merkmale mit grammatischen Kennzeichnungen in *systematischer*, paradigmenbildender Weise. Die grammatisch gekennzeichneten Merkmale betreffen *Klassen* von Lexikoneinheiten oder von Wortgruppen.
- Da sie auf generelle semantische Charakteristika beschränkt sind, sind diese sprachlichen Einheiten weitgehend unselbständig und an bestimmte Kontexte gebunden (in diesen Zusammenhang paßt der Termi-

nus ›*synsemantisch*‹) (1981, 66, Hervorhebungen im Original).

Offenbar erfüllt die Konstruktion *am* + Infinitiv + *sein* alle diese Bedingungen: sie ist ein »grammatisches Morphem«, das ein syntaktisches Paradigma darstellt, dessen lexikalische Basis »synsemantisch« ist. Diese Verlaufsform ist – jedenfalls im Gesprochenen – grammatikalisiert. Sie ist keine Tempusvariante, weil das Finitum in der Verlaufsform neben dem Präsens zumindest mit den Vergangenheitstempora konstruiert werden kann, z.B. *Peter ist (war) am Forschen (gewesen) (, als ...)*. Allerdings kann sie nicht mit allen Subklassen des Verbs gebildet werden (z.B. **Clemens ist am Dürfen/Erschrecken*) und sie ist nicht passivfähig (z.B. **Friederike war am Gehörtwerden*). Diese Beschränkung gilt es noch im einzelnen zu erforschen; wesentliche Vorklärungen enthält die Arbeit von Reimann (1996). Sprachvergleichende Arbeiten haben gezeigt, daß auch andere germanische Sprachen Verlaufsformen entwickelt haben (vgl. die Beiträge in Ballmer/Thieroff 1993 und Thieroff 1995). Die Verlaufsform kann nicht als Aktionsart aufgefaßt werden. Sie trägt zentrale Charakteristika der Kategorie Aspekt. Wenn sie sich weiter durchsetzt, wird das Deutsche – wie das Englische – zu einer Aspektsprache werden, auch wenn sicherlich nicht das gesamte Verbsystem erfaßt werden wird.

Eine andere Erweiterung der Verbmorphologie stellen die Konstruktionen *habe/hatte* + Partizip II + *gehabt/gewesen* dar. Thieroff (1992, 17, 208 ff.) spricht von »Perfekt II« und »Plusquamperfekt II« und nennt sie marginal, Sommerfeldt (1988, 209) nennt sie 4. und 5. Vergangenheitsform. Er erwähnt, daß beide seit frühneuhochdeutscher Zeit belegt sind, und stellt fest, daß es Formen sind, die dem Ausdruck der »perfektiven Aktionsart« dienen; es wäre zu erörtern, ob man sie nicht ebenfalls als aspektuelle Kategorien diskutieren sollte. Es geht um Fälle wie

(10) Wir hätten uns ein Unentschieden verdient gehabt (Zeitungsartikel, zit. in Sommerfeldt 1988, 19).
(11) Otto hat Ludwig nicht gefragt gehabt, ob er Bedenken gehabt habe.
(12) Ludwig war schon gegangen gewesen, als Otto seine Vorbehalte endlich vorgetragen hatte.

Im Geschriebenen sind sie selten, manchmal kommen sie im Lokalteil von Zeitungen vor, wo weniger stark auf grammatische Korrektheit geachtet wird. Im Gesprochenen sind sie vor allem dann zu beobachten, wenn Geschichten erzählt werden, die komplizierte zeitliche Strukturen haben und der Erzähler sich bemühen muß, parallel ablaufende Ereignisse zeitlich zu differenzieren, also z.B. im

Vorzeitigen Gleichzeitigkeit und Nachzeitigkeit auseinanderzuhalten. Normalerweise macht man das mit Zeitadverbien, aber es ist manchmal ökonomischer und macht Geschichten lebendiger, wenn man sich des zwar normwidrigen, aber leicht verständlichen Mittels dieser Doppelformen bedient. Peter Braun erklärt diese Formen zu süddeutschen Dialekteigentümlichkeiten (^{2}1987, 136), was nach unseren Beobachtungen nicht zutrifft.

Eine große Gruppe von Verben hat präpositionale Rektion. Wenn diese Objekte pronominalisiert werden, nehmen sie die Form von Pronominaladverbien an. Pronominaladverbien sind feste Lexeme und können nach der geltenden Norm nicht in ihre Bestandteile zerlegt werden, also Satzklammern bilden. Hier vollziehen sich Veränderungen, wiederum vor allem in der gesprochenen Umgangssprache. Die folgenden Beispiele sind einem einschlägigen Aufsatz von Dieter E. Zimmer (1986, 39) entnommen: *da bin ich nicht gegen, da kann ich mich nicht mit identifizieren, ich fühle mich da nicht verantwortlich für, wo er nichts von hat, er hat hier keinen Nachteil durch*. Wir wissen nicht recht, ob man *da ein Fan von* sein soll.

Die Untersuchungen zu den Modalverben, Modaladverbien und Modalausdrücken anderer Art sind Legion. Hier soll lediglich auf einen kleinen Bereich der Verwendung solcher Ausdrücke hingewiesen werden, der seinerseits vielfach kommentiert worden ist, nämlich die Absicherungs- und Immunisierungstechnik, die darin besteht, daß man keine Aussagen macht, keine Behauptungen aufstellt und grundsätzlich nicht zu packen ist. Es geht um Modalausdrücke, denen ein mit *daß* oder *weil* eingeleiteter Nebensatz folgt, in dem endlich das gesagt wird, was zu sagen ist. Beispiele sind:

(13) Ich würde nur noch gerne darauf hinweisen wollen, daß [...] (der ehemalige Bundesminister Ehrenberg im Frühjahr 1986, BadL 39).

(14) Wenn Sie gestatten möchten, würde ich mir es zum Vergnügen anrechnen, darauf hingewiesen haben zu wollen, daß [...] (Verbesserungs- und Steigerungsvorschlag der *Titanic*-Redakteure zu (13), a.a.O.)

(15) Hier würde ich sehr vorsichtig sein wollen (der ehemalige Bundesminister Genscher im Frühjahr 1982).

Der Konjunktiv ist nicht nur ein Modus, er ist auch eine Weltanschauung. Kaum eine grammatische Einzelfrage wird so häufig behandelt wie der Gebrauch des Konjunktivs, keine so stark mit Werturteilen verbunden wie diese. Der Satiriker Dieter Hildebrandt formulierte die Sottise: »Wir Deutschen haben die Welt beherrscht, fremde Völker, die Nordsee und die Natur – den Konjunktiv nie«. Von Ludwig Reiners (»Wer Möglichkeit und Wirklichkeit nicht unterscheidet, ist ein Sprachstümper« (1943, 153)) bis Wolf Schneider

(»Ein Hoch auf den Konjunktiv« (1987, 296)) schallt sein Lob durch die Stilkunden, zur »Sprache ohne Flügel« wird das Deutsche ohne ihn (Praxis Deutsch 71/1985, 16), fast hundert Seiten widmen ihm Joachim Buscha und Irene Zoch (1984). Dabei wissen alle, was schon Reiners wußte: »Der Konjunktiv stirbt langsam aus« (1943, 153). Tut er aber gar nicht. »Eine der erstaunlichsten Leistungen unserer Ahnen [...], die Erfindung des Konjunktivs« (Schneider 1987, 296), wandelt sich nur in Form und Funktion. Die ›klangvollen‹ Konjunktive klingen nun mal antiquiert: *Flöhest Du mit mir aus der Kneipe und begleitetest mich zu mir nach Hause, verhülfest Du mir zur Glückseligkeit.* Welche Frau, welcher Mann würde dieser Einladung folgen? Der Wunsch ließe sich auch anders formulieren, ebenso die Aufforderung *man verwende die Würze sparsam.* Auch bei der indirekten Rede wird es nicht jedermanns Geschmack entsprechen, seine Worte in folgender Weise wohl zu setzen:

(16) Ihr sagtet, ihr seiet nicht vorbereitet und traget/trüget das Referat daher heute nicht vor.

Gerade an der indirekten Rede läßt sich die Veränderung im Konjunktivgebrauch gut nachvollziehen. In der 1. Auflage der Duden-Grammatik (1959) heißt es zur Verschiebung des Modus in der indirekten (abhängigen) Rede noch klar: »1. Der Indikativ eines Hauptsatzes geht in den Konjunktiv über. 2. Der Indikativ eines beliebigen Gliedsatzes geht ebenfalls in den Konjunktiv über (Angleichung). Der *Fehler*, daß die Konjunktivform nicht durchgehalten wird, ist häufig« (§ 1144). In der Neubearbeitung desselben Werkes aus dem Jahre 1973 (3. Auflage) wird eine »Grundregel« formuliert, die besagt: »Die indirekte Rede *sollte* im Konjunktiv stehen« (§ 248, Hervorhebungen von den Vff.).

Von fehlerhaftem Gebrauch des Modus in der indirekten Rede ist 1973 nicht mehr die Rede. Vielmehr wird ausdrücklich darauf hingewiesen, »daß dieses ›System‹ oft überspielt wird vom persönlichen Stilempfinden des einzelnen, von sprachgeographischen Gegebenheiten, von der Vorliebe für bestimmte Formen des Konjunktivs in der Alltagssprache u. ä.« (§ 258). Und 1995, in der 5. Auflage, heißt es lakonisch: »Da die indirekte Rede nicht allein durch den Konjunktiv als solche markiert ist, *kann* er an Stelle des Indikativs in der indirekten Rede gewählt werden, er *muß* es aber nicht« (§ 296, Hervorhebungen von den Vff.). Damit trägt die Duden-Grammatik dem tatsächlichen Sprachgebrauch Rechnung. Ein gesprochener Satz wie

(17) Claus sagt, er nehme seinen Hut und gehe endgültig, bevor er etwas Unüberlegtes tue.

würde wohl von den meisten Leuten als überkorrekt, als geziert empfunden und negativ bewertet. Wahrscheinlicher ist, daß der Sprecher den Konjunktiv II oder die *würde*-Konstruktion wählt:

(17i) Claus sagt, er nähme seinen Hut und ginge endgültig, [...].
(17ii) Claus sagt, er würde seinen Hut nehmen und endgültig gehen, [...].

In der gesprochenen Sprache wird der Konjunktiv I nur noch selten verwendet, der Konjunktiv II wird ihm – ebenso wie der Indikativ – eindeutig vorgezogen. Dabei sind die mit *würde* gebildeten Formen häufiger als die absoluten. Darauf weist nicht nur Ulrich Engel hin (1988, 115), auch in der 3. Auflage der Duden-Grammatik wurde das schon betont (1973, 109 f.). In manchen Phrasen ist die Verwendung des Konjunktiv II bereits als fest anzusehen:

(18) Leo sagte, es täte ihm leid (nicht: tue).
(19) Manfred fragt, ob ihr ein Bier mittrinken würdet (nicht: mittrinket).

In geschriebenen Texten ist die Verwendung des Konjunktivs I häufiger, doch ist auch hier ein Rückgang solcher Formen zu beobachten und eine Angleichung an die Tendenzen der gesprochenen Sprache festzustellen. Vor allem in längeren Satzperioden wird die Anwendung des Konjunktivs oft nicht durchgehalten:

(20) In der SPD wurde betont, man wolle die Kommission nicht unter Zeitdruck setzen, die Fraktion richtet sich darauf ein [...] (FR 20.1.84).

Faßt man die Beispiele zusammen, die in der 3. Auflage der Duden-Grammatik (1973) für die verschiedenen Anwendungsmöglichkeiten der Modi (Indikativ, Konjunktiv I und II) in der indirekten Rede gegeben werden, ließe sich daraus die Regel formulieren: Es ist beliebig, welchen Modus man im abhängigen Satz benutzt. Unter funktionalen, kommunikativen oder ästhetischen Gesichtspunkten läßt sich in den meisten Fällen eine Begründung für die jeweils gewählte Variante finden.

Die (an sich notwendige) Unterscheidung zwischen gesprochener und geschriebener Sprachform wird in der Duden-Grammatik nicht vorgenommen. Vielmehr benutzen die Verfasser zur Einordnung ihrer Beispielsätze ungenaue, eher stilistisch orientierte Kategorien wie Umgangs- und Alltagssprache (die in diesem Buch ja auch verwendet werden) und weisen abschließend darauf hin, »es *sollte* hochsprachlich der Konjunktiv I stehen, wenn es nur darum geht, die indirekte Rede als solche zu kennzeichnen« (3. Auflage, § 258). Diese Formulierungen zeigen die Abwendung von einer eher präskriptiven Sprachbeschreibung zugunsten einer eher deskriptiven Orientierung.

Sie zeigen damit schon 1973 eine Tendenz, die sich in den jüngeren Grammatiken aus der Bundesrepublik durchgesetzt hat (Duden-Grammatik 1984, 1995, Eisenberg 1994, Engel 1988). In der DDR gab es diese Sichtweise schon länger. Helbig/Buscha definieren bereits 1970 (1. Auflage) als Merkmale der indirekten Rede: »Neben dem Konjunktiv dienen zu ihrer Kennzeichnung redeeinleitende Verben, die Nebensatzform und die Pronominalverschiebung. Keines dieser Mittel ist obligatorisch, doch ist in der Regel zumindest eines vorhanden, um die indirekte Rede als solche zu markieren« (164). Eine Unterscheidung zwischen verschiedenen Formen des Konjunktivs (I oder II) wird bei Helbig/Buscha in diesem Zusammenhang nicht getroffen. Damit knüpfen sie an die Position Walter Jungs an, der schon 1967 in seiner in der damaligen DDR weit verbreiteten Grammatik darauf verzichtet hatte, strikte Normen für den Konjunktivgebrauch vorzugeben, und kommen zu Beispielen wie »Er sagt, daß er krank ist/sei/wäre« (165). Unter »stilistischem Aspekt« billigen sie zwar den verschiedensten Formen eine »bestimmte Funktionsstellung« zu, beschreiben diese aber ausschließlich aus der Sichtweise der Zeitenfolge, so daß sie zu sechs Formen – unter Einbeziehung des Indikativs – kommen:

(21) Er sagt, er kommt
er komme/käme
er werde/würde kommen (165).

Damit ist eine verbindliche Norm zur Verwendung des Modus in der indirekten Rede nicht mehr erkennbar. Die skizzierten ›Auflösungstendenzen‹ sind keineswegs neu; bereits 1920 konstatierte Hermann Paul in seiner Deutschen Grammatik (Bd. IV, 311), daß schon in der Mitte des 19. Jahrhunderts der »gegenwärtige Zustand« erreicht gewesen sei: »es erscheint sowohl der Konjunktiv präsentis nach präteriti als der Konjunktiv präteriti nach präsentis«. Lediglich das Vordringen des Indikativs scheint eine neuere Erscheinung zu sein.

Verwirrend ist die Lage an deutschen Schulen. Der Konjunktiv gehört zwar zum festen Bestandteil aller Lehrpläne, und er ist vor allem in der Mittelstufe Unterrichtsgegenstand, aber seine Vermittlung bereitet den Lehrern häufig Schwierigkeiten. Das führt manchmal zu einer pragmatischen Vereinfachung der Regeln. So wird z.B. an einem Gymnasium in Hannover den Schülern empfohlen, immer den Konjunktiv I in der indirekten Rede zu setzen. Eine andere Lehrerin am selben Gymnasium empfiehlt die ›bairische Regel‹: bei Hauptsätzen, die im Präsens stehen, steht in der abhängigen Rede Konjunktiv I, bei solchen im Präteritum Konjunktiv II. Die Auflösung der früheren strikten Norm hat nicht nur an den Schulen, sondern auch in Büros und Zeitungsredaktionen Unsicherheit darüber verbreitet, ›wie es denn nun richtig heißt‹. Die Auskunft, daß tatsächlich mehrere Möglichkeiten ›erlaubt‹ sind, stößt oft auf Unglauben und Unzufriedenheit, weil die meisten Leute erwarten, vom zuständigen Spezialisten eindeutige Auskünfte zu bekommen. Man möchte schließlich das Falsche und das Richtige klar auseinanderhalten können.

Der Konjunktiv gehört seit Jahrzehnten zu den bevorzugten Objekten der Sprachpflege. Die Erklärung dafür ist einfach: die Sprachwandelvorgänge, die sich in den letzten Jahren in der skizzierten Liberalisierung der Normen niedergeschlagen haben, sind bereits wesentlich länger wirksam und früher als wichtige Quelle von Fehlern betrachtet worden. Gegenwärtig ist zwar die Tendenz zur Aufgabe der strikten Normen vorherrschend, aber nicht unumstritten. Aus konservativer Sicht dürfte diese Tendenz ein weiterer Schritt zur Demontage der deutschen Sprache sein, wofür eine kurze Passage aus dem *Weissbuch zur Rettung der Sprache* als Beleg zitiert werden soll: »Er [der Werbefachmann, Vff.] braucht keinen Konjunktiv, kein ›wäre‹, ›hätte‹, ›könnte‹, jene vorzüglichen Formen, mit denen sich Erwägungen und Überlegungen so vorzüglich darstellen lassen. Seine Sprache muß klar und einfach sein, für Zwischentöne ist da kein Raum« (Maus 1976, 39).

Die Konjunktivverwendung ist immer wieder als eines der Schibboleths für ›Gutes Deutsch‹ bzw. als Indikator für Sprachverwilderung hingestellt worden. Nur selten taucht in solchen Urteilen der Gedanke auf, daß es sinnvoll ist, die im engeren Sinne grammatischen von den semantisch-pragmatischen Funktionen dieses Modus zu unterscheiden. Dies ist schon deshalb wenig erstaunlich, weil auch in grammatischen Beschreibungen diese Differenzierung bis in die jüngste Zeit häufig nicht vorgenommen wurde; man hat, dem griechisch-lateinischen Vorbild nacheifernd, bestimmte Kategorien, die im Deutschen morphologisch nicht existent sind (Optativ, Konditionalis, Irrealis und dergleichen; vgl. MLS) dem Konjunktiv subsumiert, was unausweichlich zu Problemen führen mußte.

Für viele Sprachpfleger ist der Fall einfach: mit dem Konjunktiv entschwinden nach ihrer Meinung Mittel der gedanklichen Differenzierung, geistige Beweglichkeit, Zwischentöne. Der Konjunktiv mache »die Sprache menschlicher«, schrieb ein Anonymus in der FAZ (5.12.1973); wir haben es hier offenbar mit einem Gegenstück zum »inhumanen Akkusativ« (Weisgerber 1958, Kolb 1960) zu tun. Andererseits beschränkt sich diese Zuneigung auf die flektierten Konjunktivformen. Analytische Konstruktionen mit *würde* + Infinitiv werden entschieden abgelehnt, ebenso bestimmte redeeinleitende Wendungen, in denen die *würde*-Konstruktion (oft angereichert durch bestimmte Adverbien und Partikel) als sprachliches und pragmatisches Mittel zum Ausdruck der Distanz des Sprechenden gegenüber dem Angesprochenen und gegenüber dem Inhalt der Äußerung eingesetzt wird, z.B. *ich würde schon meinen, daß [...]* oder *würden Sie nicht vielleicht doch auch meinen wollen, daß [...]*, also in den oben erwähnten Fällen, in denen ein Sprecher keinen Ärger mit dem bekommen will, was er gesagt hat. Von Karl Valentin stammt der schöne Satz: »Mögen hätten wir schon wollen, aber dürfen haben wir uns nicht getraut.«

In ähnlichem Sinne hat der Altphilologe Hildebrecht Hommel die »Scheu vor dem Fatum« und »göttlichen Mächten« mit psychologischem Scharfsinn als Motiv für die Wahl des »ängstlichen Konjunktivs« statt des »stolzen Indikativs« erkannt. Er sieht in »distanzierenden« Konjunktiven die Flucht aus der Verantwortung, das Bestreben, sich nicht festzulegen, »feiges Zurückweichen vor einer klaren Aussage« (Hommel 1984, 201, Anmerkung 11), die Scheu vor klaren Positionen. Wir zitieren Hommel, um zu zeigen, daß auf diesem Gebiet Geschmacksurteile, Vorlieben und Unsinn gefährlich eng beieinanderliegen – wir mögen ihn ja auch nicht, den überhandnehmenden Selbstverleugnungskonjunktiv. In der feministischen Linguistik wird der Konjunktiv als eines der sprachlichen Merkmale der verinnerlichten Unterdrückung von Frauen demaskiert: Frauen verwendeten Konjunktivformen, um nicht aufzufallen, Rückzugsmöglichkeiten zu haben, ihre Gesprächspartner aufzuwerten usw. Interpretationen für den Gebrauch und Nicht-Gebrauch des Konjunktivs sind wohlfeil, Unmögliches, Wünsche, Anweisungen, Zitate und Distanzierungen werden ausgedrückt, wie eh und je, mit dem Konjunktiv, aber auch ohne ihn. So sei es.

6. Neue Wortbildungsmuster

Der Mannheimer *Duden* pflegt die Werbung für eine Neuauflage seines Rechtschreibwörterbuches regelmäßig mit dem Hinweis zu bestreiten, daß dort soundsoviele neue Wörter erstmals erfaßt seien. Ein erheblicher Teil dieser neuen Wörter sind aber gar keine neuen Wörter, sondern Zusammensetzungen aus mehreren Wörtern, die bisher nicht aufgenommen waren (vgl. Sauer 1988, 29-33). Es ist natürlich nicht einfach, klare Gesichtspunkte dafür zu entwickeln, welche Zusammensetzungen in ein Wörterbuch aufgenommen werden sollen und welche nicht. Wahrscheinlich werden die meisten Wissenschaftler mit den meisten Wörterbuchbenutzern darin übereinstimmen, daß solche Neuwörter, die durch Wortbildungsmorpheme (Suffixe oder Präfixe, die ein Wort von einem Wortstamm oder einem Grundwort ableiten) gebildet werden, eher ins Wörterbuch gehören als solche, die durch bloße Zusammensetzung aus zwei oder mehreren Wörtern entstehen. Man kann sich in diesem Fall in aller Regel die Bedeutung der Zusammensetzung ebenso wie ihre Schreibung aus der Bedeutung und der Schreibung ihrer Einzelteile selbst zusammenreimen. In diesem Kapitel wird umfangreiches Beispielmaterial angeführt, das in den gängigen Wörterbüchern (noch?) nicht erfaßt ist. Für Beispiele, von denen wir annehmen, daß sie nicht ohne weiteres verständlich sind, werden – auch und gerade im Hinblick auf ausländische Germanisten – kurze Erklärungen gegeben.

6.1 Substantive

In der jüngsten Vergangenheit haben einige Wortbildungselemente Verbreitung im gesprochenen und geschriebenen Sprachgebrauch erfahren, ohne bisher in den Grammatiken und Wörterbüchern gebührend dargestellt worden zu sein, nämlich die Suffixe *-i/-y/-ie, -o, -e* und das Nullsuffix bei den Substantiven. Man muß dabei zwischen folgenden Fällen unterscheiden:

1a. Anfügen eines der genannten Suffixe an einen Wortstamm (oder den vorderen Teil eines Wortstamms) z.B. *Studi* < Student(in) oder *Prolo* < Prolet(arier), auch als prädikatives Adjektiv: *jemand/etwas ist prolo*). In diesem Fall tritt das Ableitungselement *-i* oder *-o* usw. neu dazu

1b. Das Ableitungselement ist mit dem Vokal der Endsilbe des Abkürzungswortes identisch, z.B. *Assi* < Assistent oder Asozialer, *Dissi* < Dissident, *Chauvi* oder *Schowi* < Chauvinist (männlicher, nicht: nationalistischer).

2. Ableitung von Substantiven aus Adjektiven, Verbstämmen oder Substantiv(stämm)en, z.B. *Klemmi* < verklemmt: »verklemmter Mensch«, *Grüni* < grün: »Mitglied der grünen Partei«, *Grufti* < Gruft: »nicht mehr jugendlicher Mensch« (»Gruftis in Grün. [...] Grünis sind out«; Sp. 51/86, 38).

3. Silbenabkürzungen, in denen der vokalische Kern (bei Diphthongen ggf. nur das erste Element) die Abkürzungsgrenze darstellt und die letzte Einheit des Abkürzungsworts den fragli-

chen Vokal aufweist (z.B. *Azubi* < Auszubildende(r), *Schiri* < Schiedsrichter, *Schlabu* < Schlachtenbummler).
4. Suffixlose Abkürzungswörter (Nullsuffix). Sie sind nicht sehr zahlreich und offenbar stets einsilbig (z.B. *Prof*, auch *Proff* mit den Pluralen *Profs* oder *Profen* < Professor, *Gent* < Gentleman).

Neu sind diese Wortbildungsmuster nicht; seit Generationen werden Verkleinerungsformen von Vornamen auf *-i* gebildet wie etwa *Wolfi, Manni, Adi* oder *Siggi*, ebenso Koseformen wie *Mutti, Vati, Bubi, Fiffi* oder *Schnuckiputzi* und *Schatzimausi*. Insbesondere im bairischen Sprachraum gibt es eine Anzahl von Personenbezeichnungen, die im restlichen deutschen Sprachgebiet eher abwertenden Klang haben wie *Gspusi, Spezi, Strizzi* oder *Schluri*. Schon Karl Kraus wetterte gegen die »[...] Bobbengel und Foxtrottel, gegen die Edi und Bledi und Vucki und Schnucki, [...]« (1921, AW 2, 313).

Schließlich gibt es eine Reihe von Sachbezeichnungen (teils ältere Anglizismen, teils Abkürzungswörter vom Typ 1b.), die seit langem in Gebrauch sind wie *Abi, Kombi, Mini, Pulli* oder *Uni*. Dazu tritt schließlich eine beträchtliche Zahl von Amerikanismen wie *Groupie* (Bewunderer, Fan; meist junges Mädchen), *Hippie, Junkie* (Drogenabhängiger), *Profi, Speedy* (wuselige, umtriebige Person), *Teenie* bzw. *Teeny* (Teenager), *Yuppie, Zombie* (älterer Mensch). *Fuzzy* kommt sowohl als Personen- wie auch als Sachbezeichnung vor; die Wendung »Das ist doch fuzzy« ist eine negative Kommentierung eines Sachverhalts.

Eine Vielzahl von teilweise absurden Belegen für *-i*-Ableitungen kann man beim Blättern im Anzeigenteil einer beliebigen Tageszeitung oder Illustrierten finden, etwa *Softies* ® (Papiertaschentücher), *Nusspli, Pflümli* oder *PraliNipsis* (Konfekt: *magische Füllung in Schokoverhüllung*) usw., von den Komposita mit *Müsli* zu schweigen. Kleingewerbetreibende konstruieren nach diesem Schema Firmennamen und verwenden sie in der Sichtwerbung, z.B. *Dursti* (Trinkhalle), *Schusti* (Ladenschild eines Schusters), *Trinki-Markt* (Getränkemarkt), *schaumi wohndesign* (Möbelgeschäft), *boxi Verpackungssysteme*. Beliebt ist auch die anscheinend sympathieträchtige Verniedlichung der Familiennamen von Personen des öffentlichen Lebens geworden (*Gorbi* (Gorbatschow), *Honni* (Honnecker), *Fonty* (Theodor Fontane), *Klinsi* (Jürgen Klinsmann) usw.). Die Zeitschrift *Titanic* veröffentlichte eine lesenswerte Generalabrechnung mit allerhand Unfug dieser Art (Willen 1988). Manchmal werden solche Ableitungen zur Bildung von Komposita verwendet; ein Beispiel ist der von Joschka Fischer in Umlauf gebrachte *Klemmchauvi*. Einige weitere Beispiele:

Fall 1a: *Alki* (Alkoholiker), *Anarcho* (Anarchist), *Anti-Impi*, auch *Antiimpi* (Sp. 1/87, 42; Sp. 29/87, 69: Anti-Imperialist aus dem Lager der ›Autonomen‹; man beachte die Reimbildung) und *Anti-Imp*, pl. *Anti-Imps*), *Depri* (unter Depressionen leidende Person. *Depri* kann auch für ›Depression‹ stehen in Wendungen wie *er hat wieder seine Depris*, aber auch in Zusammensetzungen verwendet werden. So nannte die Zeitschrift *Tempo* (2/87) den niederländischen Prinzgemahl *Depri-Klaus*. Eine *Depri-Einheit* ist ein Geschehnis oder eine Person, die Depressionen auslöst), *Exi* (Ehemalige(r)), *Frusti* (Sp. 33/95, 123 ›frustrierte Person‹), *Fundi* und *Funda* (Fundamentalist bzw. -in in der grünen Partei), *Fluggi* (»Eine Flut von Flugblättern (»Fluggis«) und Infos schwirrt umher [...]«: Sp. 35/87, 48. Die Doppelschreibung des <g> deutet an, daß der Stammvokal »kurz« zu sprechen ist), *Hundi/Hunni/Hündi* (Hundertmarkschein), *Katy* (Katalysator für Automobile), *Koalo* (Koalitionsbefürworter in der grünen Partei, *Zeitmagazin* 15, 3.4.87, 16), *Macho* ([matʃo]: Person mit »übersteigertem Gefühl männlicher Überlegenheit u. Vitalität«: DUW), *Molli* /*Mollie*, auch *Mollo* (Molotowcocktail, aber: *Mollo machen* ›nörgeln‹), *Rolli* (Rollstuhlfahrer, FR 25.4.87, 8, sonst: Rollkragenpullover), *Sponti* (»Angehöriger einer undogmatischen linksgerichteten Gruppe«: DUW), *Sympi* (»(Jargon): Sympathisant«. Sympathisant: »jmd., der mit einer [extremen] politischen oder gesellschaftlichen Gruppe, (seltener) einer Einzelperson, Anschauung sympathisiert, sie unterstützt«: DUW), *Torpi* (»Vorausgesetzt, daß die richtigen Torpis – in Langschrift: Torpedomaate – am Drücker sitzen«: Sp. 1/87, 34), *Trabbi*/*Trabi* (Automobil der Marke ›Trabant‹), *Transi* (Transvestit), *Zivi* (1. Zivildienstleistender 2. Zivilfahnder).

Fall 1b: *Anthro* (Antroposoph), *Demo* (*das Demo* ist ein Demonstrationsband für Musikaufnahmen, *die Demo* eine Demonstration politischer Meinungen in der Öffentlichkeit), *Disko/Disco*, *Doppel-Quali* (eine Person mit der Doppelqualifikation zweier Facharbeiterbriefe, DS 30/86, 14), *Emo* (-Schiene. In einem Interview (Sp. 49/84, 66) warf der damalige CDU-Generalsekretär Heiner Geißler den Grünen vor, sie führen auf der »Emo-Schiene«, d.h. sie emotionalisierten das politische Geschäft), *Homo* (Homosexueller), *Hetero* und *Hetera* (Gegenteil von *Homo)*, *Idi* (Idiot), *Info*, *Ini* ((Bürger-) Initiative), *Majo* (Majonnaise: »Pommes mit Majo«), *Memo, Nazi*, *Porno*, *Promi* (prominente Person, auch in Zusammensetzungen *Kultur-Promis*. In der NS-Zeit bezeichnete *Promi* das ›Reichsministerium für Volksaufklärung und Propaganda‹), *Psycho* (-Szene usw.), *Sadomaso* (-Szene), *Schizo* (schizophrene Person), *Sozi*, *Spasti* (Spastiker).

Fall 2: Von Substantiven bzw. Substantivstämmen abgeleitet sind beispielsweise *Bundi* (1. Bundeswehrangehöriger, 2. Bewohner der Bundesrepublik Deutschland), *Drogi* (im *Tagesspiegel* (31.5.87, XIII) fand sich das Kompositum *Drogi- und Prostiszene:* Szene, in der Drogenabhängige und Prostituierte verkehren) und *Gifti* (Drogenabhängiger), *Emanze* (abwertend für: selbstbewußte, emanzipierte Frau), *Filzi* ® (Filzstifte), *Gyros-Grillos* (Bratwürste), *Grundi* (Wehrpflichtiger in der Grundausbildung), *Kerni* (Kernkraftbefürworter, DS 31/87, 2, aber: »Kerni®, das Saftige« ist ein »kräftig-aromatisches Vollkornbrot. Mit Natursauerteig gebacken«), *Klapse* (Klapsmühle: psychiatrisches Krankenhaus), *Knasti* (Strafgefangener; Knast: Gefängnis), *Lesbe* (Lesbierin), *Nudo* (Nudisten und allgemein für Nackte; Tsp. 28.4.87, 17), *Schleimi* (Abmilderung von *Schleimscheißer*), *Trendi* (modebewußte Person), *Touri* (Tourist), *Wessi/Wessie/Westi* und *Ossi* oder *Zoni* für die Bewohner der zehn alten bzw. der fünf neuen Bundesländer.

Von Adjektiven direkt abgeleitet sind beispielsweise *Brachialo* und *Brutalo* (gewalttätige Person; Sp. 51/86, 94, *Zeitmagazin* 15/87, 16), *Doofi*, *Dummi*, *Dummsi* (*Goofy* 7/86, 25), *Flippi* (*Altflippi*: *Tempo* 2/87, 62), *Laschi* und *Schlaffi* (antriebsschwache Person), *Hähnchen-Krossies* (gebratene Hähnchenteile), *Normalo* (Spießer, Anpasser), *Schlappi* (< schlapp). Direkt von englischen Adjektiven abgeleitet sind Fälle wie *Softi/Softy/Softie*. Ein *Softi* ist ein sanfter, häuslicher Mann (vielfach negativ verwendet), *Softies*® sind jedoch Papiertaschentücher oder Toilettenpapier, und im ›Computerspeak‹ sind *Softies* Softwarehersteller. Der *Spiegel* (39/87, 229) verwendete die Ausdrücke *Quicky* und *Shorty* als Bezeichnungen für kurze Fernsehshows. Etwas offensichtlich anderes bezeichnet *Quickie* in folgender Kleinanzeige: »Ob blond, ob braun, ob Henna, wir lieben alle Männer! 4 Frauen, nicht auf bestimmte Typen fixiert, suchen Männer für gewisse Stunden, auch Quickies willkommen« (Glismann 1985, o.S.).

Ob *Zentralo* bzw. *Zentrala* (Anhänger bzw. Anhängerin einer »mittleren Linie« in der grünen Partei), *Realo/-a* (Vertreter/-in einer »realistischen Linie« in der grünen Partei) und *Irrealo/-a* (abwertende Bezeichnung für *Fundis* bzw. *Fundas,* s.o.) von den zugrundeliegenden Adjektiven *zentral*, *real* und *irreal* abgeleitet sind oder von den Substantivierungen *Zentralist* usw., ist schwer zu entscheiden. Wir führen sie aus Gründen der Einfachheit hier auf.

Mit Verbableitungen hat man es zu tun bei Fällen wie *Zündis* (Streichhölzer), *Mampfi* (Eßpapier), *Glitzi* (Scheuerschwamm für Kochtöpfe), *Brummi* (Schwerlastwagen), *Gucki* (ein Neuwort aus der Neuen Deutschen Skatordnung, das die früher »einfach« genannten Spiele bezeichnen soll und nun auch den einfältigsten Skatbruder daran erinnert, daß er den Skat aufnehmen und angucken darf, wenn er kein Handspiel hat. Ein »Pik mit Dreien« heißt nunmehr also »Pik-Guckispiel mit 3 Spitzen«: Merkkarte der F. X. Schmidt Vereinigte Münchner Spielkarten-Fabriken KG). *Gucki* ist aber auch eine Produktbezeichnung; ein Gerät zum Betrachten von Dias (ohne Leinwand und Raumabdunklung) trägt diesen sinnigen Namen, *Klatsche* (vor allem in den Wendungen *du hast ne Klatsche, du hast einen an der Klatsche*, etwa: du bist bekloppt), *Kloppi* (vom Partizip *bekloppt*), *Knacki* (< verknacken: jemanden zu einer (Gefängnis-) Strafe verurteilen), *Niesi*® (Papiertaschentücher), *Putze* (was man aber auch als Abbreviatur von *Putzfrau* interpretieren könnte), *Schlampe, Tratsche* (geschwätzige Person), *Wohni* (Mitglied einer Wohngemeinschaft alternativ gesinnter junger Leute).

Fall 3: *Juli* (Junge Liberale, Jugendorganisation der FDP), *Juso* (Jungsozialisten in der SPD), *Kuki* (laut Sp. 30/86, 14 sind *Kuki:* Kundenkind, *Miki*: Mitarbeiterkind, *Poki*: Politikerkind: Managerjargon in Gesprächen über die Vergabe von Ausbildungsplätzen), *Mifrifi* (mittelfristige Finanzplanung), *Stasi*, *Stino* (stinknormale Person, d.h. langweiliger Spießer, laut SZ (13.8.86) ein schon damals DDR-spezifischer Ausdruck), *Strobo* (Stromboykott(eur)), *Juze* (Jugendzentrum), *Wawe* (Wasserwerfer), die alten Abkürzungen für Polizeiabteilungen wie *Schupo* (Schutzpolizei), *Kripo* (Kriminalpolizei), *Gestapo* (Geheime Staatspolizei im NS-Staat), *Vopo* (Volkspolizei in der DDR), *Jupo* (Jugendpolizei) und schließlich *Puddis Creme-Dessert mit Sahne* (Puddingersatz).

Fall 4: *Alk* (< Alkohol), *Frust* (*Frust* ist seinerseits Ausgangsbasis von Ableitungen und Zusammensetzungen geworden, z.B. *Frustbeule, im Frustbunker sitzen* (schmollen), *Frustrat, Frustratin, jdn. frusten, gefrustet*) und *Gent. Gent* ist übrigens keine Neubildung; bereits 1921 wurde der Ausdruck von Karl Kraus in abschätziger Bedeutung verwendet: »Daß Dadaisten à cinq épingles gekleidet gehen, ist weiter nicht verwunderlich und ein Edschmid weiß natürlich besser, wann man »Pumps« und wann man einen Gürtelrock trägt und wann in die Bar der Gent, der schlaue, geht.« (AW 2, 306). Weitere Belege finden sich bei Tucholsky: »New York sitzt an der Panke Strand / es kauft uns arm der Gent / Er kriegt den ganzen Hektar Land / für sechseinhalben Cent« (GW 10, 189), »Der Gent genießt und schweigt« (GW 10, 156). Strukturell gehört auch die Bildung *Emanz* in diese Rubrik. Ein *Emanz* ist jedoch sicherlich kein *Emanzipator*, wie vermutet wurde (DS 31/87,13): Das emanzipatorische Streben eines Emanzen dürfte seiner eigenen Person gelten, in der störende Reste von Chauvi-, Macho- oder Softi-Tum ausgemacht worden sind, wogegen ein Emanzipator, den das Agenssuffix (Endung, die auf eine Tätigkeit der bezeichneten Person hinweist) *-(a)tor* eindeutig als auf andere Personen bezogen handelnd ausweist, sich gerade in diesem Kontext völlig deplaciert fühlen wird. Wir gehen davon aus, daß *Emanz* eine einfache Rückbildung von *Emanze* ist, womit das Suffix *-e* bei Personenbezeichnungen von einer anderen Seite her als Femininendung und das Nullsuffix als Maskulinmarker belegt wären.

Jüngeren Datums sind die heute allgemein gebräuchlichen Kurzwörter *Kat* (< Katalysator) und *Rep* (< Republikaner, für Mitglieder einer rechtsradikalen Partei).

Orthographisch bemerkenswert sind einige Fälle, in denen Aussprachehinweise dadurch gegeben werden, daß kurz zu realisierende Vokale durch folgende Doppelkonsonanz in der Schreibung markiert werden, etwa in *Baggi* (Bhagwan-Anhänger) und *Chippie* (1. Drogenanfänger, jd., der erst vor kurzer Zeit ›angefixt‹ wurde. 2. Computerfan) oder auch in *Molli*, *Fluggi* und *Trabbi*.

Keine klaren Regeln sind bei der Schreibung des *i*-Suffixes erkennbar. Zwar überwiegen insgesamt die <-i>-Schreibungen, und es ist erkennbar, daß bei Anglizismen die quellsprachlichen <-y>- und <-ie>-Schreibungen meist übernommen werden. Dennoch herrscht ein ziemliches Hin und Her, was sich vor allem daran zeigt, daß manche Wörter in zwei (z.B. *Studis, Studies*) oder gar allen drei Schreibvarianten vorkommen (z.B. *Softi, Softy, Softie)*. Bemerkenswert ist, daß auch bei eindeutigen Anglizismen Beispiele für Verletzungen der quellsprachlichen Pluralregel (<-y> zu <-ies>) zu finden sind, etwa bei *Teenys* (*Zeitmagazin* 36/87, 12).

Schließlich gibt es einige Fälle, in denen keine klare Ableitungsbasis erkennbar ist wie *Logo* (ntr., Firmenemblem), *Tussi*, *Trutsche* (abfällige Bezeichnungen für weibliche Personen). Die Lexikalisierung von *Schicki-Micki* läßt sich nicht zuletzt an der Zusammenschreibung zeigen: »[...] das Schickimicki-Café Schröder im Kö-Center« (Sp. 5/87, 92). Der ehemalige Frankfurter Dezernent für multikulturelle Angelegenheiten wird gern als *Multikulti Cohn-Bendit* apostrophiert (Sp. 38/91, 7). Rein expressive Reimbildungen sind *Remmidemmi*, *Ramba-Zamba* und *Rambo-Zambo* (Krach, Durcheinander).

Bei den Substantiven sind die Ableitungen auf *-i* usw. sicherlich eines der produktiveren Wortbildungsmuster. Daneben gibt es aber andere, weniger verbreitete Ableitungstypen, die der Erwähnung wert sind. Eine besondere Gruppe sind Nominalisierungen auf *-e*, die keine Personenbezeichnungen sind, sondern auf Verben basieren, die menschliche Gefühle oder Tätigkeiten bezeichnen wie *keine*

Möge haben (›unwillig sein, keine Lust haben‹), *keine Checke haben* (›etwas nicht mögen, nicht verstehen‹), *Mache, Sehne* (< sehnen), *Denke, Stütze* (*auf Stütze leben* ›Arbeitslosen- oder Sozialhilfe beziehen‹), *Glotze* (›Fernsehgerät‹), *Anmache* (›aufdringliche Form der Kontaktaufnahme‹). In einem DDR-Krimi stöhnte ein geplagter Volkspolizei-Leutnant über »ne anstrengende Schaffe« (Harro Mager, Gier. Kriminalroman. Halle/Leipzig [5]1983, 125). »Nimm ein ganz normales Verb und beiße hinten das -n ab [...]«, rät der Szenedeutschmeister Hoppe (1984, 21) seinem Publikum. Die *Big Raushole* der RAF war da von der Morphologie her schon anspruchsvoller; ganz so spaßig, wie besagter Hoppe diese Bildung paraphrasiert, war und ist der damit bezeichnete Vorgang allerdings nicht: »Überbleibsel aus RAF-Zeiten: Knackis bei der spektakulären Aussteige behilflich sein« (1984, 32). Gelegentlich findet man Druckbelege für diese Konstruktion: »Leider ist [...] übersehen worden, daß die Sprache der Jugendkultur [...] gar keine Sprache, sondern eine Spreche, schon gar keine Drucke [ist].« (SZ 25.4.86, zit. nach DS 31/87, 8). Wir haben es hier mit einer neu erblühten (denn sie ist älter) Variante der allgemein verbreiteten Entwicklung von der verbalen Ausdrucksweise hin zu den Nominalisierungen zu tun: »[...] die ganze Millionärskaste mit Dienern und Fräcken und der so feinen Benehme«, schrieb Kurt Tucholsky 1913 (GW 1, 90), ebenso »[...] das Ohr nimmt viel weniger auf als das Auge, es nimmt viel schwerer auf, eine Sage ist keine Schreibe« (GW 10, 36). »Eine Sage ist keine Tue. Betrachten wir das in aller Ruhe« lautet der Anfang seines Gedichts »Worte und Taten« (1920, GW 2, 315). Die stilistische Färbung dieser Bildungen hat schon Wolfgang Fleischer erwähnt: »Ein Teil hierhergehöriger Bildungen ist auf bestimmte Sprachschichten beschränkt, so etwa teilweise unter Halbwüchsigen *Heize* ›Ofen‹, *Scheine* ›Lampe‹, weiter verbreitet *Heule* ›Kofferradio‹« (1976, 132).

Als ziemlich infantil dürfen Komposita mit infingiertem *-o-* gelten. Sie haben bei den Produktbezeichnungen eine gewisse Tradition, z.B. *sanosan* für Produkte, die der Hautpflege für Kleinkinder dienen, oder *lattoflex* für einen Bettrost, der aus flexiblen Latten gezimmert ist. Offenbar eine Analogbildung liegt vor in der *Taschenfederkernmatratze Taschoflex* (Warenhauskette, Nov. 93). Auf die Englischkenntnisse der Kundschaft spekuliert die *Rentomobil Autovermietung* (Siegburg), die die denkbare Verwechslung mit dt. ›Rente‹ sicherlich geschäftsschädigend finden würde. Ein *Mixomat* ist ein Wasserhahn, der heißes und kaltes Wasser zu lauem mixen kann (Baumarktkette, Nov. 93), eine *Kleen-O-thek* eine Schnellreinigung, *Rohr-O-Matik* eine Klempnerei, und das *Spielodrom* ist eine Spielhalle in Minden (Westf.). Selbst die politische Terminologie hat dieser Bildungstyp bereichert: »Berliner CDU richtet ein Bonzophon ein« (Sp. 36/91, 67). Es handelte sich hier um einen Telefonanschluß, der speziell dafür geschaltet wurde, daß die Bevölkerung ehemalige SED-Bonzen verpetzen kann, wogegen Klagen über Bonzen anderer Couleur nicht angenommen wurden.

Das Suffix *-itis* dürfte den meisten Leuten am ehesten im Zusammenhang mit Krankheitsbezeichnungen geläufig sein – auf Arztrechnungen und Beipackzetteln von Medikamenten tauchen Ausdrücke wie *Gastritis, Hepatitis* oder *Laryngitis* auf. In der medizinischen Fachterminologie ist *-itis* für die Bezeichnung von Entzündungen reserviert. Dieses Suffix wird zunehmend dazu verwendet, Vorgänge oder Sachverhalte zu bezeichnen, denen gegenüber der wortschöpfende Redakteur Skepsis empfindet oder die er ironisieren will. Der aufs Pathologische verweisende Unterton von *-itis,* den die Assoziation ans Kranksein mit sich bringt, ist beabsichtigt; oft wird die Konnotation von seuchenhaftem, pestilenzartigem Umsichgreifen des im Wortstamm benannten Übels erzeugt. Beispiele dafür sind etwa *Hollanditis* (DS 26/82, 4), womit die zögernde Haltung der niederländischen Regierung bei der Aufstellung neuer Mittelstreckenraketen charakterisiert worden ist, oder die (Bonner) *Pershingitis,* womit sechs Jahre später die zögernde Haltung der Bundesregierung beim Abbau ebendieser Mittelstreckenraketen bezeichnet wurde (*Zeit* 35/87, 1). Es gibt die *Institutionitis* (SZ 26.8.95, V1/1: »Drang zur Bildung von Ein-Mann-Instituten«), die *Serieritis* (Sp. 16/89: Vorliebe für Fernsehserien), die *Sommer-Festivalitis,* die um sich greift (FAZ 24.7.87) und die *Festivitis* : »Ein Bazillus grassiert, kein Dorf, keine Stadt ist vor ihm sicher: die Festivitis. Landauf, landab feiern die Deutschen, am liebsten auf Straßen und Plätzen, Ellenbogen an Ellenbogen, Wurstpappe in der einen, Bierbecher in der anderer Faust« (*Zeit* 35/87, 12).

Die *Substantivitis* wurde von Barthold C. Witte wieder einmal diagnostiziert (FAZ 8.7.87, 7); Ludwig Reiners (1953, 17) hatte von der »Hauptwörterkrankheit« gesprochen, Wilfried Seibicke (1969, 99f.) von der »Hauptwörterseuche [...], auch Substantivitis genannt [...]«, Karl Korn (1958, 25, 29) von »Verbalaufschwemmung durch Substantivierung« und von »Verbzerstörung«. Schon Schopenhauer habe sich über die *Imperfektionitis* beschwert, berichtet Peter Braun (1979a, 67). Der pathologische Befund hat also verschiedene Namen. Im Lagebericht 1983 der »Gesellschaft für deutsche Sprache« wurden weiterhin gemeldet: »*Adressitis, Astrologitis, Chitis* (Aussprache z.B. von »Flug« mit Ach-Laut), *Coloritis* »übermäßige Verwendung der politischen Symbolfarben«, *Fotokopieritis, Hititis, Matt-*

scheiberitis, Rekorditis, Schieberitis (bei der Fußballweltmeisterschaft)« (DS 27/83, 10).

Latinisierende Suffixe haben nach wie vor Konjunktur, wenn es ums verbale Wichtigtun geht. Unter den *-anz*-Bildungen ist die *Akzeptanz* sicherlich am verbreitetsten; so nannte der frühere Bundespostminister Schwarz-Schilling »die Akzeptanz des Kabelfernsehens überwiegend positiv« (Henscheid et al. 1985, 11). Negative Akzeptanz wäre wahrscheinlich *Refutanz*, wofür wir aber keinen Beleg haben, anders als bei *Charmanz* (eines Liedes, DS 29/85, 16), *Degoutanz* (von Reklame, SZ 12.3.90, 1) und bei *Feminanz* (DS 19/85, 16f.) – wir wissen auch nicht, was das ist.

Das Suffix *-isierung* kommt in Alltagstexten vor allem in Leitartikeln vor und ist in ähnlichem Ausmaß wie *-itis* mit negativen Konnotationen beladen; ein warnender Unterton charakterisiert die Entwicklungsmöglichkeit, die dem im Wortstamm bezeichneten Gegenstand oder Sachverhalt droht, als gefährlich. Bekannte Beispiele sind die *Finnlandisierung* (ursprünglich eine abwertende Bezeichnung für Neutralität zwischen Ost und West, in den 70er Jahren ein Slogan, mit dem das finnische Fremdenverkehrsamt eine Werbekampagne bestritt: *Finnlandisieren Sie mal!),* die *Islamisierung* und die *Balkanisierung*. Neuere Belege sind die *Hausfrauisierung*, die *Rambofizierung* (DS 31/87, 8), die *Stammheimisierung*, die *Yuppisierung* (von Stadtvierteln, Sp. 8/95, 53) und die *Tschernobylisierung* (DS 31/87, 1).

Auch das Suffix *-ismus* wird wortschöpferisch verwendet, wenn Abwertung des mit dieser Endung versehenen Sachverhalts angezeigt werden soll; als *Umweltismus* bezeichnete der Spitzenkandidat einer Autofahrerpartei im Kanton Zürich »die herrschende ›Hysterie‹ für den Umweltschutz« (NZZ 20.9.87, 32). Doch nicht alle ›Ismen‹ sind negativ konnotiert: Zwar weiß niemand genau, was *Genscherismus* eigentlich ist, doch findet man ihn bis heute allgemein sympatisch.

Ganz gelegentlich finden sich sogar die slavischen Suffixe *-ski* und *-nik* bei Personenbezeichnungen. Auch sie haben meistens abwertende Bedeutung, etwa *Radikalinski, Brutalinski* (»die Brutalinskis des Herrn Mielke«: *Zeit* 26/88, 1), *Besuffski* (Betrunkener); *Bitnik* (Computerfan; die Anspielung auf die Opageneration der *Beatniks* ist unüberhörbar), *Kaputtnik* (Plural *Kaputtnix*, Sp. 1/87, 41), *Krawallnik, Refusenik* (›Verweigerer‹). Das aus dem Asterix-Kult stammende pseudolateinische Suffix *-ix* ist, wohl wegen seiner Reimfähigkeit mit *nix* und *fix* und der Möglichkeit, /ks/ alternativ zu schreiben, für einige Neuwörter benutzt worden, z.B. in *Tunix, Punx* (Plural zu *Punk*), *Alkoholix* (DS 30/86, 14), *Thanx*, *Volxküche,*

-blatt, -park usw. und beim *Wackelix-Fruchtpudding* (der Fa. elite, Hannover).

Schließlich gibt es viele Wortentlehnungen aus dem Englischen. Sie sind im Hinblick auf die Wortbildung eher uninteressant. Üblicherweise werden im Deutschen Entlehnungen aus dem Englischen, Französischen und Italienischen in der Aussprache und Schreibung der Quellsprache übernommen. Beides verursacht beim Englischen wenig Probleme, da der Großteil der (west-)deutschen Sprachgemeinschaft gut genug Englisch kann, um neue Wörter so auszusprechen, daß sie englisch klingen, und sie einigermaßen korrekt zu schreiben. Probleme gibt es naturgemäß mit der Artikelzuweisung, Dubletten sind verbreitet. Normalerweise wird allerdings das Genus des Substantivs gewählt, das im Deutschen anstelle des Neuworts gebraucht würde, wenn ersteres nicht eindeutschungsbedürftig wäre. Weist die Entlehnung erkennbare oder analogisierbare morphologische Ähnlichkeit zu deutschen Wortbildungselementen auf, so wird die Genuszuweisung auf diese Weise geklärt, z.B. *der* Dealer, *das* Multitasking, *die* Credibility.

Eher interessant sind die orthographischen Experimente, die mit Anglosubstantiven gemacht werden. Die Groß- bzw. Kleinschreibung wird offenbar recht schnell nach dem deutschen Muster geregelt: In der Regel findet sich – auch in ausgesprochen alternativen und ordnungsfeindlichen Publikationen – die Substantivgroßschreibung, obwohl bekanntlich das Englische hier anders verfährt. Viel bemerkenswerter sind die Versuche, die englische Lautform solcher Wörter nach den Regeln deutscher Laut-Schriftzeichen-Entsprechungen wiederzugeben, denn es wäre ja auch möglich, andersherum zu verfahren und die englische Form des geschriebenen Wortes in der Lautform nach den deutschen Zuordnungsregeln zu realisieren, also etwa *Interview* als [interfi:f] auszusprechen. Es scheint aber so, daß der erstgenannte Weg der reizvollere ist; es wurden Schreibungen wie *Kammbeck* (comeback), *Säkänd-Händ-Fahrräder*, *klever*, *taff* (engl. tough), *Trabbel* (auch Buchtitel: *Trabbel für Henry* heißt die deutsche Ausgabe eines Romans von Tom Sharpe), *antörnen*, *busten* (< to boost: jd. hochgehen lassen) und *Lonli Harz* (eine Musikgruppe) produziert. 1983 erschien eine Sammlung von Erzählungen Franz Fühmanns mit dem Titel *Saiäns-Fiktschen* (Rostock: Hinstorff). Und auch die Werbebranche hat schon zugeschlagen: *Schlecken – Schieben – Äcktschen – das bringt Satisfäktschen*, stand einen Sommer lang an den Decken von Straßenbahnen und Bussen zu lesen (Eiscreme- Reklame der Fa. Langnese). *Echt tu matsch* (Filmtitel, 1984).

Nur kurz soll hingewiesen werden auf Wortbildungsstrukturen in verschiedenen Fachsprachen, die z.B. in der Anzeigenwerbung oder auf Gebrauchsanweisungen, vielfach aber auch in der Alltagssprache auftauchen. Sommerfeldt (1988, 64) schätzte »zwischen einer Million und sieben Millionen« lexikalischer Einheiten in den verschiedenen Fachsprachen des Deutschen, den jährlichen Zugang auf 250.000 Einheiten. Er gibt an, daß diese ungeheure Masse an neuen Bezeichnungen vor allem durch folgende Verfahren gebildet wird:

1. die Terminologisierung allgemeinsprachlichen Wortguts
2. die Möglichkeiten der Wortbildung (Komposition, Derivation ...)
3. Entlehnung aus fremden Sprachen
4. die Bildung terminologischer Wortgruppen (Sommerfeldt 1988, 65).

Beispiele für Fall 1. erübrigen sich. Vor allem durch die Werbung haben sich hybride Komposita und Mehrfachkomposita (Fall 3) verbreitet. In der Regel stammt der nicht-native Bestandteil aus dem Englischen, aber auch französische und italienische Basen sind nicht selten, während andere Sprachen kaum vorkommen. Beispiele sind *Leger-Sakko* (Freizeitjacke), *Saugmaster* (Staubsauger), *Komplett-Outfit* (vollständige Oberbekleidung), *Nikolaus-Marching-Band* (Prospekt für Weihnachtsnippes: eine Gruppe von Nikoläusen aus Plastik, Nov. 93), *Flarom Diät-Cappuccinodrink* (kaffeehaltiges Getränk), *Lady-Cake Butterbrioche* (Gebäck). Beispiele für Fall 4 sind etwa *Arbeiter- und Bauernstaat* oder *Industrie- und Handelskammer*, Beispiele für Fall 2 *Kabinenzugangsberechtigungsschein* (für Reporter beim MSV Duisburg; SZ 14.8.95, 42), *Knarrenwinkelschraubendrehersatzbehälter* oder *Indreskolb-Filmbelichtungsbedarfs-Gebrauchsfaktoren-Berechnung als einzig richtige Soll-Norm (unbeabsichtigter Normenvorschlag) für Film- und Kameragebrauch mit ms.-Potenz-Dualisbasis-Exponentenradter-Zeit-Blenden-Stellweg-Zerleg-Rechenoperation* (Sp. 48/84, 258). Eine Firma in Hannover warb in dem heißen Sommer 1995 für ihre *Bettfedernreinigungswerbewoche*. Solche Bandwurmkomposita sind in vielen Fachsprachen üblich, und Terminologieausschüsse bei den Normierungsinstitutionen der deutschsprachigen Staaten wachen darüber, daß Neubildungen nach vorgegebenen strukturellen Verfahren gebildet werden. Schon im 19. Jh. bemühte sich der 1856 gegründete *Verein deutscher Ingenieure (VDI)* um terminologische Vereinheitlichung von Maß- und Meßeinheiten aller Art und technischen Begriffen. 1917 entstand, bedingt durch die Erfordernisse der Kriegswirtschaft, der *Normalienausschuß für den allgemeinen Maschinenbau* der deutschen Industrie, der sich 1926 umbenannte in *Deutscher Normenausschuß (DNA)* und seine Tätigkeit über die rein industrielle Terminologiearbeit hinaus ausdehnte. Das 1960 veröffentlichte »Normblatt DIN

2330: Begriffe und Benennungen. Allgemeine Grundsätze« legte die wichtigsten Verfahren der Terminologieschaffung fest; zusätzlich veröffentlicht der VDI *VDI-Richtlinien*, in denen Anweisungen zur Praxis der Terminologiearbeit gegeben werden.

Aus der Gute-Laune-Industrie stammt die bemerkenswerte Wortgruppe *Super-Gutfindserie für Super-Gutfindleute*. Wir haben es hier zu tun mit einer Nominalisierung des – nicht zuletzt in der Reklame – hochfrequenten Phraseologismus *etwas gut finden*. Der Beleg stammt zwar aus einer satirischen Zeitschrift (*Titanic* 4/93, 46), aber wir tendieren dazu, ihn für authentisch zu nehmen.

6.2 Adjektive

Bei den Adjektiven haben die Suffixe *-mäßig*, *-bar*, *-voll* und *-ig* Konjunktur. Während die Zusammensetzungen mit *-mäßig* seit langem die Aufmerksamkeit der professionellen Linguistik und der Sprachpflege auf sich gezogen haben (vgl. z.B. Korn 1958, 84f., Inghult 1975, Fleischer/Barz 1995, 265f.) und *-bar* wegen seiner Eigenschaft, an so gut wie jedes transitive Verb *anfügbar* zu sein, hier ebenfalls übergangen werden darf, hat die Ableitung *-ig*, die ohnehin »zu den produktivsten Adjektivsuffixen der deutschen Gegenwartssprache [gehört]« (Fleischer 1976, 259), in jüngster Zeit einen neuen Produktivitätsschub erhalten. Sie wird in der legeren Umgangssprache derer, die sich zu irgendeiner Szene rechnen, aber inzwischen durchaus auch in der Produktwerbung zur Herstellung von ausdrucksstarken Neuwörtern verwendet. Einige Beispiele:

bärig (positiv, vertrauenswürdig), *flippig*, *freakig* (»ein Mann mit freakigem Habitus«: Sp. 7/88, 78), *geierig* (sehnsüchtig, ungeduldig [sein]), *kartoffelig* (»AckerGold [die goldgelbe deutsche Qualitätskartoffel] schmeckt goldgelb kartoffelig«), *puffig* (»puffiger Charme« des Quartiers St. Georg in Hamburg: *Zeit* 36/95, 88), *umweltig-lekker* (Milchprodukte), *kommissig* (Korn 1958, 61), *peppig*, *poppig*, *punkig*, *schoko-schmackig*, *softig* (Trachtenjanker), *wäschig* (Dessous der Marke ›felina‹), *zombig* (*zombige Tante* ›hübsches Mädchen‹). Schließlich prägte der *Spiegel* (49/91, 20) das Adverbial *beamtig-bräsig*, das die Eigenschaft hat, sowohl ein Hendiadyoin zu sein als auch eine Verdoppelung des Affixes aufzuweisen. *Beamtig* ist kein Lexem; will man die (vermuteten, befürchteten) Eigenschaften des deutschen Beamten an sich durch ein Adjektiv versprachlichen, steht dafür die Bildung *beamtenhaft* zur Verfügung. Würde *beamtig* als Einzellexem verwendet, würde das wohl als Fehler verstanden. In der Bildung *beamtig-bräsig* jedoch determiniert das zweite Glied das erste auf perfide und völlig verständliche Weise, denn *bräsig* ist lexikalisiert, wenn auch in vielen Wörterbüchern nicht enthalten. Die Bedeutung von *bräsig* kann mit ›verschlafen, borniert, provinziell‹ paraphrasiert werden.

Auch *-voll* hat als Wortbildungsmittel Konjunktur, z.B. *qualitätsvoll, glutvoll, seelenvoll.* Hingegen muß *sternhagelvoll* als echtes Kompositum analysiert werden. »*Voll* wird [...] im gedankenlosen Geschwätz der kulturellen Schönredner in ähnlich geschmacklosen Verbindungen verschlissen wie *-mäßig.* Sie schwätzen von *kulturvoll, lebensvoll, machtvoll, glaubensvoll.* Gelegentlich trifft man sogar *niveauvoll* an. Am scheußlichsten ist *kulturvoll,* weil man Kultur nicht füllen kann« (Korn 1958, 82).

Gleichfalls wachsender Beliebtheit im Werbesektor, aber auch bei sprachschöpferisch ambitionierten Zeitungsredakteuren, erfreuen sich Adjektivkomposita. Dieser Konstruktionstypus ist keineswegs neu, aber wir sind mit Peter Braun der Meinung, daß man »von einer größeren Produktivität dieser Wortbildungsmittel [...] erst in der Gegenwartssprache [sprechen kann]« (1979a, 95). Dieter E. Zimmer hat beobachtet, daß zwischen den beiden Konstituenten von Adjektivkomposita keine »bestimmte Beziehung« bestehen muß; es reiche, daß »irgendeine Beziehung« bestehe:

»Ein *jugendfreier* Film ist frei *für* die Jugend, eine *busenfreie* Show ist nicht frei für Buseninhaberinnen und auch nicht frei von Busen, sondern frei *an* den Busen, das *alkoholfreie* Getränk ist frei *von* Alkohol [...]. Während Soziologen *wertneutrale* Formulierungen für *erklärungsbedürftige* Zusammenhänge suchen, während *erfolgsorientierte* Bürokraten *bereichsspezifische* und *planungsrelevante* Daten erheben, um *bürgerbezogene* und möglichst *kostenneutrale flächendeckende* Maßnahmen für *strukturschwache* Gebiete einzuleiten, waltet die *grippegeschädigte* Hausfrau *pillenmüde* in *lauffestem* Schuhwerk, *fersenverstärkten* Strümpfen und *hautenger atmungsaktiver* und auch noch *pflegeleichter* Kleidung *qualitätsbewußt* mit ihrem *reinigungsaktiven* und hoffentlich *umweltfreundlichen* Waschpulver inmitten der *reparaturanfälligen* Geräte ihres *schadensträchtigen* und leider nicht *idiotensicheren,* noch nicht einmal *babyleichten* Haushalts und setzt sich zwischendurch, eine Tasse *röstfrischen* und *aromastarken* Kaffees zu trinken. *Angstfrei* ist sie nicht, denn *naturbelassen* ist nicht einmal der Salat, und all die *kochtopffertigen* Eßwaren, die ihr *medienadäquat* angepriesen worden waren, könnten auf unerwünschte Weise *geschmacksintensiv* sein. Und was dann?« (1986, 15f.)

Aus der Verwaltungssprache geläufig sind uns Bildungen wie *fußläufig, anmeldepflichtig* und *saisonbereinigt.* Supermärkte nennen sich *preisfair, tiefpreisig* oder *dauerbillig.* Stauden werden in Versandkatalogen *blühkräftig* genannt, Limonaden heißen *sonnensaftig* und Nudeln *soßensüffig* oder *gabelgriffig.* Sonnenbrillen machen die Damen *sommerschön*, in der jüngeren Generation kursieren die Elative *tauschön* und *affentittengeil*. Hemden können *hautsympathisch, knall-kunter-bunt* oder *molligbequem* und *gepflegtleger*, Wandfarben *raumlufthygienisch, tropfgehemmt* und *wasserdampfdurchlässig* und Knäckebrot von *mildnussigem Röstgeschmack* sein. Eine mitteilenswerte Spitzenleistung auf diesem Gebiet schaffte eine Firma, die Betten verkauft: »Das tiefschlafphasensichere Oberbett für frischluftorientierte Kaltraumschläfer« (Lierow/Maletzke 1986, 49). Im Anschluß an andere Autoren hat Braun (1979a, 95f., [2]1987, 176ff.) drei Konstruktionstypen (1-3) unterschieden; wir halten es für notwendig, weitere Unterscheidungen vorzunehmen:

1. Substantiv + Adjektiv (z.B. *spülmaschinenfest, gehirnkompatibel)*
2. Substantiv + Partizip I (z.B. *kostendeckend, trittschalldämmend)*
3. Substantiv + Partizip II (z.B. *hochglanzpoliert, luftgekühlt)*
4. Verb(stamm) + Adjektiv (z.B. *blühkräftig, knusperknackig)*
5. Adjektiv + Adjektiv (z.B. *hochkomisch, nassfest)*.

Die zweite Konstituente in den Fällen 4. und 5. könnte durchaus auch von Partizipien gebildet werden (z.B. *langdauernd* oder *hartgesotten*); im Grunde genommen sind die Fälle 1 – 3 eine den Fällen 4 und 5 äquivalente Gruppe von Fällen (vgl. Fleischer 1976, 237ff., Fleischer/Barz 1995, 241ff.).

Dann gibt es undurchsichtige Adjektivbildungen auf *-i* und *-o*, etwa *logo* und *klaro/claro*. *Claro* dürfte ein Italianismus sein, *logo* eine analoge Abbreviaturbildung (von *logisch*), denn beide haben semantisch und pragmatisch dieselbe Funktion: es sind bestätigende Kommentaräußerungen. Anders steht es bei *paletti*, das meist in der Wendung *Alles paletti* auftritt. Sie ist so verbreitet, daß sie Werbetexter inspiriert hat: *Alles plaketti. Der komplette D.A.S. Rechtsschutz ist da*. Die Herkunft von *paletti* ist unklar; ital. *paletto*, pl. *paletti* ›kleiner Pfahl, Pfosten‹ kommt wohl kaum in Frage. In Holland ist die muntere Wendung zum Lehrbuchtitel reussiert (Bolte, Henning u.a., *Alles paletti. Deutsch für die Grundstufe*, 1987) und sogar zum TV-Serientitel hat sie es gebracht (Sp. 28/90, 154). Eine Firma, die Bestecke herstellt, warb (Anfang 1989) für ein sechzigteiliges Ensemble mit dem Spruch *Alles Completti*, und ein Buch- und Tonträger-Versandhaus schrieb über einen Prospekt *Alles cassetti*.

Völlig normwidrig sind einige Adjektivableitungen, die Präpositionen und echte Adverbien als Basis haben: die *hinterrückse Montagetechnik* (DS 31/87, 4), *die zue Tür, das aufe Fenster, der abe Knopf*. Sie kommen gelegentlich im Gesprochenen vor und sind meist als Sprachwitzelei zu verstehen. Auch die Tücken der Komparation führen immer wieder zu Fehlern, z.B. *der bisher hochrangigste Gefangene* (FAZ 6.2.91, 1).

6.3 Verben

Bei den Verbneubildungen haben Desubstantiva (von Substantiven abgeleitete Verben) und Anglizismen die größte Verbreitung. An den letzteren interessiert weniger ihre Herkunft aus dem Englischen als vielmehr der Prozeß ihrer Eindeutschung – es handelt sich ja um Wörter, die Wortbildungs- und Flexionsmorpheme des Deutschen annehmen müssen, wenn sie in deutschen Sätzen verwendet werden sollen. Den Grad der Eindeutschung wollen wir rein formal beurteilen: Fälle, von denen lediglich Infinitive belegt sind, werden als weniger integriert betrachtet als solche, die Präfixe aufweisen oder von denen Partizipien (auf *-nd* bzw. *-t,* nicht auf *-ing* bzw. *-ed)* belegt sind, und als am weitestgehend integriert solche, von denen verschiedene Personal-, Modus- und Tempusformen existieren.

Das erste Beispiel ist das Verb *leasen*, das gelegentlich mit *mietkaufen* verdeutscht wird. Es ist vor fast zwanzig Jahren erstmals aufgetreten (»Wir *leasen* Büromaschinen, Büroausstattungen [...] usw.«: FR 30.4.77), darf aber inzwischen ohne Umstände zur alltäglichen Sprache gerechnet werden. Eine Futurform *[...] man wird [...] leasen,* eine Form der 1. und 3. Person Singular Präsens *[...] wenn ich es lease, also least er [...],* eine modale Passivkonstruktion *[...] sollte das Auto geleast werden,* eine Partizipialbildung in attributiver Stellung *das geleaste Fahrzeug* und schließlich eine Substantivierung im Dativ *[...] mit dem Geleasten fahren* verdanken wir einem Sonderprospekt der V.A.G. Leasing GmbH (Braunschweig, Sommer 1985). Das Präfixverb *verleasen* ist offenbar analog zu *vermieten* gebildet worden; sein Partizip II wird korrekt auf *-t* gebildet und flektiert, z.B. *verleaste Wirtschaftsgüter.*

Es gibt weitere Komposita, z.B. *Sparleasen, Sparleasing,* das *V.A.G. Leasing,* bei dem ein *Privat-* oder *Geschäftsleasingnehmer* bei einem *Leasinggeber* ein *Leasing-Auto* mittels *Leasing-Raten least* (SZ 14.4.88, VII). In unserer kauf- bzw. verkaufsorientierten Gesellschaft ist es kein Wunder, daß sich ein Verb, das eine neue Erscheinungsform des Besitzerwerbs bezeichnet, schnell verbreitet und adaptiert wird. Es dürfte außerdem einer der verbreitetsten Anglizismen auf *-ing* sein und hat die Aufmerksamkeit eines Sprachkritikers auf sich gezogen: »Doch kürzlich wurde eine Werbekampagne mit dem Satz eröffnet: ›Mieting: Das heißt mieten statt kaufen!‹ Dieses ›Mieting‹ könne unabsehbare Folgen haben. Ein ›Meeting‹

könne ab sofort ›Treffing‹ genannt werden, ein ›Dancing‹ lasse sich in ein ›Tanzing‹ umtaufen. Daß es überhaupt zur Wortbildung ›Mieting‹ kommen konnte, sei zwar ›verblüffing‹, aber nicht unbedingt ›beglücking‹.« (FG 4/85, 7).

Es gibt heutzutage eine unübersehbare Anzahl von Verben und Präfixverben englischer Herkunft, nicht nur in wissenschaftlichen und technischen Fachsprachen, etwa im PC-Jargon oder im Argot der Lufttransporteure (»*save* [sæef] das mal *ab*«: Aufforderung, eine Eingabe in den Computer durch Zuweisung an einen Speicher zu sichern, oder: »Er hat den LH 682 von morgen *gecancelt* [g kæ:nslt]«: jemand sagt einen bestimmten Flug ab). Auch im jugendsprachlichen Milieu häufen sich solche Bildungen, z.B. abge*fuckt*, *anturnen/antörnen*, *anpowern* (›jdn. anspornen, in Schwung bringen‹), *aufpoppen* ([man] *poppte auf*: *Zeitmagazin* 36/87, 16), *ausgeflippt*, *ausgepowert* (›völlig fertig‹ (sein)), *computern*, *designen* (*ich designe*: DS 29/85, 19), *flippen* (*aus-*, *rum-*, *weg-*), *handlen*, *handicapen* (*es handicapt ihn* [...]), *reinmoven* (›jd. besuchen‹), *reinpowern*, *relaxen* (›sich entspannen‹), *surfen/sörfen*, *deejayen* (›sich als Diskjockey betätigen‹). Doch auch Zeitungen bieten Einschlägiges: »Handke, Strauß und Ulla Hahn toppen die Charts, [...]« (TAZ 11.10.95, 23), »Sie [...] checken ein, [...] shutteln todmüde ins Hotel« (SZ 8.7.93, 1), und auch die Reklame ist hier schöpferisch: *blue gebleachte* Bundfaltenjeans und *gecrashte* Pyjamahosen (der Fa. Gardeur).

Die Infinitivform macht keine Probleme – ein deutsches *-(e)n* läßt sich fast jedem englischen Verb oder Nomen anhängen, das übernommen werden soll. Aber die Partizipialformen sind oft schon recht sperrig (z.B. *upgedatet*, *geremixed*, *weggebeamt*), und eine klare Empfehlung zur orthographischen Gestaltung nicht nur für die *geprinteten* Medien fehlt bislang, so daß Doppelformen frei konkurrieren können: Brachflächen werden *recycelt* (DS 29/85, 19), aber man *recyclet* tunlichst seinen Müll (DS 30/86, 18), der ja Wertstoffe enthalten kann, z.B. *recyclete* Telefonkarten. Erst recht haben die temporale und modale Flexion ihre Tücken.

Für die meisten Zeitgenossen etymologisch eher undurchsichtig ist der Gallizismus *bongen*, in dem sich die norddeutsche Aussprachevariante orthographisch durchgesetzt hat (anders als z.B. bei Grand ([gʀang] bzw. [gʀant] oder Beton [betong]). *150 Flaschen wurden gebongt [...]*, zitierte die FAZ (23.9.1983) eine »Gerichtssaal-Reportage« aus der Leipziger Volkszeitung. *Ist gebongt* ist nach Müller-Thurau (1984) ein »bestätigender Ausruf«, der für »hab ich verstanden«, »einverstanden«, »geht in Ordnung« usw. steht.

Deutlich zunehmende Tendenz haben die Verbalkomposita, deren Erstglied ein Verb- oder Nominalstamm ist; man kann von der

Renaissance der Produktivität eines Wortbildungsmusters sprechen, das bei Fleischer/Barz (1995, 291f., 295ff.) als randständig aufs Expressive (*grinskeuchen, stöhnschnappen*) und Fachsprachliche (*brennhärten, spülbohren*) eingegrenzt ist. Lediglich einige Infinitivkopplungen (*verlorengehen, bekanntmachen*) führen sie als alltagssprachliche Belege an, daneben eine Reihe von Komposita mit Nomina und adverbialen Partikeln als erstem Glied (z.B. *danksagen, bloßstellen, hervorbrechen*). *Alpträumen* und *blitzsiegen*, *dienstleisten* (lassen), *rufmorden*, *eiskunstlaufen* (SZ 10.1.95, 14), *giftgrünen* (SZ 25.9.93, 49) sind Beispiele für diesen Aufschwung, und hier gibt es, im Gegensatz zu den Verben, die aus dem Englischen stammen, keine Orthographieprobleme, denn diese Fälle sind *rechtschreibgeregelt* und müssen nicht *rechtschreibeingedeutscht* werden. Als Partizipien (vgl. im Abschnitt 6.2. die Bildungstypen 2 und 3) sind belegt: *frauengelenkt*, *geselbstmordet*, *hochrotiert* (hochrotierter Politiker), *weihnachtsgebuttert* (»nicht überall wird *weihnachtsgebuttert*«: DS 29/85, 19).

Eine deutliche Zunahme ist weiterhin bei Verben, die direkt von Substantiven bzw. Adjektiven abgeleitet sind, zu beobachten (vgl. Fleischer/Barz 1995, 293, 314f., 352f.). In morphologischer Hinsicht sind sie unkompliziert. Aber unter anderen Gesichtspunkten fragwürdig sind Neubildungen wie *diäten*, *sich* (durch Fragen) *elenden lassen*, *menetekeln*, *pillen* (›von Tabletten abhängig sein‹), *absürdeln*, *psychopatheln*, *morschen* (Holz, das *vor sich hin morscht*: DS 28/84, 12), *müdeln* (sich *durch einen Sommerurlaub müdeln*: DS 27/83, 7), *schlagzeilen* (>Bild< *schlagzeilte* [...]: Sp. 35/87, 92), *schönen*, *sich anhübschen* oder *tschernobylen*, wovon innerhalb kürzester Zeit die Formen *getschernobylt, tschernobylisieren, tschernobylisiert* gebildet wurden (DS 31/87, 1). Das Frankfurter Szeneblatt erfand das Adjektiv *tschernobyl*; ein *tschernobyles Muttertier* ist eine Frau, die mit ihren Kindern in die Toskana verreist, wenn der hessische Regen stark radioaktiv ist (Pflasterstrand 244/86, zit. nach DS 31/87, 1f.). Auch in der Werbebranche kann man viele Funde machen, z.B. *Spargeln Sie mit!* (Reklame der Fa. Mövenpick), ebenso in den Feuilletons der besseren Blätter, wo es *raddatzt* und *sommert*, daß es eine Art hat. Auf Firmen- bzw. Produktnamen beruhen Ableitungen wie *birkeln* (Nudeln), *noggern* (Eiskrem), *schweppen* (Limonade) oder *knispern* (Süßwaren). *Röntgen* und *dieseln* sind allgemein bekannte und verwendete Verben, die auf einem Personennamen beruhen, *rommeln* und *fringsen* sind eher in Vergessenheit geraten. *Fringsen* war in der Nachkriegszeit, als das Frieren verbreitet war, eine verniedlichende, indirekte Aufforderung zum Kohlediebstahl, die sich auf den Kardinal Frings aus Köln berief. *Rommeln* erklärte der *Kölner Stadt-Anzeiger* so: »Der Feldherr Erwin Rommel, eine Art militärischer Günter Netzer, verblüffte seine Gegner aus der Tiefe des Raumes kommend. ›Rommeln‹ wurde zum geflügelten Wort in der Wehrmacht.« (Sp. 48/91, 362). Verben wie *genschern, barzeln, heideggern* usw. werden nicht nur im *Spiegel* verwendet. Sie sind zwar selten, aber nicht neu: »Wenn ich Schriftsteller wäre, würde ich die Suttner noch übersuttnern«, schrieb Kurt Tucholsky 1932 (GW 10, 30).

III. Zur Sprachpraxis der Gegenwart

7. Demographie und Sprachwandel: Flüchtlinge, Besatzer, Gastarbeiter, Touristen, Aussiedler

Im Gefolge des zweiten Weltkriegs kam es im gesamten deutschen Sprachraum zu großen Bevölkerungsverschiebungen, einem »demographischen Umbruch, für den es in Deutschland kaum historische Parallelen gibt« (Kleßmann 1984, 39). Schon während des Krieges, d.h. mit dem Näherrücken der Ostfront, hatte die nationalsozialistische Regierung deutschsprachige Minderheiten aus der Slowakei, Jugoslawien, Weißrußland und anderen okkupierten Gebieten »heim ins Reich« geholt. Während und nach der Niederlage des nationalsozialistischen Deutschland flohen Millionen Menschen aus den östlichen in die mittleren und westlichen Teile des damaligen Reiches. Seit dem Sommer 1945 wurden große Teile der verbliebenen deutschsprachigen Bevölkerung aus den ostmitteleuropäischen Staaten vertrieben, was weitere Millionen Deutscher nach Westen brachte. Hunderttausende kamen dabei um (vgl. die offiziöse *Dokumentation der Vertreibung der Deutschen aus Ost-Mitteleuropa* sowie Lemberg/Edding1959). Insgesamt waren über 12 Millionen Menschen betroffen. Zusätzlich gab es bis 1961 einen ständig fließenden Strom von SBZ- bzw. DDR-Flüchtlingen. Zu erwähnen sind schließlich die Millionen von kriegsgefangenen Wehrmachtssoldaten. Viele von ihnen waren jahrelang in Lagerhaft. Erst Mitte der 50er Jahre waren die Überlebenden im wesentlichen repatriiert. Dazu kam in allen vier Besatzungszonen das Problem der *displaced persons*: befreite Kriegsgefangene, Zwangsarbeiter und Verschleppte aus ganz Europa, die während des Krieges in Deutschland gefangengehalten worden waren. Ihre Zahl betrug bei Kriegsende zwischen 8 und 10 Millionen. Am 1.3.1949 befanden sich in den drei Westzonen noch über 410 000 *DPs*, deren Rechtsstellung 1951 als die »heimatloser Ausländer« geregelt wurde (Kleßmann 1984, 42ff.). Trotz der hohen Verluste an Menschenleben durch den Krieg nahm aus den genannten Gründen die Bevölkerungszahl im restlichen Deutschland zu. In Mecklenburg-Vorpommern und in Schleswig-Holstein bestand am 1.4.1947 fast die Hälfte der Bevölkerung (49% bzw. 47%) aus »Entwurzelten«, in Niedersachsen waren es 36%, in Bayern 31%, in Hessen und Thüringen je 25%, in Nordrhein-Westfalen 13% (Kleßmann 1984, 356).

Die sozialen Begleiterscheinungen und Folgen dieser Prozesse waren für die Betroffenen katastrophal; sie können hier nicht näher betrachtet werden (vgl. Bergmann/Schneider 1985). Die vor dem Krieg großen deutschsprachigen Minderheiten in Ostmitteleuropa wurden dezimiert. Das deutsche Sprachgebiet ist nach 1945 deutlich kleiner geworden. Die Vertreibung der Deutschen aus alten Siedlungsgebieten diesseits und jenseits der früheren Reichsgrenzen führte dazu, daß einige große Dialekträume völlig verschwanden. Schlesisch, Pommersch, die ostpreußischen, die sudetendeutschen und die anderen östlichen Dialekte des Deutschen lebten zwar unter den Vertriebenen im Westen weiter, aber der sprachliche Assimilationsdruck der neuen Umgebung war stark. Diejenigen, die nach 1945 als Kinder oder Jugendliche nach Bayern, Thüringen oder Holstein kamen, mußten ihren jeweiligen Regionaldialekt aufgeben, denn Anpassung war für die Neuankömmlinge überlebenswichtig. Sie waren nämlich keineswegs beliebt. In manchen Gegenden war »Du Flüchtling« ein böses Schimpfwort. Diese Generation ist heute jenseits der 60, und die alten Leute, die ihren Heimatdialekt noch beherrschen und gelegentlich verwenden mögen, werden immer weniger. Bleibende Spuren in der deutschen Sprache hat die größte Bevölkerungsverschiebung, die der deutsche Sprachraum seit der Völkerwanderung erlebt hat, nicht hinterlassen. Er dürfte jedoch einer (von mehreren) Faktoren für die »Ausdünnung« der Dialektlandschaft im mittleren und westlichen Deutschland gewesen sein, denn die »Neubürger« paßten sich normalerweise eher der hochdeutschen Umgangssprache als den lokalen Dialekten an. Die Vertriebenen und Flüchtlinge haben früher relativ geschlossene Dialekträume aufgebrochen und das Kontingent der Hochdeutschsprechenden zum Nachteil der Dialektsprecher verstärkt – darin liegt eine sprachliche Konsequenz dieser Vorgänge.

Mit Spätfolgen dieser Bevölkerungsverschiebungen hat Deutschland seit dem Ende der 80er Jahre wieder zu tun. Seitdem die osteuropäischen Länder solche Staatsbürger, die sich als Deutsche fühlen und deutscher Abstammung sind, frei ausreisen lassen, sind Hunderttausende ins Land ihrer Vorfahren ausgereist (zu den historischen Hintergründen vgl. z.B. Eisfeld 1992). Zwischen 1980 und 1989 waren es fast eine Million. 1991 wurde mit fast 400.000 Personen ein Höhepunkt erreicht. Inzwischen hat sich die jährliche Zahl auf ca. 220.000 »eingependelt«. Auch die Zahl der Flüchtlinge und Asylbewerber stieg seit 1990 stark an.

Viele Aussiedler können kein Deutsch und sind auf die Eigenarten einer hochindustriellen westlichen Gesellschaft wenig vorbereitet. Sie kommen daher in den Genuß von (höchstens sechs Monate dauernden) Sprachkursen, die von der Arbeitsverwaltung finanziert und von unterbezahltem und oft kaum qualifiziertem Personal ohne fachliche Anleitung abgehalten werden. Viele werden anschließend erst einmal arbeitslos, denn auch dann, wenn sie in ihrem Herkunftsland eine Berufsausbildung erworben haben, reichen ihre fachlichen Qualifikationen selten, um diesen Beruf auch in Deutschland ausüben zu können. Vielfach überlagern auch sprachliche Defizite die beruflichen Qualifikationsprobleme – einen Verwaltungs-, Lehr- oder Bankberuf kann man eben nur ausüben, wenn man Deutsch kann.

Das Konzept von Nationalität, das hinter der deutschen Aussiedlerpolitik steht, ist das alte *ius sanguinis*, das die Nationalität an der biologischen Herkunft festmacht (es verhindert, daß in Deutschland geborene und aufgewachsene Kinder von Einwanderern als Deutsche gelten). Deshalb ist es wichtig, die inzwischen mit den Herkunftsländern der Aussiedler abgeschlossenen Minderheitenschutz- und Kulturabkommen mit Leben zu füllen und in diesem Rahmen dazu beizutragen, die deutsche Sprache und Kultur vor Ort zu pflegen. Die sprachlichen Folgen dieses neuerlichen Einwanderungsschubs werden sich allenfalls in der Zukunft zeigen.

1945 bildeten die Alliierten in ihren Besatzungszonen Militärregierungen. Über einige Zwischenstufen wie die Bildung deutscher Gemeinde- und Länderparlamente (seit 1946), die Gründung der Bizone (1.1.47) und die Auflösung des Landes Preußen (25.2.47), die Währungsreform vom 20.6. (Westzonen) bzw. 24.6.1948 (Ostzone) kam es 1949 zur Bildung zweier teilsouveräner deutscher Staaten. Am 23.5.1949 wurde auf dem Territorium der westlichen Besatzungszonen (außer dem Saargebiet und den Berliner Westsektoren) die Bundesrepublik Deutschland gebildet, am 7.10.1949 auf dem Territorium der sowjetischen Besatzungszone die Deutsche Demokratische Republik. Am 6.7.1950 erkennt die DDR die polnische Westgrenze an. 1954 werden die Pariser Verträge unterzeichnet, die 1955 in Kraft treten: in der BRD wird das Besatzungsstatut aufgehoben, und sie wird Mitglied der NATO. Im gleichen Jahr wird Österreich souverän; alle Besatzungstruppen verlassen das Land, und in der DDR wird die sowjetische Besatzungsverwaltung endgültig aufgehoben. Das Saarland kommt 1956 als zehntes Bundesland zur Bundesrepublik. Berlin-West stand bis 1990 unter der Hoheit der westlichen Besatzungsmächte, und in beiden deutschen Staaten besaßen die Alliierten des zweiten Weltkriegs ebenfalls bis 1990 bestimmte Souveränitätsrechte.

Die sprachlichen Auswirkungen der Besatzung durch hunderttausende ausländischer Soldaten und die der Westintegration der

schlicht mit dem Fressen. Im Laufe der Zeit wurden Buletten und Frikadellen zu *Hamburgern, Ketchup* und *Curry* wurden beliebte Gewürze, manche Bockwurst wurde zum *Hot Dog* aufgewertet, *Erdbeershakes* und *Schokoflips* gab's in der *Milchbar. Chips* und *Crackers* verschönen noch heute lange Fernsehabende. Später dann war *fitness* durch *Hula Hoop, jogging, aerobic, skateboards* usw. angesagt (mit den entsprechenden Komposita: *Jogginganzug, Aerobicsocken, Fitnesspfad* usw., vgl. Abb. 4).

Abb. 4

– Unsere Politiker lassen sich *briefen,* nachdem ihr *staff gebrainstormt* (oder *braingestormt?*) und die *essentials* in einem *memo* aufgelistet hat. Ein *art director* ist unter anderem fürs *layouten* zuständig, neuerdings geraten auch *scannen* und *processen* in seinen Tätigkeitsbereich. Sekretärinnen müssen heute *formatieren, files* anlegen und *fonts* verwalten können, wenn sie dem *jobkilling* nicht anheimfallen wollen.

– Orangen können *Outspan* oder *Sunkist* heißen, Zigaretten heißen *West, Camel, Prince Denmark* und *Marlboro.* Rasierwasser heißt *aftershave*, ungeachtet der anstößigen Konnotation, und die Damen verwenden fürs *makeup eyeliner,* alle möglichen *lotions, lipsticks* und *eyeshadow in fashion colors* (und nicht *colours),* und damit sie Glanz ins stumpfe Haar bekommen, empfiehlt ihnen ein Creativer: »high hairfresh color schaum – einfach einbürsten«. Viele Leute fahren in *caravans* in die *holidays*, die früher Ferien hießen, wo sie in *Hotel-lounges* oder *Bungalows* zum *relaxen* als *sundowner* einen *Bourbon Whiskey* oder eine *Bloody Mary* zu sich nehmen.

1961 versiegte nach dem Bau der Berliner Mauer der Flüchtlingsstrom aus der DDR. Damit waren die Zeiten vorbei, in denen die westdeutsche Wirtschaftswunderwirtschaft Arbeitskräfte in großer Zahl und, was die Ausbildungskosten anbelangt, zum Nulltarif aus der DDR beziehen konnte. Dies hatte zwei Folgen: Man entdeckte Mitte der 60er Jahre in der BRD, daß man stärker in den Bildungssektor investieren müsse, und man begann, Arbeitskräfte zu importieren. Robert Pichts Parole vom Bildungsnotstand führte zur Bildungswerbung: die Schülerzahlen an den Oberschulen nahmen drastisch zu, ebenso – mit entsprechender Zeitverschiebung – die Studentenzahlen. Das Qualifikationsniveau der Gesamtbevölkerung stieg in den 70er Jahren erheblich. Dadurch wurden in die unteren Etagen der Arbeitswelt schmerzliche Löcher gerissen. Man stopfte sie mit ausländischen Arbeitskräften. Plötzlich hatte das neue Deutschland im Westen, das nun wirklich ausschließlich auf deutschsprachigem Territorium liegt, wieder ein Minderheitenproblem (vgl. Bade 1983, 1992).

Ende 1993 lebten in der BRD 6.878.000 Ausländer (davon 212.000 in den neuen Bundesländern). 28% von ihnen waren Türken und Kurden, 19% aus dem ehemaligen Jugoslawien, 8% Italiener, 5% Griechen und 4% Polen. Über die Hälfte von ihnen lebt seit mehr als zehn Jahren in Deutschland. Die erste Generation dieser potentiellen und heutzutage mehrheitlich faktischen Einwanderer hat zu 90% keinerlei organisierten Deutschunterricht genossen. Am Arbeitsplatz und im Wohnviertel haben sie sich recht und schlecht gebrochene, sofort als ausländisch erkennbare Varianten des Deutschen angeeignet. Dieses »Gastarbeiterdeutsch« reicht dazu aus, elementare Kommunikation zu ermöglichen. Aber seine Sprecher sind durch ihre Sprache zusätzlich stigmatisiert, denn bekanntlich haben immer noch manche Deutsche viel dagegen, daß »Spaghettifresser«, »Kameltreiber«, »Sandsieber« und »Kümmeltürken« ihnen in der Straßenbahn die Sitze wegnehmen. Man muß an dieser Stelle gleich darauf hinweisen, daß in vielen Großstädten ziemlich schnell »nationale« Infrastrukturen entstanden: Lebensmittelgeschäfte, Gaststätten, Reisebüros, Videoausleihen, Versicherungsagenturen usw., in denen Waren und Dienstleistungen in den Sprachen der Einwanderer angeboten werden. 1991 gab es 182.700 selbständige ausländische Erwerbstätige in Deutschland. Diese Entwicklung hat den Druck, Deutsch zu lernen, erheblich abgeschwächt und dazu beigetragen, daß nach wie vor viele Einwanderer nur schlecht und mit vielen Fehlern deutsch sprechen.

Anders liegen die Probleme der Kinder, die hier geboren und aufgewachsen sind. Vielfach sprechen sie in der Familie die Muttersprache ihrer Eltern, und dann bringen sie oft große Defizite im Deutschen in den Kindergarten und in die Schule mit. Die Bildungseinrichtungen haben auf diese Probleme erst unter Druck, viel zu spät und – wegen allzu geringer Finanzmittel – ganz unzureichend reagiert, so daß sich eine Art neues Proletariat aus dieser »zweiten Generation« rekrutiert hat. Nicht einmal die Hälfte der Schüler aus Einwandererfamilien schafft einen Schulabschluß, und ihr Anteil an der Schülerschaft der Sonderschulen hat mancherorts dramatische Dimensionen angenommen. Es gibt nach wie vor kaum Ansätze, in denen die Zweisprachigkeit vieler dieser Kinder und Jugendlicher als »menschliche Ressource« begriffen würde, daß man also versuchte, diese Zweisprachigkeit als besondere und berufsrelevante Qualifikation systematisch zu fördern und zu nutzen (vgl. Glück 1984, 1985). Inzwischen ändert sich die Lage insofern, als die »zweite Generation« allmählich ihrerseits schulpflichtige Kinder hat, die in größerem Umfang mit dem Deutschen als Muttersprache aufwächst – und nach wie vor unter dem Ausländerrecht lebt und schulisch und sozial benachteiligt ist. Vor allem in den Sonderschulen und beim Übergang von der Schule in eine Ausbildung oder einen Beruf ist der Unterschied zu deutschen Gleichaltrigen eklatant.

Dieses Bündel von Übergangsvarietäten zwischen vielen Herkunftssprachen und dem Deutschen hat man »Gastarbeiterdeutsch« genannt. Allgemein bekannt ist der sogenannte Gastarbeiterinfinitiv (»du kommen, sonst ich dich holen«), der gar keiner ist: Man sehe sich eine synchronisierte Fassung eines alten Tarzan- oder Wildwest- oder Piratenfilms an – Tarzan und die jeweiligen Schwarzen oder Indianer verwenden ihn genauso. Kopulalöschung und Weglassen oder Vertauschen des Artikels, Simplifizierung der Morphologie, Beschränkung auf ein syntaktisches Minimum und vieles andere sind Merkmale dieser Varietäten. Sie haben aufs Deutsche wohl nur in einer Hinsicht Einfluß: Eine große Zahl von Muttersprachlern verwendet das, was sie für »Gastarbeiterdeutsch« hält, in der Kommunikation mit Ausländern. Man nennt dieses Phänomen *foreigner talk* oder *petit nègre*; es ist eine in der Kreolistik wohlbekannte und gut dokumentierte Erscheinung (vgl. MLS). In unserem Fall darf man getrost davon sprechen, daß nachgeäffte, also keineswegs unbedingt dem Original entsprechende sprachliche Eigenheiten des »Gastarbeiterdeutschen« dazu benutzt werden, die allgemeine Diskriminierung dieser Bevölkerungsgruppe auch sprachlich zu flankieren.

Die eingewanderte Arbeiterbevölkerung hat das Deutsche allerdings in ganz anderen Hinsichten bereichert. Um 1970 herum begann das Restaurationswesen, sich südländisch zu entwickeln. Pizzabäckereien und Kebabbuden schossen wie Pilze aus dem Boden. Aus Gasthöfen, die früher »Zum Adler« oder »Deutsches Haus« hießen, wurden ein *ristorante* oder eine *trattoria*, eine *taverna* oder eine *bodega*. Man geht heute in vielen Städten »zum Griechen« oder »zum Spanier« essen, und der Bockwurstkultur ist mit den Döner- und Pizzabuden eine ernsthafte Konkurrenz erwachsen. Das hängt nicht nur mit dem – tourismusbedingten – Hang vieler Deutscher zu mediterranen Exotica zusammen, sondern auch mit der traditionellen Familienstruktur bei den Einwanderern: Ehefrauen, Vettern, Tanten und halbwüchsige Kinder sind Arbeitskräfte, die keine tarifvertraglichen Ansprüche stellen. Die Speisekarten änderten sich: Nach der *minestrone* kamen *prosciutto di Parma* und *tortellini alla campagna*, als *secondo* dann *saltimbocca alla romana*, dann vielleicht ein *tiramisù* oder *frutti di stagione*, schließlich ein *capuccino* oder ein *espresso con grappa*. Oder *moussaka* und *demestika*, oder *paella* und *vinho verde*, oder *shish kebab* oder *döner kebab* und *raki*, oder *čevapčići, ražnjići* und *crno vino*. Anderssprachige Ausdrücke für Speisen und Getränke gehören heute wenigstens zum passiven Wortschatz der meisten Deutschen. Dies hat sich in den Supermärkten bemerkbar gemacht, in denen einschlägige Warengruppen heute häufig italienische bzw. italienisch klingende Produktnamen tragen. Beispiele sind *Knorr Sauce al Gusto »Bolognese«*, *Knorr Tomato al Gusto mit Kräutern*, *Mastro Lorenzo Espresso* (Kaffee), *Käfer Pizza Frutti di Mare o Quattro Stagioni*.

In den 50er Jahren kam der Italien-Tourismus in Schwung und war bald eine Massenveranstaltung. Im Laufe der 60er Jahre, als das Fliegen immer erschwinglicher wurde, kamen Spanien, Jugoslawien und Griechenland als »Reiseländer« dazu, später dann auch Tunesien, Portugal, die kanarischen Inseln und schließlich die Türkei – alles »Gastarbeiterländer«. Millionen von Deutschen haben Sommer für Sommer die Sonnenländer besucht, aus denen das Millionenheer der eingewanderten Arbeiter im eigenen Land stammt. Mitgenommen hat man außer der Bräune, Fotos und Souvenirs oft die Einsicht, daß man in diesen Ländern auch leben kann: Dies dürfte die Internationalisierung der deutschen Küche zusätzlich befördert haben. Und natürlich wissen die meisten Jüngeren heutzutage, was *quanta costa, il conto per favore* und *troppo caro* auf Deutsch heißt.

Um an den gebuchten Urlaubsort zu kommen, muß man vielfach fliegen. Um jedoch einen deutschen Flughafen benutzen zu können und im Flugzeug zu essen zu bekommen, muß man inzwischen Englisch können: Das *check-in* geschieht am *counter* der gebuchten *airline*, das *baggage security check* oft erst auf dem Flugfeld. Anschließend kann man sich in die *lounge* begeben oder, wenn man *customs and passport control* passiert hat, in der *tax free area shopping* gehen. Ist der Flug dann noch nicht *gecancelt* oder *in delay*, geht man mit seiner *boarding card* durch *gate A 3 on board*. Dort erwartet einen ein Oberkellner, der *purser* heißt, und hilft einem bei Bedarf, seinen *seat F in row 15*, der zur *no smoking area* gehört, zu finden. Ein *frequent traveller* findet seinen Sitz natürlich alleine. Beim *inflight sale* kann man dann noch einmal *tax free* Sachen erwerben, falls man das *on ground* versäumt hat, und zum Essen gibt's bei der Lufthansa auf *No-Pork-Strecken* beispielsweise *chicken Piccata Tomatenconcasse mit grünen Nudeln* (Abb. 5).

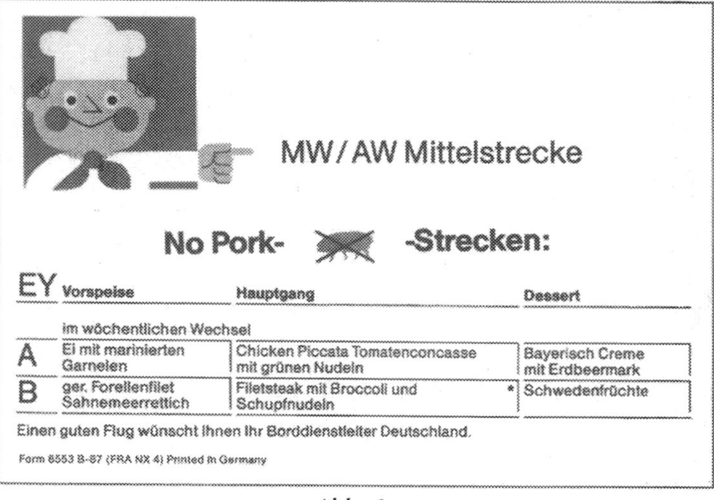

MW / AW Mittelstrecke

No Pork- -Strecken:

EY	Vorspeise	Hauptgang	Dessert
	im wöchentlichen Wechsel		
A	Ei mit marinierten Garnelen	Chicken Piccata Tomatenconcasse mit grünen Nudeln	Bayerisch Creme mit Erdbeermark
B	ger. Forellenfilet Sahnemeerrettich	Filetsteak mit Broccoli und Schupfnudeln *	Schwedenfrüchte

Einen guten Flug wünscht Ihnen Ihr Borddienstleiter Deutschland.

Form 8553 B-87 (FRA NX 4) Printed in Germany

Abb. 5

Bedenklich stimmt, daß die Deutsche Bahn AG diesen weltläufigen Unsinn mitmacht, um sich als modern und leistungsfähig auszuweisen. Fahrkartenschalter hießen in vielen Bahnhöfen eine Zeitlang *ticket counter*, die Fahrgelderstattungsstelle *after sales service*, die Generalkasse *Cash-Management*. Schnellzüge, die früher DM 2.- an Zuschlag kosteten, heißen *InterCity*, *EuroCity* und *InterRegio* und kosten DM 6.- an Zuschlag, der *InterCityExpress* noch mehr. Jugendliche Bahnkunden nennen sich *Railer*: »›Wir sind ›Railer‹, so spricht er für sich und seine Generation. Das deutsche Wort Bahnfahrer ›klingt doch beknackt‹« (Sp. 31/87, 83). Um die letzte Jahrhundertwende ist der Wortschatz des Eisenbahnwesens eingedeutscht worden. Der *Perron* wurde zum *Bahnsteig*, das *Coupé* zum *Abteil*, das *Retourbillet* zur *Rückfahrkarte*, der *Kondukteur* zum *Schaffner* – der heißt inzwischen *Zugbegleiter*, gehört zum *Intercity-Team* und sieht aus wie ein Liftboy. Diese Eindeutschungen vor 100 Jahren geschahen mit viel deutschnationalem Getöse, das vergessen bleiben soll. Inzwischen kommt man trotzdem nicht mehr um die Frage herum, weshalb eine gesellschaftlich wichtige Terminologie, die den Vorteil hat, allgemein gebräuchlich zu sein und verstanden zu werden, von Marketingleuten kaputt gemacht wird.

Hier geht es selbstverständlich nicht gegen die Fremdwörter oder um die Reinigung des Deutschen von Ausländischem. Fremdwörter sind in vielen Kontexten notwendig, in anderen erweitern sie die Möglichkeiten des Ausdrucks, und das Ausländische pflegt in allen Sprachen der Welt das Einheimische eher zu bereichern als zu bedrohen, obwohl es da manchmal – quantitativ gesehen – Grenzen gibt. Oft ist es aber eine Frage des Fingerspitzengefühls, ja des Sprachgefühls, wie man mit bestehenden Optionen umgeht, ob man *ServicePoint* statt *Auskunft* oder *fly and drive* statt *Autovermietung am Flughafen* sagt. »Man muß nicht unbedingt von Kretins sprechen, wo man es mit Trotteln zu tun hat«, hat Karl Kraus zu diesem Thema geschrieben (*Fackel*, 10.12.1915, 43), und er hat betont, daß ihm »die Farbe der Stupidität [...] weder von der Dummheit noch von der Einfalt je [wird] ersetzt werden können« (ebd. S. 44). Und lediglich aus Erwägungen dieser Art wird hier dafür plädiert, die atlantische Orientierung unserer Republik nicht allzu pauschal auch in ihrer Sprache lebendig werden zu lassen.

8. *Du und ich reden über mich und dich*

8.1 Jugend- und Szenesprache

Eine der Kategorien, unter denen Auffälligkeiten des Sprachgebrauchs gerne beschrieben werden, heißt *Jugendsprache*. Sie hat erst spät die systematische Aufmerksamkeit der Dudenmacher gefunden. 1986, in der 19. Auflage der Duden-Rechtschreibung gab es zwar die *Bergmanns-*, die *Drucker-*, die *Flieger-*, die *Gauner-*, die *Seemanns-*, die *Soldaten-* und manch andere Sprachen, aber eben noch keine *Jugendsprache*. Dabei sind viel mehr Leute jung als daß sie als Bergleute, Drucker, Seemänner, gar als Gauner tätig sind. Und der Einwand, daß das alles Berufssprachen seien, trifft auch nicht. Jagen ist für viele eine exklusive Freizeitbeschäftigung, Soldaten wollen die meisten Bundeswehrangehörigen nicht ein Leben lang bleiben, Gauner ist kein anerkannter Lehrberuf. Jugendlicher zu sein ist dagegen für so manchen ein schöner, karriereträchtiger Beruf. So verwundert es auch nicht, daß einem gereiften Politiker schon mal ein *echt Spitze* in seine Rede einfließt, wenn er über *Beziehungskisten* spricht. Erst in der 20. Auflage des Rechtschreib-Dudens von 1991 findet sich die Kategorie *Jugendsprache,* wenn auch nicht eben häufig. *Reinziehen* und *raffen* fehlen ebenso als jugendsprachliche Wörter wie *Gesülze* und *empty*, wie *Anmache* und *antouchen,* wie *rummotzen* und *wegflippen*. Manches, was in anderen Publikationen als Jugendsprache gilt, ist durchaus korrekt unter *umgangssprachlich* oder *salopp* aufgeführt, z.B. *antörnen* und *Sense*, *schnallen* und *rummachen, Frust* und *Tussi. Astrein* und *urst* kommen vor, ebenso Wendungen wie *du tickst wohl nicht ganz richtig.* Dort finden wir unter dem Eintrag *geil* »jugendspr. auch für großartig, toll.« In der 19. Auflage stand lediglich: »geil; [1]Geile, die; – (veralt. für Geilheit); [2]Geile die; (Jägerspr.: Hode)«. Als Kompositum ist dieses jugendsprachliche Hochwertwort bereits Buchtitel geworden: »Affengeil. Ein Lexikon der Jugendsprache« (Ehmann 1992b).

Was nicht im *Duden* steht, kann man mühelos in anderen Publikationen nachschlagen. Seit der »Dialog mit der Jugend« zum Schlagwort geworden ist, seit Jung-Sein auf der gesellschaftlichen Werteskala ganz oben zu finden ist, hat das Thema Jugendsprache Konjunktur. Da gibt es erst einmal Wörterbücher. Das *Lexikon der Jugendsprache* von Müller-Thurau (1985) ist eine kommerziell bedingte Fortführung des viel verkauften Titels desselben Autors *Laß uns mal 'ne Schnecke angraben. Sprache und Sprüche der Jugendszene* (1983). Schon fast verwirrend vielfältig ist die Zielgruppe, die das *rabenstarke Lexikon der Szenesprache* (Prosinger 1984) anpeilt. Es verheißt den »große[n] Durchblick für alle Freaks, Spontis, Schlaffis, Softis, Flipper und Hänger sowie deren Verwandte und sonstige Fuzzis«, scheint also ein rechtes Volkswörterbuch zu sein. Ähnlich »flippig« ist der Titel *Von Anmache bis Zoff. Ein Wörterbuch der Szene-Sprache* (Hoppe 1984). *Szene* scheint ätzender zu klingen als *Jugend.* Der Band ist in der »echt starken« Reihe *Scene [siin, sprich ssssiehn]* erschienen: »Scene. Ein Spiegelbild der Szene, in der wir leben. Avantgardistisch, progressiv, alternativ.«

So hat der Verlag geworben, so scheint er seine Leser anzusprechen. Hoppe formuliert den Anspruch seines Buches im Kapitel »Vorwörter« folgendermaßen: »Sei jung, egal wie alt Du bist, spiele mit den Youngsters. Fang ihre gute Sprache auf, wirf zurück. Mit jeder Wow-kabel fängt Dein Herz wieder zu schlagen an« (S. 8). Die völlige Verwurstung jugendlichen Sprechens war mit dieser Machart erreicht. Andere Autoren geben sich einen Anstrich von Seriosität. Bei Müller-Thurau klingt das dann so, wie es sich beim Fernsehpfarrer anhört – betulich und sehr bieder: »Wem beim Lesen dieses Buches die eine oder andere Vokabel bzw. Redewendung die Sprache verschlägt, der mag sich die Frage stellen, ob sich hier tatsächliche Unbotmäßigkeiten und Sprachverfall ankündigen – oder ob darin nicht nur seine große Entfernung zur jungen Generation deutlich wird. Denkbar ist auch, daß mancher etwas entdeckt, was er schon längst verloren glaubte« (1983, 9). Bei Margot Heinemann hört man noch die Biederkeit der untergehenden DDR heraus, wenn sie die Jugendsprache verteidigt: »Jugendliche bleiben nicht immer Jugendliche, sie werden mit etwa 18 Jahren Mitglieder neuer Arbeits- und Lernkollektive (...). Aber die Jugendlichen ändern nicht schlagartig ihr Sprachverhalten« (1990, 21).

Verkleidet mit Jeans und T-Shirt, eingetaucht in den Jungbrunnen eines Wörterbuches – so läßt es sich leben, nach Feierabend. Die Macher dieser Wörterbücher gaukeln einem vor, daß man nur zu seinen Gefühlen stehen müsse, *cooles feeling draufhaben* brauche, um dazuzugehören: »Mit 66 Jahren, da fängt das Leben an«, heißt es in einem Lied von Udo Jürgens. Sechzig oder siebzig Jahre lang jung sein und dann ab in die *Seniorenresidenz,* das scheint zum Ideal des fin de siècle geworden zu sein.

Was diese Wörterbücher bieten, sind alphabetisch geordnete Verzeichnisse von Wörtern, die nach Meinung ihrer Autoren von Jugendlichen benutzt werden und damit das Subsystem *Jugendsprache* konstituieren. Die Bedeutungsangaben dienen – wie in jedem Wörterbuch – zur Entschlüsselung

1. unbekannter Wortbestandteile: »Tabletten-Freak: jemand, der extrem viel Beruhigungs- und Aufputschmittel konsumiert« (Müller-Thurau). In diesem Beispiel ist das zweite Element möglicherweise nicht jedem geläufig. In diesem Fall kann man in einem Wörterbuch, z.B. dem GWDS oder dem DUW nachsehen: »[fri:k], der; -s, -s [engl. freak, H. u.]: 1. jmd., der sich nicht ins normale bürgerliche Leben einfügt 2. jmd., der sich in übertriebener, fanatischer Weise für etw. begeistert: die -s auf ihren Motorrädern.«
2. von Bedeutungsabweichungen bekannter Wörter: »schaffen: sich erschöpfen« (Hoppe). Hier ist die Folge des Schaffens im Sinne von Arbeiten der Bedeutungsgehalt, was dort auch getreulich verzeichnet ist, z.B. im DUW: »4b) (ugs.) nervös machen; erschöpfen; zur Verzweiflung treiben: die Arbeit, die Hitze hat mich heute geschafft; geschafft (müde, erschöpft) sein.«
3. unbekannter, neuer Wörter: »Fuzzi: negative Bezeichnung für sich immer freundlich gebende (ältere) Menschen« (Müller-Thurau, Hoppe).

Der *Fuzzi* ist im DUW noch nicht verzeichnet. Die Zahl der Wörter, die zur letzten Gruppe gehören, ist nicht groß. Die Bausteine, aus denen sich der jugendsprachliche Wortschatz zusammensetzt, sind immer bezogen auf Bekanntes. Fuzzi ist als Held alter Wild-West-Filmserien manchen noch im Gedächtnis; in das GWDS und die 20. Auflage der Duden-Rechtschreibung hat er Eingang gefunden als »ugs. für nicht ganz ernst zu nehmender Mensch«. Durch die *Fuzzylogik* (Rechtschreib-Duden, 21. Aufl. 1996) ist das Wort um eine Bedeutungsvariante bereichert worden, die mit dem chaotischen Westernhelden keinen Zusammenhang hat.

Auch die weniger bekannten Bestandteile zusammengesetzter Wörter verfügen über eine eigene, mit etwas Nachdenken erschließbare Bedeutung. *Freak* kann man nicht nur in den großen Wörterbüchern, sondern im ganz gewöhnlichen Rechtschreib-Duden nachschlagen. Die Masse der Einträge in den Wörterbüchlein zur Jugendsprache besteht aus Einzelwörtern, deren Bedeutung gegenüber dem Verwendungszusammenhang in der Standardsprache verschoben ist. *Sense* ist ein Synonym für *Ende*, Gevatter Tod, der *Sensenmann* mag Pate gestanden haben, und in dieser Bedeutung steht es in den genannten Wörterbüchern. *Asche* ist etwas Nutzloses oder das Gegenteil davon, nämlich Geld: »2. [o.Pl.] (ugs.) Kleingeld: blanke A. (Silbermünzen)«, steht im DUW. *Stoff* ist eingeschränkt auf Rauschmittel (der Stoff, aus dem die Träume sind) und mit den Stichwörtern *a) Alkohol* und *b) Rauschgift* im DUW verzeichnet, wogegen die Idiomatisierung mit der Bedeutung *Tempo, Intensität (voll Stoff, Stoff geben)* nicht enthalten ist. Ein großer Teil dieser Wörter ist auch in anderen traditionellen Wörterbüchern zu finden, wo sie mit Etiketten wie *ugs., derb* oder *Gaunersprache* zur Kennzeichnung der Stilschichten versehen sind. Solche Angaben besagen, daß es sich nicht um den Wortschatz der gepflegten Hochsprache handelt, sondern um laxe Umgangssprache, wie sie manchmal auch von Menschen über dreißig verwendet wird, z.B.: »Zoff (jiddisch): Streit, Zank, Unfrieden« (DUW), »Streit, Ärger, Putz [...]« (Hoppe), »fummeln (ugs.): jdn. berühren, streicheln, um erotisch sexuellen Kontakt herzustellen« (DUW), »geil tatschen, grapschen ...« (Hoppe), »Bruch: Einbruch« (DUW, Hoppe).

Auch die vielen Anglizismen, mit denen die jugendsprachlichen Wörterbücher gefüllt sind, lassen sich in allgemeinen Wörterbüchern bequem nachschlagen. *Button, Charts, Power, checken* sind alle im Rechtschreib-Duden verzeichnet und mit keiner anderen Bedeutung notiert als bei Hoppe, Prosinger oder Müller-Thurau. Ebenso sind Abkürzungswörter wie *Chauvi(nist)* , *Demo(nstration)* und ähnlich konstruierte Ableitungen wie *Softi, Macho* usw. (vgl. Kapitel 6) weitgehend in den Bestand der traditionellen Wörterbücher aufgenommen. Und wenn einmal eins dort fehlt: der *Realo* wird seinen Platz zwischen *Reallohn* und *Realobligation* in der nächsten Auflage des Universalwörterbuches schon finden. Im Rechtschreib-Duden und dem GWDS steht er bereits.

Läßt man Klassifizierungen wie *Sprache der Jugendszene, Szene-Sprache* und dergleichen einmal beiseite – sie sind ja erst einmal nur von den Verfassern der jeweiligen Publikationen als Behauptung auf die Titelseiten gesetzt – bleibt auf der Ebene des Wortbestandes nicht viel, was nicht auch im allgemeinen Wörterbuch zu finden ist. Erst die Häufung von Wörtern mit mehr oder minder starken Bedeutungsverschiebungen, von solchen, die nicht zur Literatursprache gehören, von Anglizismen und Abkürzungswörtern läßt in den entsprechenden Wörterverzeichnissen das Schema einer besonderen Jugendsprache entstehen. Robert Gernhardt hat in einem Gedicht dieses jugendsprachliche Register gezogen:

Materialien zu einer Kritik der bekanntesten Gedichtform italienischen Ursprungs

> Sonette find ich sowas von beschissen,
> so eng, rigide, irgendwie nicht gut;
> es macht mich ehrlich krank zu wissen
>
> daß wer Sonette schreibt. Daß wer den Mut
> hat, heute noch so'n dumpfen Scheiß zu bauen;
> allein der Fakt, daß so ein Typ das tut,

wissen Originalitätssucht Jugendlicher« zu beobachten sei. Entwicklungen im Sprachverhalten von Jugendlichen in den fünf neuen Bundesländern hat Beneke in weiteren Studien untersucht (1992, 1993).

In der Bundesrepublik war gleichzeitig mit Benekes Studie die umfangreiche Arbeit von Helmut Henne *Jugend und ihre Sprache* erschienen. Im Mittelpunkt steht die Auswertung einer Fragebogenaktion, die er 1982 an Schulen verschiedenen Typs durchgeführt hat. Die Ergebnisse listet er auf in Abschnitten zur Bezeichnung von Freund bzw. Freunden – von *Macker* und *Tussi* bis zum braven *Kerl* und zum sauberen *Mädel*, zur Form von Begrüßung bzw. Abschied, zu Spitz- und Phantasienamen und zur »Lautwörterkommunikation« (*ächz, rülps, würg* u. dgl.). Größeren sprachlichen Einheiten widmet er unter dem Titel »Sprüchekultur« (auch bei Henne mit Anführungszeichen versehen) einen längeren Abschnitt.

Sein Material wirkt im ganzen gesehen recht bieder. *Frau* und *Weib, Puppe* und *Alte* als Bezeichnung für die Freundin, *Kumpel* und *Typ, Boy* und *Scheich* für den Freund sind sicherlich nicht auf Jugendliche beschränkt. Auch *Hallo* und *Hey, Tachchen* und *Na* als lockere Begrüßungsformeln sind heute durchaus allgemein verbreitet. Und zur Verbreitung von »Lautwörtern« tragen die Comic-Serien von *Micky Maus* bis *Asterix* nun auch seit mehr als vierzig Jahren bei. Gerade wegen der ausgezeichneten sprachlichen Leistung mancher Serien, etwa den Donald-Duck-Übersetzungen von Dr. Erika Fuchs, haben Comics den Ruch der Sprachverderbnis schon lange verloren. Die Leser dieser Literatur sind zu großen Teilen den Kinderschuhen längst entwachsen, und *bumm, peng, puh* und *uff* stehen bereits im Wörterbuch.

Vielleicht hat Henne sich bei seiner Fragebogenaktion zu sehr auf Braunschweig beschränkt, ein zu deutliches Gewicht auf Realschüler und Gymnasiasten gelegt. Und über den Fragebogen »Prof. Dr. H. Henne, Lehrstuhl für germanistische Linguistik« zu schreiben und vorweg zu bemerken: »Anredeprobleme gibt's auch in einem Fragebogen. Zum Zwecke der Vereinfachung habe ich das ›Du‹ gewählt« (S. 66) – ob das die richtige Weise ist, Jugendliche anzusprechen? Ob die Befragten auch einfach »Du« zum Professor gesagt haben, geht aus dem Buch nicht hervor. Sicher hat die Aufmachung des Fragebogens bei mancher Antwort ihre Spuren hinterlassen. Wenn unter »Lieblingsbücher« ausschließlich Werke von Hamsun, Hesse, Frisch, Camus, Dürrenmatt, Goethe und Salinger genannt werden (S. 68), hat eine Gymnasiastin doch wohl dem Professor eine Freude machen wollen. Für das Leseverhalten Jugendlicher schlechthin ist dieser exklusive Geschmack sicher nicht repräsentativ. Zumindest weiß die Schülerin eine Menge über sprachliche Varietäten. Sie schreibt auf die Frage »wie schätzt Du Deine eigene Sprache ein?«: »Im großen und ganzen schätze ich meine eigene Sprache im Zusammenhang mit anderen Erwachsenen neben meinen Eltern recht gut ein. Ich versuche mich dort möglichst nicht mit einer eigenen Jugendsprache auszudrücken, sondern vielleicht ›etwas gewählter‹ zu reden [...]« (S. 74).

Zwischen Abgrenzung und Anpassung bewegen sich die Jugendlichen, und das ist ja nichts Neues. Die Art, wie sie mit Sprache umgehen, spiegelt das mitunter wider. Doch ob Punks, Skins und Pennäler dieselbe Jugendsprache sprechen, das darf bezweifelt werden. Zwischen Hafenstraße und Hamburg-Blankenese gibt es auch ein paar sprachliche Barrieren. Sie einzuebnen gelingt auch dem Radio und der Reklame nicht (vgl. Kap. 9). So sehr die Funkmedien und die Werbung das lockere Sprechen zum Programm erheben und selber Sprüche liefern (vgl. Buschmann 1994): Was von der Sprache der Kids rüberkommt, ist manchmal schon stark. »Jung aber sind die Dinge, weil sie immer werdend sind ... auf alle Weise deutet es auf Bewegung«, sagt Sokrates im *Kratylos* über die Alten und ihre Wörter (zitiert nach der Schleiermacher-Übersetzung; 26. Abschnitt). Eines ist die Jugendsprache nämlich sicher nicht: neu. Henne dokumentiert das ausführlich in seinem Buch (vgl. auch Lapp 1989, Januschek/Schlobinski 1989, Schlobinski/Kohl/Ludewigt 1993). Und der Großvater, der noch Wandervogel war und mit dem Rucksack durch die Lande zog, sagt heute *tschüss* zu seinem Enkel, der mit einem Interrail-Ticket in der Hand und einem Trekking-Bag auf der Schulter durch die weite Welt zu hasten aufbricht. *Der flotte Bursch oder Neueste durchaus vollständige Sammlung von sämtlichen jetzt gebräuchlichen Redensarten und Wörtern* hieß das »Wörterbuch der Szene-Sprache« im Jahre 1831. Und was heute *affengeil* ist, war gestern noch *schau: so beschaffen o.ä., daß es Bewunderung hervorruft; großartig, ausgezeichnet. Jugendsprache veraltend* ist diesem Eintrag im DUW hinzugefügt. Das wußte schon Sokrates,

> daß die ganz Alten, welche die Benennungen bestimmt haben, gerade wie jetzt die meisten unter den Weisen [...] immer gar sehr schwindlig werden und ihnen dann scheint, als ob die Dinge sich herumdrehten und auf alle Weise in Bewegung wären. Sie suchen aber die Schuld von dieser Erscheinung [...] in den Dingen selbst, die eben so geartet wären, daß nichts fest und beständig bliebe, sondern alles fließe und sich rege. Das sage ich mit Hinblick auf alle die Wörter, mit denen wir jetzt zu tun (gehabt) haben.

Bis auf das Wörtchen in Klammern steht auch das schon im 26. Abschnitt des *Kratylos* . Mehr als eine Idee, ein bei der Drucklegung bereits ›veraltendes‹ Abbild von *Jugendsprache* können Lexika und

Probleme in alternativer Manier: Esoteriker, Hausbesetzer, Feministinnen, Umweltschützer, GEW-Ortsgruppen, Solidaritätsvereine für Afghanistan, Initiativen für mehr Fahrradwege, selbstverwaltete Frauenhäuser oder gegen Fahrpreiserhöhungen – sie alle und noch viele weitere rechnen sich zur alternativen Szene. Roland Roth ist der Meinung, daß die »Szene«-Öffentlichkeit »zur Verarbeitungsform des Privaten und die Kleinanzeige zum bevorzugten Kommunikationsmodus [geworden sind]. Was einst ›authentisch‹ gemeint war, wird zum pseudo-konkreten Jargon« (1987, 82).

Das ist sicher nicht ganz falsch (vgl. Abschnitt 8.3), übersieht aber, daß diese Form der Öffentlichkeit Rückwirkungen auf die »etablierten« Kommunikationsformen hatte und gegenseitige Annäherungen stattgefunden haben. Beispielsweise war noch zu Beginn der 70er Jahre im Hörfunk der vom Moderator verlesene Hörergruß an andere Hörer (»Erika aus Sindelfingen schickt ihrer Oma in Schwäbisch Gmünd viele Grüße zum 80. Geburtstag. Als Geburtstagsgruß senden wir den Schneewalzer mit den Egerländer Musikanten«) so ungefähr das bürgernächste, was die öffentlich-rechtlichen Anstalten zu bieten hatten. Inzwischen gibt es viele Sendungen, in denen normale Leute ihre Meinung zu irgendwelchen Problemen äußern dürfen (hier hat die WDR-Sendung *Hallo Ü-Wagen* von Carmen Thomas Geschichte gemacht). Ortsgruppen der *Grauen Panther* dürfen schon mal die Seniorenstunde im Radio gestalten, Schulklassen können ein Musikprogramm moderieren, Bürgerinitiativen werden nach ihren Zielen gefragt. Jüngster Ausdruck dieses Trends sind die »offenen Kanäle«. In manchen Talkshows der öffentlichen Fernsehsender werden heute auch einflußreiche Politiker gelegentlich hart angegangen, bei den Privaten hat sich aus solchen Anfängen heraus ein unappetitlicher Brülljournalismus entwickelt.

Eine genauere Analyse der Geschichte und des gegenwärtigen Zustands der sich alternativ verstehenden Presse wäre Aufgabe von Publizistikwissenschaftlern. Für die Zwecke dieses Buches reichen diese knappen Bemerkungen. Denn die Alternativpresse ist ein wichtiges Moment in den Prozessen der Normlockerung gewesen, mit denen sich dieses Buch beschäftigt. In Publikationen der »Szene« wurden viele Verstöße gegen die Grammatik, stilistische Verbrechen und lexikalische Tabuverletzungen so lange begangen, bis gerade der gebildete Teil der Sprachgemeinschaft sie als normal bzw. die überkommenen Normen als übermäßig strikt oder altmodisch aufzufassen begann. Das hatte damit zu tun, daß die Verfasser der Artikel meist gebildete Leute, aber keine professionellen Journalisten waren und sind und daß Lektoren, Korrektoren und Chefredakteure für sie in der Regel keine sanktionsmächtigen Größen sind. Ein gutes Beispiel dafür sind die feministischen Sprachreformbemühungen, die in den 70er Jahren in Kampfblättern wie *Courage, Schwarze Botin* und *Emma* ihren Anfang nahmen. Inzwischen ist die »sprachliche Sichtbarmachung der Frau« an vielen Punkten durchgesetzt; z.B. in Stellenanzeigen oder bei Berufsbezeichnungen, im Bundestag debattierte man über sprachliche Gleichberechtigung der Geschlechter. In vielen Bundesländern sind die Gesetzes- und Verordnungstexte inzwischen entsprechend verändert worden.

Nicht ohne Ironie soll allerdings angemerkt werden, daß sich die Alternativpresse bis auf den heutigen Tag im wesentlichen brav an die orthographischen Vorschriften des *Duden* hält, sieht man von vereinzelten selbstentworfenen Fremdwortverdeutschungen (*Konnäktschns, Schowi* und dgl.) und gewissen Freiheiten in der Zeichensetzung ab. Es stimmt schon, daß »die Alternativen [...] nicht unbedingt mehr so reden [wollen] wie gedruckt, sondern schon eher umgekehrt«, wie Fritz Kuhn (1983, 72) feststellte, aber es stimmt nicht, daß man sich »in der Alternativbewegung [...] nicht lange um gut gemeinte Reformvorschläge zur Orthographie [schert] und [...] einen anarchischen Umgang mit der Zeichensetzung oder der Groß- und Kleinschreibung [pflegt]« (ebd.), denn auch in der TAZ werden alle Substantive großgeschrieben, und vor *daß* wird ein Komma gesetzt. Kuhn hat allenfalls insofern recht, als Rechtschreibung und Zeichensetzung keine sehr hoch bewerteten Angelegenheiten sind; im übrigen dürfte der durchschnittliche Alternativredakteur das Abitur haben. In der Tat ist die Orthographiereform für die Alternativpresse kein ernsthaftes Thema – aber niemand außer der beschlußfassenden Vollversammlung könnte z.B. die TAZ daran hindern, die gemäßigte Kleinschreibung einzuführen.

8.3 Bewegungssprache: Betroffensein als Lebensform

Etwa um die Mitte der 70er Jahre hat sich in Teilen der jüngeren Generation, die sich als politisch sensibel, bewußt und kritisch verstanden, ein Sprachstil verbreitet, der bislang wenig untersucht wurde. Hortense von Heppe sprach bereits 1978 von »bewegter Sprache als Sprache der Bewegung«, Uwe Hinrichs (1988) hat diesen Stil »Sprache der Betroffenheit« genannt, Dieter E. Zimmer (1986) hat einen wichtigen Teilbereich dieses Sprachstils, den der »Neuen Empfindsamkeit«, unter der Bezeichnung »Psychosprache« abgehandelt. Wir nennen diesen Sprachstil *Bewegungssprache*, weil er in Bewegungen aller Art erfunden und kultiviert wurde und sich durch erstaunliche Flexibilität auszeichnet – das macht ihn auch schwer faß- und beschreibbar.

Entstanden ist dieser Sprachstil in feministischen, ökologischen, anthroposophischen und allerhand lebensreformerischen Zirkeln, verbreitet wurde er durch ihre Publikationsorgane (vgl. zum historischen Hintergrund Frecot/Geist/Kerbs 1978). Charakteristische Elemente dieses Sprachstils wurden in den späten 70er Jahren von den Massenmedien, von Werbetextern und anderen öffentlichen Sprechinstanzen aufgegriffen und popularisiert, namentlich Politikern, Pädagogen und Geistlichen, die sich im Dialog mit der Jugend befanden. Weit verbreitet war er auch in den Kleinanzeigen vieler Zeitungen. (*Unheimlich, echt, irre, wahnsinnig usw.*) *betroffen sein, sich betroffen zeigen, betroffen gemacht werden* waren die performativen Ausdrücke, die das Textklima im Gesprochenen wie im Geschriebenen anzeigten. Politiker bevorzugten das Funktionsverbgefüge und *brachten (tiefe, aufrichtige, echte usw.) Betroffenheit* über die im Betreff genannte Angelegenheit *zum Ausdruck*. Hinrichs nennt die Betroffenheit »das Zauberwort, das Reizwort, das Kodewort, die Formel des Zeitgeistes der 80er Jahre« (1988, 7). Das ist übertrieben, weil der Zeitgeist der 80er Jahre auch eine ganze Reihe anderer Blüten hervorgebracht hat. Richtig ist sicherlich, daß eine schwer zu definierende Subkultur seit der Mitte der 70er Jahre Betroffenheit als Lebensform versteht, als nicht nur sprachliche, sondern kommunikative und fast schon charakterliche, z.B. durch Kleidung, Ernährung, Einrichtungsgegenstände, Freizeitgestaltung u.a. ausdrückbare innere Haltung. Es gibt Betroffenheitsliteraten, die manchmal sicher bloß Trittbrettfahrer der Bewegungs-Mode sind, sich aber als Bannerträger der Neuen Weinerlichkeit bewundern lassen, z.B. Svende Merian oder Eva Heller, ebenso Gesangskünstler, die sich vom bewegten Zeitgeist ausgezeichnet ernährt haben, z.B. Bettina Wegener, André Heller, Konstantin Wecker und Reinhard Mey. Im ersten Band des »satirisch polemischen Wörterbuches Dummdeutsch« heißt es:

> Waren vordem meist nur professionelle Politiker anläßlich von Todesfällen, Attentaten usw. kurzzeitig »betroffen«, so steigerte sich die allgemeine und allseitige Betroffenheit Mitte der 70er Jahre zur Allzweck-Beschwörungsformel. Sie hatte ihre größte Zeit dann vor dem Hintergrund der Anti-Pershing-Proteste und erklomm schließlich ihre Epiphanie am 22.11.1983 im Deutschen Bundestag, als die Fraktion der Grünen zwei Stunden praktisch ununterbrochen »betroffen« war – und nicht nur das: in der gleichen Woche sollen auch, laut Theo Sommer (in der ZEIT) der Kanzler Kohl sowie er, Sommer selber, angesichts der Raketen bzw. des Widerstands gegen sie betroffen gewesen sein. Dem folgte stante pede der Buchtitel »Petra Kelly –

Politikerin aus Betroffenheit« [...] Denn »Betroffenheit« bedeutet heute, ein halbes Jahrhundert nach dem Epilog von Brechts »Der gute Mensch von Sezuan (»Wir stehen selbst enttäuscht und sehn betroffen / den Vorhang zu und alle Fragen offen«), wenig oder nichts mehr anderes als einen Euphemismus für Benommenheit, Behämmertheit, Gedankenlosigkeit oder aber, wenn schon gereimt werden muß, Besoffenheit.
Genauer: Betroffenheit bedeutet heute: nichts.
Absolut und wortwörtlich nichts. (Henscheid et al. 1985, 17).

Hinrichs hat im Berliner *Tagesspiegel* eine Betroffenheits-Frequenz von vier bis fünf Vorkommen pro Druckseite ausgezählt (1988, 7). Er weist auf die Agenslosigkeit der meisten Betroffenheitsbekundungen hin; das Zustandspassiv *betroffen sein* verlangte früher einmal zwingend ein mit *von* eingeleitetes Präpositionalobjekt, z.B. *1962 war/wurde Hamburg von einer Überschwemmung betroffen* oder *Die Nettoverdienste der Arbeiter sind von der Steuerreform am meisten betroffen.*

Der Wegfall der Agensangabe in der Bewegungssprache verleiht Betroffenheitsausdrücken vielfach leidende bis beleidigte Bedeutung. Er drückt aus, daß es keine Rolle spielt und nicht wissenswert ist, ob der oder die Betroffene vom betreffenden Ereignis durch höhere Gewalt, widrige Umstände, Fremdeinwirkung oder eigene Blödheit betroffen worden ist. Vor allem aber weist er auf eine seelische Befindlichkeit des sich betroffen fühlenden Subjektes hin. Betroffenheit ist sowohl eine individuelle Befindlichkeit, die sich zu einem Persönlichkeitsmerkmal auswachsen kann und in manchen Situationen für viele zum guten Ton gehört, z.B. in Umweltschutzdebatten (*Umwelt* ist ein domestizierter Betroffenheitsausdruck: Früher hieß die Umwelt *Umgebung, Gegend, Land, Heimat* usw. oder einfach *Welt.* Seit der Mensch im Mittelpunkt steht, haben die Welt oder Teile davon immer dann, wenn sie kaputt sind oder kaputtzugehen drohen, ein relationales Präfix, das ausdrückt, um wen herum sie sich erstrecken). Die Bewegungssprache ist aber auch Ausdruck einer gruppenkonstituierenden sozialklimatischen Attitüde, die einen Hautgout von Bewußtheit, Bescheidwissen und oft penetranter Durchblickerei ausdünstet. Vielfach befreit sie von allen Argumentationsverpflichtungen, denn mit Nichtbewegten kann man nicht debattieren, weil sie eh bürgerlich, doof oder verstockt sind, und unter Bewegten kommt es oft eher aufs Aroma als auf die Substanz an. Diese sprachlich lokalisierbare Attitüde »dient dem Zusammenschluß gegen eine feindlich-unverständige Außenwelt und der regressiven Hingabe an die Gemeinschaft bis zum völligen Eintauchen des Individuums in das Kollektiv. Eindringliche Blicke, ritualisierte Gesten begleiten das inständige Bemühen,

Schranken untereinander aufzuheben und schon das miteinander vorzuführen, was der Inhalt einmal für alle sein soll [...]«, schrieb v. Heppe (1978, 22) in der Entstehungszeit der Bewegungssprache. Heute stimmt diese sarkastische Einschätzung nur noch bedingt; Betroffenheit gehört heutzutage zum kleinen Einmaleins jedes Werbetexters, Lokalredakteurs und Kommunalpolitikers, während sie unter Intellektuellen längst verpönt ist (vgl. Stephan 1993, Bittermann/Henschel 1994, 1995).

Individuell betroffen sein kann man wegen Problemen mit dem/der LebensabschnittsbegleiterIn, Mieterhöhungen oder Vorgesetzten (das sind nur ein paar Beispiele). Kollekiv betroffen zeigen sich viele Zeitgenossen beispielsweise (in aufsteigender Linie) über einen Mangel an Umweltmülltonnen, die Entfernung zum nächsten Recyclinghof (»selten mehr als 3 km«), unzureichende städtische Zuschüsse zu selbstverwalteten Krabbelstuben, über das Wald-, Zechen-, Nordsee- und Robbensterben und das Ozonloch. Jedes bürgerinitiativenfähige Thema ist auch betroffenheitsfähig, selbst wenn es zur Austragung argumentativer Konflikte geeignet oder ihrer gar bedürftig wäre, und solche gibt es viele. Die *Betroffenheitsschwelle* liegt oft so niedrig, daß sie die Schmerzschwelle erreicht: »Je bedrängender die Präsenz der hohen Zahl von Ereignissen und Probleme [!] ist, die zu verarbeiten sind, je höher deshalb die Betroffenheits- und Sensationsschwellen gesetzt werden, desto weniger darf die Schule hektisch werden. Die Erhöhung der Betroffenheitsschwelle als Folge der täglichen ›Fernsehkatastrophen‹ [...]«, brabbelte die »Zeitschrift des Deutschen Philologenverbandes« (8/1981, zit. nach Henscheid et al. 1985, 18).

Die passivische Komponente des Betroffenseins kommt auch in der resultativen Ableitung *Betroffene* zum Ausdruck, die meist im Plural auftritt. Klassische Gruppen von *Betroffenen* sind beispielsweise ausländische Arbeiter, Rollstuhlfahrer oder Alkoholiker. Inzwischen hat sich die Tendenz durchgesetzt, jede beliebige Interessengruppe mit diesem Prädikat zu bezeichnen: »Da werden plötzlich auch alle anderen Gruppen zu Betroffenen: Tankstellenbesitzer, Theaterbesucher, Taxifahrer, Italientouristen, Rechtsanwälte, Gemüsehändler, harmlose Fußballfans oder FDP-Wähler – alle sind von irgendetwas oder über etwas betroffen« (Hinrichs 1988, 7). Die sprachlichen Merkmale der Bewegungssprache finden sich auf verschiedenen Ebenen des Sprachsystems. Zunächst gibt es im Bereich des Wortschatzes eine Reihe von Schlüsselwörtern, oft vulgarisierte Psychologismen oder Ausdrücke, die kommunikative Vorgänge bezeichnen. Beispiele sind:

Verletztheit, Verletzlichkeit, Verwundbarkeit, Zuwendung, Widerstand, Wut & Trauer, Kommunikation, Annäherung, Selbstfindung, -verwirklichung u.a., Bauch, Bewußtheit, Beziehung,
Freiräume, Phantasien, Gefühle, Widerstände, Verkrustungen, Erfahrungen, Sehnsüchte, Ängste (der Singular ist nicht ausdrucksstark genug),
sich sperren, fallenlassen, einbringen, einlassen auf, abschotten; jdn. auffangen, blockieren, sensibilisieren, penetrieren (meist in der sich-lassen-Konstruktion), verstehen, an sich heranlassen, hochkommen (lassen); (unheimlich) gut/schlecht drauf sein, fixiert sein auf, verinnerlichen, aus- und eingrenzen, umgehen mit, überleben, zugehen auf,
alternativ (vielfach in Komposita, z.B. Alternativkirchentag), anders, selbst, spontan, kreativ, verletzlich, verwundbar, kaputt, sanft, lieb, authentisch, konkret, echt, absolut, total, tierisch, weiblich, natürlich, menschenverachtend, frauenfeindlich (vgl. auch Abschnitt 8.5).

Eine Reihe weitere Ausdrücke ist durch überdurchschnittlich hohe Frequenz bewegungsstilbildend, angefangen bei *irgendwo, irgendwie* und *also* als Satzeinleitungen und Erweiterungen aller möglicher nominalen Satzglieder, *und so* und *oder so* als fortsetzungslose Satzfortführungen, beispielsweise

(3) Also, irgendwo find ich das echt beschissen.
(3i) Also, ich find das irgendwo echt beschissen.
(3ii) Ich find das echt beschissen, also irgendwo.
(4) Also ich bin jetzt auch irgendwie echt aufgeregt hier vor Euch, weil, ich bin halt auch ganz subjektiv betroffen, oder so (aus: Hinrichs 1988, 8).
(5) Du, des is halt auch irgendwo auch die Frage, was die Erfahrung Trennung und so mit dir halt macht, oder so, ich mein', das is auch irgendwo 'n Stück Verletzung oder ganz doll und das seh' ich hier nich, wo du des halt auch mit einbringst, verstehst (aus: Hinrichs 1988, 8).

Diese »Irgendwiehuberei« wird von Kuhn (1983, 69) wenig überzeugend als mögliches »Indiz für die Bereitschaft zur Relativierung der eigenen, nicht mehr als absolut gesetzten Position und damit auch eine Art des Angebots zur Kommunikation« relativiert. Lesenswertes zu diesem Gebrauch von *irgendwo/irgendwie* findet sich bei Heckmann (1986).

Dazu kommen einige Partikeln, Modalausdrücke und Interjektionen wie *wirklich, schon, auch, ja, halt, eh, eben, doch, ein Stück weit, gell,* z.B.

(6) Des hat den Nobbi nStück weit halt doch auch ziemlich verletzt, weil die Didi und der Heini ehm doch eh schon irgendwo total blockiert warn und so, also ich mein halt, gell.

(6) ist eine karikierende Konstruktion, aber die sprachlichen Realitäten sind oft noch deprimierender. Hübsch vertextet sind sie in *Martin Jordans Renategeschichten* (1994). Im Bereich der Aussprache ist oft die Tendenz zu betonter Nachlässigkeit zu beobachten, die sich u.a. im Verschleifen von Flexionsendungen äußert. Das ist meist ohne Einbußen an Verständlichkeit möglich. Einige Beispiele: Bei den Formen der 1. Pers. Pl. wird in der Bewegungssprache oft das *-e* unterdrückt *(ich glaub, mein, find, denk)*, unbestimmte Artikel und das Pronomen *es* werden auf ihre konsonantischen Bestandteile reduziert (*'s hat 'n arg mitgenomm'm*), *und* wird als *un*, *sind* als *sin*, *nicht* als *nich* realisiert und Personalpronomina werden klinisiert (*un dann hatterse gefragt, obse nich gegangn sin ...*). Bei solchen Verschleifungen kommen Allegrophänomene (Besonderheiten beim Schnellsprechen) zum Tragen, wie sie in der ungezwungenen Alltagssprache generell üblich sind. Hinrichs (1988, 8f.) weist darauf hin, daß die betonte Laxheit bewegten Sprechens, die auch im Bereich der Syntax zu beobachten ist (viele Satzbrüche, lange parataktische Sequenzen mit asyndetischen (unverbundenen) Einschüben), mit dem pseudowissenschaftlichen Anstrich des Kernvokabulars kontrastiert. Erwähnenswert ist weiterhin die Tendenz, extensiv Intensivierungen zu verwenden. Dies geschieht einerseits durch qualifizierende Adjektive (vgl. die Liste oben), andererseits durch Verben, die der intensiven Aktionsart zuzurechnen sind. Hortense von Heppe beschrieb das folgendermaßen:

> [...] sinnliche Wörter sollen das Bild ihres Ichs direkt zum Vorschein bringen. So sagen sie zum Beispiel oft »hocken« statt »setzen« oder »sitzen«, um den seelischen Zustand in der Körperhaltung mitauszudrücken, sei es etwa geheime Aufsässigkeit oder liebevolle Hingabe [...] Oder es heißt »schleppen« statt »bringen« oder »tragen«, auch wenn es sich nicht um Lasten handelt [...] So sagt auch die Boutiquenverkäuferin, deren eigenes Kleid bewundert wird: »Du, das schlepp' ich schon Jahre« (v. Heppe 1978, 14).

Es hat verschiedene Versuche gegeben, die sozialpsychologischen Strukturen zu erklären, die die Bewegungsbewegung und ihre Sprache hervorgebracht haben. Dabei spielen antiintellektuelle Ressentiments und Mißtrauen gegenüber rationalem Argumentieren eine Rolle; der Gegensatz von Kopf und Bauch ist inzwischen zu einer stehenden Wendung geworden. Vermutlich ist diese Hinwendung zum Gefühlvollen einerseits eine Reaktion auf den rationalistischen Impetus, mit dem von den 68ern argumentiert und agitiert wurde. »Aufklärung« war nicht zufällig ein zentrales Stichwort, und die damaligen Aufklärer sind heute die Eltern und Lehrer, an denen sich die nachwachsende Generation mißt und reibt. Andererseits hängt sie wohl damit zusammen, daß der technologischen Rationalität einer undurchschaubaren und deshalb als feindlich empfundenen Industriegesellschaft unverfälschte, authentische Menschlichkeit entgegengesetzt werden soll. Daß dieses »fundamentale Mißtrauen gegenüber der Sprache der Politik« (Kuhn 1983, 67) und ihren Inhalten nicht unberechtigt war und ist, kann nicht bestritten werden.

8.4 Politische Korrektheit

In den neunziger Jahren überlappten sich die Ausläufer der deutschen Betroffenheitspsychose mit einem weltanschaulichen Import, der in den USA *political correctness* (*PC*) heißt (vgl. Aufderheide 1992, Berman 1992, Hughes 1994). PC ist wesentlich sprachlicher Art; Sprache ist nach Talleyrand schließlich dazu da, Gedanken zu verbergen (»La parole a été donnée à l'homme pour déguiser sa pensée«: Memoires de Barere, 1842). Es geht bei PC einerseits darum, inkriminierbare Ausdrücke zu entdecken und der Kritik zuzuführen, andererseits darum, den jeweils eigenen Sprachgebrauch durch Neologismen, deren Nichtkenntnis man der jeweiligen Außenwelt vorhalten kann, tugendhaft zu innovieren. Wesentliche Themen von PC sind ethnisch-rassische, soziale, kulturelle und körperlich-psysiognomische Differenzen zwischen den Menschen sowie der Geschlechterunterschied und Kombinationen davon. Charakteristisch für PC sind aufdringliche Gutherzigkeit und Abwesenheit von Ironie oder Humor. Der Begriff PC ist schillernd, weil seine Protagonisten ihn scharf ablehnen und für eine Kampfparole der Rechten halten, denen sie ihrerseits (in übler Absicht) *patriotic correctness* nachsagen: »Mit rechtsintellektueller Überheblichkeit grinst man über die ›Gutmenschen‹. [...] Die Attacken gegen die PC dienen den Rechtsextremen und Rechtradikalen dazu, ihre Ideologie zu entstigmatisieren« (Heribert Prantl in der SZ, 19.1.96, 4). Ist die Sache wirklich so einfach?

PC basiert darauf, daß in modernen Industriegesellschaften (wahrgenommen als *Risiko-*, *Erlebnis-* oder *Freizeitgesellschaften*) viele Individuen ihre soziale Identität eher über die Zugehörigkeit zu einer Gruppe (einer Szene, einem Milieu) definieren als über ihre Zugehörigkeit zu dieser Gesellschaft (und ihren Werten, Normen und Traditionen) als ganzer. Man definiert sich vor allem als Makrobiotiker, als Drachenflieger oder als Anthroposoph, nicht so sehr oder gar nicht als Staatsbürger im Sinne von *citoyen*. Beschwernisse und Frustrationen sucht man zu erklären aus der partikulären Tatsache, daß man einer über höhere Einsichten und Tugenden verfügenden

Kleingruppe angehört. Diese Form der sozialen Regression wurde ›infantile Retribalisierung‹ und ›soziale Balkanisierung‹ genannt: in ihr löst sich das gesellschaftliche Ganze auf in eine Vielzahl sich bekriegender Stämme und Horden, die ihre jeweils eigenen Gewißheiten, Riten und Wehleidigkeiten pflegen.

PC impliziert die Vorstellung, daß sich die Gesellschaft in Agressoren/Täter und Angegriffene/Opfer (*Gutmenschen*, vgl. Bittermann/Henschel 1994, 1995, Rees 1994, Stephan 1995) gliedern läßt. Nur unter dieser Prämisse können sich z.B. Päderasten, Scientologen oder Graffitisprayer als Unterdrückte definieren. Die Schlüsselwörter, die den Zugang zu dieser dichotomischen, ja manichäischen Welt erschließen, heißen *Selbsterfahrung* und *Sensibilisierung* (früher auch: *Bewußtmachung*). Eine gewisse Rolle bei der Verbreitung dieser Denkart haben die Doktrinen von der Postmoderne gespielt, die grenzenlosen intellektuellen, sozialen und kulturellen Relativismus salonfähig gemacht haben. In den USA hat das beispielsweise dazu geführt, daß man die europäische Geistestradition pauschal als gedanklichen Kadaver von *DWEM* (*dead white European men*) bezeichnete. Paul Feyerabends *everything goes* ist als philosophische Provokation spannend gewesen. Aber als Maxime für den Rechtschreibunterricht oder den Straßenverkehr ist es problematisch, und als Reklameslogan von Autofirmen und Reisebüros wird es unter Wert verhudelt.

PC ist eine ambivalente Angelegenheit, weil das davon Betroffene vielfach aufklärerischer, rationaler, gar humanistischer Bemühungen würdig wäre. Denn es gibt zweifellos Diskriminierung, die sprachlicher Art ist und deren Kenntlichmachung Sprachkritik verlangt, ebenso wie es Dysphemismen gibt, deren Analyse erkenntnisfördernd ist (z.B. *Menschenmaterial, Schülermaterial, Spielermaterial*). Andererseits kann schlichte Umbenennung sachliche Probleme nicht lösen und mitunter sogar der Wahrnehmung entziehen. Aus solchen Gründen nannte sich eine Behindertenorganisation *Krüppelfront,* eine Prostituiertengewerkschaft *Hurenrat,* gründeten Homosexuelle einen *Schwulenverband.* 1988 gab es im Bundestag einen Streit über die Paarformel *Schwule und Lesben*; der damalige Bundestagspräsident Jenninger wollte sie nicht als »Bestandteil der Hochsprache« akzeptieren, wogegen die Grünen meinten, man solle sie »offensiv und stolz« verwenden (Tsp. 13.7.88, 22, vgl. Stötzel 1994, 70ff.). Es ist nur präzise, von *Asylbewerbern* oder *Asylberechtigten* statt von *Asylanten* und von *Kampftruppen* statt von *Krisenreaktionskräften* zu sprechen. Doch nicht jeder Stußkopf ist ein *Querkopf* oder *-denker,* nicht jede alternative Sprechblase ist geeignet, *verkrustete Stukturen aufzubrechen* oder *Denkanstöße zu geben.*

Die andere Seite von sprachlicher PC sind Euphemismen, die manchmal jedes Augenmaß vermissen lassen. Trunkenbolde soll man als *chemisch unpäßlich*, Dicke als *Personen mit einem alternativen Körper-Image,* Kleinwüchsige als *vertikal Herausgeforderte* (Sp. 28/94, 160) bezeichen. Man könnte dann Brillenträger als *sehhilfsbedürftig* und alte Jungfern als *sexuell resistent* bezeichnen. Auch Politik und Reklame produzieren regelmäßig Belege für das, was Hans-Jürgen Heringer (1994, 163) »Huren-Wörter« und Martin Gauger »unwahre Wörter« (1986, 102) genannt hat: der Euphemismus *großer Lauschangriff* (Abhören von Wohnungen und Hotelzimmern) sollte durch *Hellhören* ersetzt werden (Stötzel 1994, 77), und viele Betriebe haben ihre Hausordnung durch eine *Unternehmensphilosophie* ersetzt, z.B. eine *Design-Philosophie* (Kaehlbrandt 1994, 124f.). Euphemistische Funktionen haben auch einige Wortbildungselemente und einige Erstglieder von Phraseologismen, die keinen Bezeichnungsnotwendigkeiten entsprechen, und man findet sie quer durch die Medien (vgl. Abschnitt 8.3.). Einige Beispiele:

-arbeit: *Erinnerungsarbeit, Trauerarbeit, Beziehungsarbeit, Stolzarbeit* (?), *Überzeugungsarbeit, Vorsorgearbeit.* Jemandem verraten, daß sein Partner fremdgeht, wäre dann eine *Beziehungsarbeitsbeschaffungsmaßnahme.*

-bedarf: *Fragebedarf, Handlungsbedarf, Kommunikationsbedarf, Beratungsbedarf, Zuwendungsbedarf, Finanzbedarf, Rüstungsbedarf.*

-defizit: *Demokratiedefizit, Lektüredefizit* (bei Germanistikstudenten), *Erfahrungsdefizit, Vertrauensdefizit, Finanzierungsdefizit.*

-erlebnis und Erlebnis- : *Erlebnisfeld* (Kaufhof-Reklame), *Erlebnisgastronomie, Kinoerlebnis, Live-Erlebnis, Erlebnis-Urlaub, Erlebnis-Museum, Erlebnisbuchhandel, Erlebniskauf* (vgl. Kap. 2.4.).

-lücke: *Glaubwürdigkeitslücke, Akzeptanzlücke, Strafbarkeitslücke* (Sp. 30/95, 17), *Lehrstellenlücke, Vertrauenslücke, Raketenlücke.*

-neu: *Neue Mütterlichkeit, Neue Weiblichkeit, Neue Nachdenklichkeit, Neue Soziale Frage, Neue Armut, der Neue Mann.*

-Null-: *Nullwachstum, Nullösung, Nulltarif, Nulloption* (vgl. Stötzel/Wengeler 1995, 151), *Null problemo!* (Antwortformel, popularisiert durch das Fernsehmonster ›Alf‹).

Selbst-: *selbstorganisiert, -bestimmt, -verwaltet, -findung, Selbsterfahrung(sgruppe).*

-träger: *Bedenkenträger, Geheimnisträger, Hoffnungsträger, Funktionsträger, Gesinnungsträger, Handlungsträger, Ideenträger, Identifikationsträger, Meinungsträger, Symbolträger, Sympathieträger, Verantwortungsträger.*

Im Übersetzerkolleg in Straelen ist eine Phrasendreschmaschine erfunden worden. Man kann sie dort bestellen, wenn einem die Beispiele in diesem Abschnitt nicht reichen (Postfach 1324, 47638 Straelen).

PC-Sprachregelungen sind heute nicht mehr Angelegenheit einzelner Gruppen, sie haben zentrale Wortschatzbereiche und relevante gesellschaftliche Diskurse erreicht. Eines der ersten Opfer war das *Fräulein*, es ist ausgestorben. Die Ausdrücke *Neger* und *Mohr* (Rechtschreibduden 18.Aufl.: »veralt. für: Neger«) sind rassistisch, was die Sachbezeichnungen *Negerkuß* und *Mohrenkopf* suspekt gemacht und die Anzeige »Wir suchen für festliche Angelegenheit Trompeter (Neger). Bitte melden bei [...]« in den Hohlspiegel (Sp. 28/88, 218) gebracht hat. Inzwischen gilt das in den USA auch für *Farbiger (coloured)* und *Schwarzer (black)*. Man hat nun von *African American* (Amerikaner afrikanischer Abstammung) zu sprechen. Wie werden wir dunkelhäutige Menschen benennen, wenn auch im Deutschen *Farbiger* und *Schwarzer* auf den Index geraten?

Kein Politiker kann es sich mehr leisten, auf die Paarformel zu verzichten (*Bürgerinnen und Bürger*), doch wird man ihre Anwendung dann, wenn es unangenehm wird, meist vergeblich suchen (*WohnungsmaklerInnen, RaubmörderInnen*). Dies gilt für das gesamte politische Spektrum. Philipp Jenninger und Stephen Heitmann, zwei CDU-Politiker, die von sprachhygienischem Sagrotan weggeputzt worden sind, waren wahrscheinlich nicht weniger tugendhaft und moralisch als viele ihrer Kollegen – aber sie haben sich falsch ausgedrückt. Anfang 1996 hat die PC den deutschen Botschafter in Haiti, Günther Dahlhoff, ereilt, der das Problem der Übervölkerung dieses Landes in privater abendlicher Runde damit erklärt hatte, daß »die Frauen immer wollen und die Männer immer können«. Das ist zweifellos stammtischmäßig ausgedrückt. Ein Stammtischteilnehmer von der PDS hat Dahlhoff der Presse verpetzt, die hat seinen Spruch als sexistisch und rassistisch eingestuft, und er wurde geschaßt. Und er ist nicht der erste, dem denuziatorisches, aber politisch korrektes *Outing* die Karriere beendet hat.

PC geht schließlich einher mit einer inflatorischen Verwendung ursprünglich analytischer Begriffe als saftiger Schimpfwörter, wodurch die vielfach konstatierte Tendenz der Verfachsprachlichung auch banalster Bereiche des umgangssprachlichen Wortschatzes von einer anderen Seite her beleuchtet werden kann. Ein Mann, der einer Frau in den Mantel helfen will, kann in den Verdacht des *Sexismus* oder *Chauvinismus* geraten. Henryk Broder hat die deutschen Linken als *Antisemiten* gebrandmarkt, weil sie Israels Politik in den besetzten Gebieten angeprangert und die Palästinenser als *Opfer der Opfer* bezeichnet haben. *Zigeuner* nennt man ungenau *Sinti und Roma* – man wird das Volkslied vom ›lustigen Zigeunerleben‹ verbieten und das Libretto von Bizets Oper *Carmen* ändern müssen. *Sexuelle Belästigung, sexueller Mißbrauch* und *Vergewaltigung* sind Allerweltsvokabeln geworden, was zu beklagen ist, weil die Fälle, in denen der früher damit bezeichnete kriminelle Sachverhalt tatsächlich gegeben ist, auf lange Sicht einer anderen Bezeichnung bedürfen. *Menschenverachtend, zynisch* und *frauenfeindlich* kann es sein und *Wut und Trauer* auslösen, wenn jemand im Stadtrat gegen eine Krabbelstube im Villenviertel stimmt, von einer *Mauer im Kopf* oder *Ellenbogenmentalität* kann es zeugen, wenn einer in der Eisenbahn auf seiner Sitzplatzreservierung besteht.

Mit Erscheinungen dieser Art haben sich einige Bücher befaßt, etwa Gauger 1986, Pörksen 1989, Eppler 1992, Henscheid 1993, Bittermann/Henschel 1994, 1995, die wir als weiterführende Lektüre empfehlen, denn so einfach, wie Heribert Prantl meint (s.o.), ist die Sache offenbar nicht. Wir sind gespannt, was Sprachhistoriker in 100 Jahren über diesen hochmoralischen Abschnitt deutscher Sprachgeschichte schreiben werden.

8.5 Duzen, Siezen und Anredeformen

Höflich zu sein ist nicht nur, aber auch eine sprachliche Angelegenheit. Es ist außerdem eine Frage von sozialen Konventionen. Insofern ist es eine pragmatische Frage: Man muß nicht nur die vorhandenen sprachlichen Mittel kennen, sondern auch die Regeln für ihre Verwendung.

Eine erhebliche Rolle spielt dabei neben dem Anredepronomen (*du/Sie*) und der Verbform eine Gruppe von personenbezeichnenden Substantiven oder Nominalgruppen, die als Anredeformeln verwendbar sind, v.a. *Herr/Frau* und der Nachname beim Siezen, der Vorname beim Duzen. Man kann hier von Respektsignalen sprechen. Dazu gehören auch Ausdrücke, die respektlos sind, etwa die Anrede *Ej, Typ*. Respektsignale sind Ausdrücke, die im Hinblick auf Höflichkeit markiert sind – positiv oder negativ (vgl. Haase 1994). Es geht um die vielfältigen Möglichkeiten, Rang- und Distanzverhältnisse zwischen Kommunikationspartnern grammatisch und/oder lexikalisch zu kodieren.

Wenn man etwas über solche Verhältnisse in Dialogen herausfinden will, sind nicht nur Respektsignale von Bedeutung. Es gibt viele andere beziehungsdefinierende und -regulierende Ausdrucksmittel, die jene begleiten, ergänzen, modifizieren, überlagern können. Beispiele dafür sind kommunikative Handlungen wie

– *Komplimente machen*: Bei uns kann man viele Gesprächspartner damit erfreuen, wenn man sich über ihre sonnengebräunte Haut äußert. Sie steht für Gesundheit, Sportlichkeit, evtl. Wohlhabenheit. In Ägypten kann dieselbe Äußerung Verstimmung auslösen, denn dort verlangt das Schönheitsideal möglichst helle Haut – dunkel sind Nubier und Bauern.

- *Nichtsprachliche Begrüßungs- und Verabschiedungsrituale*, z. B. Händedruck, ggf. Handschuhablegen, Augenkontakt, Hutziehen, Handkuß, Verbeugung, heute in manchen Milieus auch die Umarmung mit Küßchen. In den USA sind händeschüttelnde Deutsche Gegenstand von Karikaturen. Bei uns gilt dafür der russische oder der arabische Begrüßungskuß-Ritus als ziemlich exotisch.
- *Gratulieren.* Gratulationsanlässe sind bei uns der Geburtstag, ggf. der Namenstag, persönliche Feste wie Hochzeit, Geburt, Konfirmation, eine bestandene Prüfung u. dgl. In Ägypten gratuliert man sich z.B. zu kalendarisch gebundenen Festen, zu neuer Kleidung oder zur Rückkehr von einer Reise. Wir fänden es sehr merkwürdig, wenn uns jemand zu Pfingsten oder dazu gratulieren würde, daß wir neue Schuhe haben.

Die *Du/Sie*-Opposition des Deutschen hat sich erst im späten 18. Jh. allgemein verbreitet, ist also relativ jung. Um 1800 waren noch acht verschiedene Anredekonventionen in Gebrauch (Kretzenbacher 1991, 25). Die *Ihr*-Anrede (»Nachbarin, Euer Fläschchen!«) kam erst in diesem Jahrhundert ganz außer Gebrauch, und das Erzen (bzw. singularische Siezen) war im 18. Jh. noch weit verbreitet (»Mein schönes Fräulein, darf ich wagen / Arm und Geleit Ihr anzutragen«).

Die grundlegende Studie über die *Pronomina der Macht und der Solidarität* (Brown/Gilman 1960) ist in einigen ihrer Aussagen immer noch aktuell (vgl. Kohz 1982, Kretzenbacher 1991, Winter 1984). Ihre Grundthese besteht darin, daß sich an der Verteilung der Duz-Lizenzen bzw. Siez-Verpflichtungen gesellschaftliche Machtstrukturen erkennen lassen: Finde heraus, von wem eine Person geduzt und vom wem sie gesiezt wird, finde heraus, wen sie duzt und wen sie siezt, dann weißt du viel über ihren Platz in der Gesellschaft. Sie merken, daß wir Sie im letzten Satz geduzt haben. Die Konvention des ›universellen Du‹, die uns dies erlaubt hat, werden wir noch erläutern.

Es gibt zwei Konventionen des Duzens und Siezens. Die erste ist die traditionelle, bürgerliche Tradition, in der das *Du* die Anrede des intimen persönlichen Umfelds ist. Man duzt nach dieser Konvention Verwandte und gute Freunde und behandelt das Aushandeln und Anbieten des *Du* als Ritual. In allen anderen Fällen ist das

Sie zu verwenden, das Distanz, ein gewisses Maß an Respekt und das Nichtvorhandensein einer intimen Beziehung ausdrückt.

Die Kehrseite dieser ersten Konvention ist das *Du* der Geringschätzung. Unteroffiziere duzten die Soldaten, der Prinzipal den Ladenschwengel, die gnädige Frau ihre Minna. Dieses *Du*, das eigentlich ein vorenthaltenes *Sie* ist, setzt den Angesprochenen herab, ihm wird gesagt, daß er keinen Anspruch auf Respekt hat. Übertrieben deutlich macht das der Buchtitel *Ungeduscht, geduzt und ausgebuht* des Kleinkünstlers Max Goldt. Viele Deutsche diskriminieren so Ausländer: sie duzen, erwarten aber selbst die Sie-Anrede. *Du* und *Sie* sind hier asymmetrisch verteilt wie zwischen Erwachsenen und Kindern. Kinder lernen im Laufe des Spracherwerbs, daß *Du* samt den Verbformen der 2. Person Singular der Anredemodus für einzelne Personen ist, und sie werden spätestens im Einschulungsalter darauf gedrillt, daß man wenig oder gar nicht bekannte Erwachsene siezen muß, sogar die Lehrerin.

Das Siezen in Verbindung mit der Anrede mit dem Vornamen neutralisiert das asymmetrische *Du*. Diese Variante wird von der Herrschaft gegenüber dem Hauspersonal *(Erika, Sie können jetzt den Tisch abräumen)* und von Chefs gegenüber jüngeren weiblichen Angestellten verwendet *(Claudia, bringen Sie mal einen Kaffee rein)*. Als intimer kann eine Konvention gelten, die in bürgerlichen Familien üblich ist: Freunde und Freundinnen heranwachsender Kinder werden von deren Eltern etwa ab dem sog. Tanzstundenalter mit dem Vornamen und *Sie* angesprochen, z.B. *(Fräulein) Petra, möchten Sie noch ein Glas Bowle?* Diese ›Mischtechnik‹ ist vielfach auch an Schulen der Sekundarstufe II üblich. Auch in sog. Trendbetrieben, etwa Werbeagenturen oder großen Zeitungs- und Fernsehredaktionen, und in den Universitäten, z.B. zwischen Professoren und ihren studentischen Hilfskräften oder ihren Doktoranden, ist diese Konvention auf dem Vormarsch. Druckbelege finden sich in dem Roman *Der Campus* von Dietrich Schwanitz (1995, z.B. S. 64, 120, 171, 261).

Man nennt diese Variante »Hamburger Sie«, auch »hanseatisches Sie«. In dieser Stadt hat die Anrede mit dem Vornamen bei gleichzeitigem Siezen Tradition. Sie signalisiert mittlere Distanz: das »Sie drückt Respekt gegenüber dem anderen aus« (Peter Dittmar in der *Welt,* 19.11.1994, 6), der Vornamen signalisiert Vertrautheit. Nach dieser Konvention, die möglicherweise aus dem Englischen kommt, haben z.B. so unterschiedliche Leute wie Axel Springer und Rudolf Augstein miteinander verkehrt (Sp. 27/95, 74). In den *Tagesthemen* der ARD kommt es nicht selten vor, daß Ulrich Wickert oder Sabine Christiansen externe, zu Interviews zugeschaltete Journalisten hanseatisch siezen. So verfahren inzwischen auch fast alle Sportjournalisten: auch Größen wie die Herren Rehhagel, Beckenbauer oder Vogts werden in Interviews mit Otto, Franz und Berti angesprochen. Auch im Klatschjournalismus gibt es diese Tendenz; ein Artikel über die Schauspielerin Gudrun Landgrebe hatte die Überschrift: »Sind Sie konsequent, Gudrun?« (rtv, 28.3.95). Einen Niederschlag hat das »Hamburger Sie« auch in der Welt des Einzelhandels gefunden. Dort grassiert die Mode, kleine Ladengeschäfte und Dienstleistungsbetriebe mit dem Vornamen des Betreibers, einem falschen Apostroph vor dem Genitiv-s und der Nennung des Geschäftszwecks zu bezeichnen, z.B. *Monika's Lockenstübchen* oder *Alfred's Pilsbar.* Man kann das als Einladung mißverstehen, die Chefin mit *Frau Monika* oder den Wirt mit *(Herr) Alfred* anzusprechen, aber duzen sollte man sie nicht.

Die bayrische Antwort auf das »Hamburger Sie« ist das »Münchner Du« (es ist aber nicht nur in Bayern, sondern im ganzen Sprachgebiet beobachtet worden): man spricht sich z.B. unter Wochenmarktbeschickern oder Warenhausverkäuferinnen mit *Frau* und dem Nachnamen, sonst aber mit *Du* an (*Frau Huber, wann machst du Mittag?*). Es ist aber nicht sehr verbreitet.

Dann gibt es das Siezen in Verbindung mit der Anrede mit dem bloßen Nachnamen, das vor allem zwischen Personen verschiedenen sozialen Rangs und Alters vorkommt, etwa auf der Oberstufe des Gymnasiums, wo die Lehrer die Schüler zwar siezen, aber nicht unbedingt mit *Herr* bzw. *Fräulein* ansprechen, in der Armee, in Büros, z.B. *Müller, setzen Sie sich, Fünf!* oder *Schulze, ist die Post schon raus?* Der Angesprochene hat dagegen in seiner Antwort die korrekte Anrede zu verwenden. Das ist aber eine ziemlich grobe Variante.

Neben der ersten, der traditionellen bürgerlichen Konvention samt ihren Kehrseiten steht eine zweite Konvention, der egalitäre, progressive Absichten zugrundeliegen. Dieses »brüderliche« *du* ist das *du* unter jungen Leuten, unter Arbeitern und in der Landbevölkerung, das *du* der Gewerkschaften und der linken Parteien (wir schreiben es klein, um den Unterschied zum »bürgerlichen« *Du* zu markieren. Durch die Rechtschreibreform von 1996 wird diese Differenzierungsmöglichkeit leider abgeschafft. Es hat ein Situations-*du* hervorgebracht, das an den Theken deutscher Kneipen ähnlich schnell aufkommt wie unter Pauschalurlaubern, die zufällig dasselbe Feriendorf gebucht haben. Oft ist es ein temporäres *du*, das kassiert wird, wenn der Duzzwang der Situation nicht mehr existiert. Karl Sornig hat diese Konvention unter Skilehrern und ihren Kunden in Tirol beobachtet, er spricht von einem »anbiedernden Tourismus-Du« (1985: 187). Andere Autoren haben das Boutiquen-*du*, das Betroffenheits- oder Psycho-*du*, das *du* der Stallwärme, das *du* der Situationsbrüderschaft, das tyrannische *du*, das Schnorrer-*du* und das deutschdeutsche *du* (vgl. Kretzenbacher 1991, Amendt 1995, 64ff) beobachtet: hier wird das Terrain ziemlich unübersichtlich. In manchen Bundesländern gibt es Erlasse, die es den Lehrern an höheren Schulen verbieten, sich mit Oberstufenschülern auf das egalitäre *du* einzulassen. Gerhard Amendt (1994, 1995) beklagt detailliert sein Leiden an der Unmöglichkeit, sich in der zweiten Hälfte eines Professorenlebens mit Leuten zu duzen, die die eigenen Kinder sein könnten.

Der *Spiegel* (38/95, 51) berichtete, daß es dem Greenpeace-Geschäftsführer Thilo Bode besonders schwer gefallen sei, sich »dem [bei Greenpeace] obligatorischen Du zu beugen«. Ähnlich ist es Otto Schily bei den Grünen gegangen. Das ursprünglich ›brüderliche‹ *du* ist inzwischen oftmals bloß noch distanzlos und aufdringlich, es erinnert manchmal an Leute, die in Unterhemden und Radlerhosen zum Einkaufen gehen und das für eine demokratische Errungenschaft halten. Es ist aber vor allem ungezogen.

Die Reklame hat sich diesem Trend angehängt. Ehedem hat sie mit Imperativen gearbeitet (vgl. Kap. 9.3.), heute argumentiert sie eher konditional, z.B. *Wenn Du Geld brauchst – Sparkasse* oder *Pikkel? Normaderm hilft Dir* oder in Form von Warnungen, z.B. *Auch Sie wollen doch den ganzen Tag gut rasiert bleiben* (Palmolive-Rasiercreme). In den anfangs genannten Fällen haben wir es mit dem brüderlichen *du* zu tun, beim Pickel-Slogan oder bei *Der Himmel gehört Dir! Lufthansa EuroTwen Ticket* eher mit der Altersspezifik der angepeilten Kundschaft. Ruth Römer hat in den 60er Jahren 1000 Werbeslogans analysiert und festgestellt, daß knapp 10% davon eine direkte Anrede enthielten, von denen knapp 60% das *du*, der Rest das *Sie* verwendete (Römer 1976, 181). Dieses Verhältnis dürfte sich bis heute nicht erhalten haben; die *Sie*-Anrede der Beworbenen ist inzwischen wahrscheinlich häufiger geworden. Beispiele sind *ARD – Ihr Programm* und *Abschalten können Sie woanders. ZDF.*

Oft findet man seit einigen Jahren die Behauptung, der Anbieter bemühe sich persönlich um das Wohlbefinden jedes und jeder einzelnen Beworbenen. Er tut das mit der Formel *Für Sie*. Schon lange ist sie Titel einer Frauenzeitschrift, der mit einer Doppeldeutigkeit spielt, weil er in Großbuchstaben gesetzt ist: man kann ihn lesen als *Für Sie (persönlich)*, aber auch als *Für (die) Frauen*, wenn man *Sie* als Kollektivum liest. Ein anderes Beispiel dafür ist der Slogan *Endlich ein Gillette-Rasierer nur für Sie (Gillette Sensor for women)*. Verbreitet ist *Für Sie* auch in Kontexten, in denen der Beworbene sich eigentlich belästigt fühlt und ihm klargemacht werden soll, daß das zu seinem Besten ist, etwa an Baustellen, z.B. *Hier baut die Stadtsparkasse für Sie eine neue Schalterhalle.*

Auch Namen von Ladengeschäften und Produkten folgen der Entwicklung: *Ihr Brillenspezialist, Ihr Wolle-Treff, Ihr Platz.* Das Duzen ist, wie schon die Pickel-Losung zeigt, zielgruppenspezifischer geworden: *Du darfst* (kalorienarme Fertiggerichte) hieß früher umgangssprachlich *Friß die Hälfte, Nimm zwei* (Bonbons) soll Hemmungen abbauen, *Nogger Dir einen* (Eis am Stiel) klingt ziemlich obszön. Michael Clynes Behauptung (1995, 130), es werde in der deutschen Reklame grundsätzlich geduzt, ist jedenfalls falsch.

Eine dritte Konvention stellt das Duzen jenseits alltäglicher sozialer Verpflichtungen dar. Man kann es als das *universelle Du* bezeichnen. In der alten Form des protestantischen Vaterunsers heißt es »Unser Vater, der Du bist im Himmel, [...].« In Leichenreden wird der Verstorbene geduzt, ebenso manchmal der Gefeierte in Festansprachen: »Und so rufen wir Dir zu: ad multos annos!«. Sprichwörter, Aphorismen, Sentenzen und Regeln verwenden dieses *Du*: »Was Du nicht willst, daß man Dir tu, das füg auch keinem andern zu«. Auch Tiere und unbelebte Gegenstände werden geduzt. Das kommt beispielsweise bei Schiffstaufen vor (»[...] taufe ich Dich hiermit auf den Namen [...]«) oder dann, wenn Menschen mit Haustieren oder Kleincomputern streiten. Die Deutschen wünschten in ihrer Hymne bis 1918 dem Staatsoberhaupt »Heil Dir im Siegerkranz«, während sie 15 Jahre später ihren Führer mal korrekt siezten: »Heil dem Führer! Heil Ihnen!«, mal duzten: »Führer befiehl! Wir folgen Dir!«.

In den vergangenen 30 Jahren hat sich einiges verändert. In vielen Situationen ist es heute für Leute unter 40 schwierig zu entscheiden, ob das Duzen oder das Siezen angebracht ist. Man kann erleben, daß ein auf *du* eingestellter Gesprächspartner zusammenzuckt, wenn man ihn siezt – das *Sie* wird dann als kalt, arrogant oder ›bürgerlich‹ empfunden. Doch ein *du* kann man nicht einklagen, ein *Du* sowieso nicht. Auch das Umgekehrte passiert, und dann wird der Duz-Aggressor als distanzlos und ungehobelt wahrgenommen. Er seinerseits würde auf den Hinweis, man habe noch nie mit ihm Schweine gehütet, wahrscheinlich fassungslos und gekränkt reagieren. Anders als das *du* ist das *Sie* einklagbar, und zwar nach §185 StGB. Einen Polizisten zu duzen kann DM 1.200.- an Strafe kosten. In den Niederlanden wird Polizisten der Umgang mit ihren deutschen Kollegen beigebracht, um sie für die europäische Zusammenarbeit vorzubereiten. Eine wichtige Regel war: Bloß nicht gleich duzen! (Die Welt 28.1.1995, 10).

1979 schrieb Hermann Bausinger: »Was heute die Sache schwieriger macht, ist nicht so sehr die Einschränkung des Duzverbots als vielmehr die Ausweitung des Duzgebots« (S. 4), und diese Einschätzung trifft nach wie vor zu. Fast jeder wird gelegentlich erleben, daß bei der Vorstellung fremder Personen die du/Sie-Frage nicht geregelt wird und Unsicherheit über die richtige Lösung entsteht. Allerdings gibt es in der Regel viele pragmatische Hinweise, die einem die Entscheidung erleichtern, etwa die Sprechsituation, die Kleidung, Haartracht, Accessoires, Alter und Geschlecht des Gegenüber.

Es ist also mitunter schwierig zu entscheiden, ob *du* oder *Sie* die passende Anrede ist. Die Tendenz, unbekannte erwachsene Personen mit dem brüderlichen *du* statt dem höflichen *Sie* anzusprechen, hat jedenfalls zugenommen. Demoskopen sind 1974, 1980, 1984 und 1993 in Westdeutschland folgender Frage nachgegangen: »Die einen sagen, wenn sie neue Leute kennenlernen, ziemlich schnell [...] ›Du‹ zueinander. Bei anderen dauert es lange, bis sie zum ›Du‹ übergehen. Wie geht es Ihnen in dieser Hinsicht?« (Allensbacher Berichte, 2). Dabei kam heraus, daß die Zahl derer, die eher länger vom *Sie* zum *Du* (oder *du*) brauchen, von 41% auf 35% sank, während die Zahl der schnellen Duzer von 25% auf 34% stieg. Gravierende Unterschiede gab es in den verschiedenenen Altersgruppen: während (1993) die Jungen (zwischen 16 und 29) zu 59% lieber schnell duzten, sank diese Quote in der Altersgruppe bis 44 auf 40%, in der bis 59 auf 24% und bei den Alten über 60 auf ganze 14%. Auf dem Land und in weiten Bereichen der Industrie ist es seit jeher üblich, daß sich die Arbeiter bis etwa zur Ebene des Meisters bzw. die Bauern untereinander duzen. Auch in den Büros nimmt diese Tendenz deutlich zu; die erwähnte Umfrage ergab, daß 53% der Befragten (1993) alle oder die meisten und weitere 28% einen Teil der Arbeitskollegen duzten. In der SPD, bei den Grünen und in den Gewerkschaften ist das *du* die Norm.

Beide Konventionen gelten gleichzeitig und stehen in Konkurrenz zueinander. Es gilt, die beiden Systeme auseinanderzuhalten. Duzen sich Unverheiratete verschiedenen Geschlechts, so ist das kein Hinweis darauf, daß sie ein sehr freundschaftliches oder Liebesverhältnis miteinander haben. Das ›egalitäre‹ *du* indiziert das nicht. Siezen sich hingegen Studenten in der Warteschlange in der Mensa, ist das mindestens untypisch. Und auf keinem deutschen Fußballplatz wird man je den Zuruf hören »Spielen Sie auf Linksaußen!«.

Daneben gibt es einige weitere, nur in sehr eingeschränkten Bereichen geltende Konventionen, etwa den Kochbuch-Injunktiv (die man-Konstruktion im Konjunktiv), z.B. *man nehme einen Eßlöffel Salz* oder *man brate den Fisch kurz an.* Er findet sich auch in der Reklame: *Man nehme Dr. Oetker.* Beim Kutscher-Imperativ (vgl. MLS) werden Infinitive als Anredeformen verwendet, z.B. *Alles einsteigen!*

Türen schließen! Nicht auf den Rasen treten! Beim Krankenschwestern-Plural schließt die wir-Form den Sprecher bzw. die Sprecherin aus, z.B. *Wie geht es uns denn heute?* oder *Nun nehmen wir brav unsere Pillen.*

Es gibt im Deutschen keinen Anredekasus. Die übliche Anredeformen für Personen, deren Namen man kennt, sind *Frau* bzw. *Herr* und der Nachname; die Anrede *Fräulein* ist, wie erwähnt, sehr problematisch geworden und außer Gebrauch gekommen. Ihnen haben sich eine Reihe weniger förmliche Anredefloskeln zugesellt, die oft ein *du* nach sich ziehen. Anreden für unbekannte Personen wie frz. *Monsieur/Madame* oder ital. *Signore/Signora* haben wir im Deutschen nicht. Anreden wie *mein Herr* und *gnädiges Fräulein* sind formell und recht altertümlich.

Das Ansprechen fremder Personen mit einem Titel oder einer Berufsbezeichnung *(Herr Studienrat, Frau Doktor)* ist sehr formell (jedoch keineswegs ganz unüblich, wie Clyne (1995, 133) behauptet), oder sie ist an klar definierte Situationen gebunden *(Herr Ober, Frau Wirtin, Frollein).* Detlef Blanke (1985, 170) fragte sich: »Wie spricht man aber die servierende Angestellte in einer Gaststätte an? Frau Ober, Fräulein, junge (?) Frau (?), Kollegin, Frau Wirtin, Bedienung? Es gibt keine befriedigende Anrede.« Die üblichen Anreden dürften von der Form »Zwei Bier« und »Zahlen« sein. Ob die Lösung »Frau Ober« sich durchsetzen wird, die die *Gesellschaft für deutsche Sprache* vorgeschlagen hat, wird sich zeigen. Anreden wie *Werter Kraftfahrzeughalter*, die die Deutsche Volkspolizei auf Strafzetteln verwendete, dürften mit dem Staat, der dieses »kleinkapitalistische Kontor-Deutsch aus dem 19. Jh.« (Sp. 36/89, 36) konservierte, verschwunden sein.

Die Anrede mit *Herr/Frau/Fräulein* und dem Vornamen gibt es teilweise noch in Süddeutschland und Österreich. Auf dem Kassenzettel einer Bamberger Metzgerei fand sich (1995) der Aufdruck: »Vielen Dank. Fräulein Christine«. Helmut Qualtinger hat sich als *Herr Karl* ewigen Ruhm erworben. Auch *Herr Chef* ist ein ausgesprochener Austriazismus. Gemeindeutsch ist diese Konvention z.B. bei Briefkastentanten von Illustrierten: *Fragen Sie Frau Irene.*

Ausschließlich auf Kellner-Gast-Dialoge in besseren Lokalen und Begrüßungsrituale von Dienstboten der Oberklasse ist die Anrede mit *der Herr/die Dame* und der 3. Person Plural beim Verb beschränkt, z.B. *Haben der Herr/die Dame noch einen Wunsch?* Wie man Erzbischöfe, Comtessen, Generalleutnants und Freiinnen anspricht, kann man in dem liberalen und humorvollen Benimmbuch der Gräfin Schönfeld nachlesen (1991, 207 – 258).

In der Tradition der Arbeiterbewegung stehen die Anreden *Kollege/Kollegin* (vor allem unter Industriearbeitern und Gewerkschaftlern) und *Genosse/Genossin* (unter SPD- und PDS-Mitgliedern). Es soll Leute gegeben haben, die nur deshalb der SPD beigetreten sind, weil sie gerne einmal Helmut Schmidt duzen wollten. Mit »Fraktionsvorsitzender, sag doch mal!« hat sich Kanzler Kohl jüngst an Joschka Fischer gewandt, und das galt »als Beweis großer Wertschätzung«, wie der *Spiegel* erläuterte (46/95, 17), ist aber auch als pfälzisch-deutsch zu interpretieren.

Ziemlich saloppe Anreden sind *Alte/r, Kleine/r, Bruder-/Schwester(-herz), Sportsfreund, mein Lieber* u.a. Sie sind oft ironisch gemeint, ebenso die Sitte, Taxifahrer, Handwerker oder unbekannte Kneipengäste mit *Chef* oder *Meister* anzusprechen. In Geschäften, an Marktständen oder in Gaststätten kommt manchmal die Anrede *junge Frau/junger Mann* vor, die oft dem Lebensalter des bzw. der Angesprochenen nicht entspricht. Unverschämt ist es hingegen, ältere Leute mit *Oma, Muttchen, Ömmchen* oder *Opa* anzusprechen.

Vielfach werden Phraseologismen als Anredefloskeln verwendet (z. B. *Entschuldigen Sie bitte, [...], Hallo Sie da [...]!, Ej du, hasse mal ne Maak, Hör/Hörnse mal, [...]*), ebenso Grußausdrücke mit folgendem Fragesatz (z.B. *Guten Tag, wo geht es denn hier zum Bahnhof?, Mahlzeit, wo is'n der Chef?*). Oft kann man sich auch auf situativ angemessene Deklarativsätze oder Ausrufe beschränken (z.B. *Sie sitzen auf meinem Platz, Pfeif deinen Hund zurück!*), wobei man die *du/Sie*-Entscheidung treffen muß.

Schließlich gibt es eine Vielzahl regionaler Anrede- und Grußkonventionen, die nicht nur für Ausländer schlecht überschaubar sind. Ein Bayer wird ein freundliches *Mojn* als abendlichen Gruß merkwürdig finden, während ein Oldenburger wahrscheinlich *Grüß Gott* noch akzeptiert, aber bei *sali mitenand* oder *guets Nächdle* wohl zusammenzuckt und *habediääre* und *küssdiehand, serwas* und *pfüedi* für schlechte Scherze halten wird. Doch gibt es auch Austausch: Das nördliche *tschüss* wurde im Schwäbischen als *tschüssle* eingemeindet, und ital. *ciao* ist es ähnlich schlimm ergangen (*tschaole*).

Mit der Verschiebung der Domäne des *du* hat sich auch die Pragmatik des Siezens verschoben. Wo sich alles duzt, kann ein einzelner durch Siezen ausgeschlossen werden. Dem *du* des Wir-Gefühls entspricht ein *Sie* der Ausgrenzung, das unter Umständen feindselige Züge annehmen kann, etwa dann, wenn sich in einem Universitätsseminar oder einem VHS-Kurs alle Studenten untereinander und mit dem Dozenten duzen, aber einer oder ein paar Seminarteilnehmer von allen anderen gesiezt werden. Auch hier sind *du* und *Sie* asymmetrisch verteilt, aber nicht zwischen zwei Personen, sondern zwischen zwei Teilgruppen. Die Frage ist also nicht unbedingt, ob geduzt wird oder gesiezt, sondern es kommt darauf an, wie in einer bestimmten Gesprächssituation die Duz- und die Siez-Beziehungen geregelt sind und ob sie *einheitlich* entweder nach der ›bürgerlichen‹ oder nach der ›brüderlichen‹ Konvention interpretiert werden. Wenn jedoch nicht alle Beteiligten darin übereinstimmen, welche Konvention gerade gelten soll, kann es leicht zu Konflikten kommen.

Die Dinge sind im Fluß, das Vordringen des *du* ist unbestreitbar, aber das *Sie* hat ein stabiles Hinterland, und es hat neue Freunde bekommen, seit es seine Front zurückverlegen mußte. Der *Spiegel* (7/93, 243) brachte unter der Rubrik »Manieren« einen Artikel mit der Überschrift: »Verbale Krawatten. Sogar junge Leute kehren zum Sie zurück – eine neue Förmlichkeit bestimmt die Umgangsformen.« Dort ist die Rede vom neuen »verbalen Komment«, einer »aktuellen Sie-Sucht«. Das ist übertrieben, aber es markiert einen Trend.

9. Reklamesprache

Aufmerksamkeit zu erregen ist eine der ältesten Funktionen von Sprache. Der Schrei, die Herstellung eines Schalles durch einen belebten Organismus, hatte diese Funktion schon immer, und das Geschrei der Menschen hat sich in dieser Hinsicht seit Urzeiten nicht verändert. Die Reklame ist eine der häufigsten Ausdrucksformen dieser Funktion in modernen Zeiten. Die Sprachwissenschaft hat vor allem sprachliche Spezifika der Produktenwerbung zu ihrem Arbeitsgegenstand gemacht. Als Thema von germanistischen Examensarbeiten erfreuen sie sich höchster Beliebtheit.

Doch die Werbesprache ist nicht identisch mit der Reklamesprache. Hier soll nicht über Begriffe gestritten werden, und schon gar nicht wird eine allgemeine semiotische Theorie über Reklame, Werbung und Propaganda angestrebt. Ein schwarzes Posthorn auf gelbem Grund, ein spitzer dreizackiger Stern in einem Kreis, alles in Silber, ein gesticktes Bildchen eines kleinen grünen Krokodils auf einem Hemd, zwei Buchstaben an den Zapfsäulen einer Tankstelle, der Schriftzug auf der Brauseflasche mit dem dunkelbraunen Inhalt – all das und noch viel mehr sei Reklame. Definiert sei sie lediglich insoweit, als es sich um visuelle und akustische, manchmal sogar taktile und olfaktorische Reize handelt, denen wir ausgesetzt werden, damit wir etwas kaufen.

Tonfolgen dudeln aus Lautsprechern – und wir wissen, was gemeint ist. Geschulte Nasen erkennen ihre Frau am Eau de toilette bzw. ihren Mann am Rasierwasser. Nun wäre es doch zuviel verlangt, wenn dieses Buch auch noch klingen oder duften sollte; es beschränkt sich aufs Sprachliche, selbst wenn Krokodile, Sterne, Duft- und Kribbelwässer zur Debatte stehen. Um die Reklamesprache angemessen behandeln zu können, soll sie erst einmal ganz allgemein als *Sprache in der Öffentlichkeit* skizziert werden. An einem Beispiel, nämlich dem sehr auffälligen Wandel, den die Bezeichnungen von Ladengeschäften durchmachen, soll gezeigt werden, wie sich der allgemeine Sprachgebrauch unter dem Einfluß des kategorische Imperativs des Verkaufenmüssens verändert. Welche einschlägigen Neuheiten in der Sprache der Werbung zu finden sind und welche älteren Muster dort immer noch anzutreffen sind, das wird den zweiten Teil dieses Kapitels bilden.

9.1 Sprache in der Öffentlichkeit

Die *Sprache der Öffentlichkeit* ist etwas anderes als die *Sprache in der Öffentlichkeit.* Unter ersterem versteht man gemeinhin die sogenannte Mediensprache in Zeitungen und Zeitschriften, im Radio und im Fernsehen, außerdem die ›Sprache der Politiker‹ und ihrer Reden- und Verlautbarungsschreiber. *Sprache in der Öffentlichkeit* bezeichnet einen anderen Bereich öffentlichen Sprechens und mehr noch Schreibens und Druckens: Die akustische und graphische Annexion von Räumen, die als öffentlich gelten, durch Betreiber von Lautsprechersystemen, durch Werbeagenturen, Graphikhersteller und Schilderfabriken. Sprache in der Öffentlichkeit zeichnet sich dadurch aus, daß ihre Adressaten ihr nicht entgehen können, es sei denn, sie meiden den jeweils usurpierten öffentlichen Raum. Prospekte aus dem Hausbriefkasten kann man ungelesen in den Papierkorb werfen, Radios und Fernseher kann man abstellen, doch der Sprache in der Öffentlichkeit entgeht man nicht so leicht. Sie hat keinen bestimmten Adressaten, d.h. potentiell ist jeder ihr Adressat, und jeder wird ihr Adressat, ob er will oder nicht, sobald er sich in ihre Reichweite begibt. Sie hat natürlich Autoren, aber diese Autoren sind anonym, beliebig auswechselbar und für ihre Adressaten völlig uninteressant. Manchmal sind es hochbezahlte Spezialisten, die Texte entwerfen, Namen erfinden oder Graphiken gestalten. In vielen Großbetrieben gibt es Fachleute, die mit dem verbalen und visuellen Marketing ihr Geld verdienen, ebenso mit dem Erfinden von Produktnamen. In Frankfurt am Main gibt es eine Firma, deren Geschäftszweck das Ausdenken von Namen für Produkte und Firmen ist (vgl. Gotta et al. 1988); einschließlich der rechtlichen Absicherung ihrer Produkte kostet das pro Fall DM 30.000.- aufwärts. Aber in der Regel sind es Durchschnittsangestellte, zu deren Job es gehört, das Mikrophon zu bedienen oder ein Plakat zu pinseln. Die Werbebranche ernährte in Deutschland Anfang der 90er Jahre 400 000 Menschen, setzte 44 Milliarden DM um (Sp. 52/92, 116) und ist dabei, »zur fünften Gewalt im Staate« (ebd. 112) zu werden.

Die gesprochene Form der Sprache in der Öffentlichkeit dürfte – technisch verstärkt und anonymisiert – zuerst als Lautsprecherdurchsage auf Bahnhöfen aufgetreten sein. Ihre Vorläufer waren Amtsbüttel, Ausrufer, Marktschreier und Volksredner. Auch ihre geschriebene Form hat alte Traditionen: amtliche Bekanntmachungen, Preislisten, Mitteilungen von öffentlichem Interesse aller Art, aber auch Grabinschriften, Hausinschriften oder Hinweisschilder. Die gesprochene Form findet sich gegenwärtig vorwiegend in Verbindung bzw. alternierend mit Musikbeschallung vor, die geschriebene Form in Verbindung mit Reklamebildern. Vor 30 Jahren konnte Siegfried Grosse noch zu Recht schreiben: »Die Sprache der Werbung ist an das Papier gebunden: Sie hat keine Sprechwirklichkeit. In einem umso krasseren Gegensatz dazu stehen ihre weite Verbreitung und ihr Einflußvermögen« (1966, 92). Das hat sich gründlich geändert. In Supermärkten, Einkaufszentren und Ladenpassagen empfängt den Kunden beim Eintritt ein flächendeckendes akustisches Dauerprogramm. Verkaufspsychologen ermitteln optimale Mischungsverhältnisse für Musik- und Wortanteile. Die Produktion von Musiktiteln für Zwecke der Verkaufsförderung ernährt eine ganze Spezialbranche. Die akustische Dauerstimulation wird vom einkaufenden Publikum jedoch nicht immer als wohltuend empfunden, und in Einzelfällen wehrt es sich. Im Dezember 1988 erreichte eine (kirchliche) Gruppe, daß in sämtlichen Warenhäusern, Supermärkten und Läden der Stadt Bayreuth während der Adventszeit die Lautsprecheranlagen abgestellt wurden. Die Kundschaft habe keine Entzugserscheinungen gezeigt, »viele Verkäuferinnen [seien] überglücklich [gewesen], daß sie nicht mehr täglich acht Stunden Weihnachtslieder anhören [mußten]« (SZ 3.12.88, 22), und sogar den lokalen Christkindlesmarkt habe man von »plärrender Weihnachtsmusik« freibekommen (ebd.). Leider hat das Beispiel keine Schule gemacht.

Auf Bahnhöfen und in Flughäfen, in Schnellzügen und Flugzeugen (wo es dann kein Entrinnen gibt) überwiegt der Mitteilungscharakter der Lautsprecherdurchsagen, aber auch dort gibt es Reklameansagen und Musikübertragungen. In Intercity-Zügen teilt einem die Zugleitung nicht nur mit, wie der ›Zugchef‹ heißt und wieviel Verspätung man gegenwärtig hat, sondern lädt auch ins Zugrestaurant, wo einen ein Mitropa-Team, »ganz im echten Bistro-Look gekleidet«, schon erwartet. Gelegentlich finden sich auch festinstallierte Monitoren auf Bahnsteigen, selbst in der U-Bahn, in denen die wartenden Bahnkunden Lokalprogramme mit viel Werbung zwischendurch ansehen können. In Fußballstadien bekommt man nicht nur die Halbzeitresultate der anderen Spiele durchgesagt, sondern erfährt auch, welche Firma den Ball für das Vorspiel der A-Jugend gestiftet hat. Gegen die Reklamebarbarei der privaten Fernsehsender sind das allerdings Kleinigkeiten.

Über die geschriebene Form der Sprache in der Öffentlichkeit braucht nicht viel gesagt zu werden. Reklameschilder und -tafeln sind allgegenwärtig, unsere Straßen scheinen manchmal Schneisen zu sein, die man durch einen dichten Schilderwald geschlagen hat. Auf Bahnhöfen, in Flughäfen und in den Foyers der großen Verwaltungsgebäude sind riesige Schildergalerien gewuchert. Nur nebenbei sei erwähnt, daß sich in diesem Kontext in den letzten zwanzig Jahren ein Schriftsprachensurrogat entwickelt hat, eine Piktographie, deren Kernbereich heutzutage wohl jedes Schulkind beherrscht, ohne sie gelehrt bekommen zu haben.

Oben wurde gesagt, daß unsere Städte zugepflastert würden mit Sprachprodukten der genannten Art, daß gesprochen und mehr noch geschrieben und gedruckt werde, ohne daß das Publikum, auf das abgezielt wird, sein Interesse daran geäußert hätte. Das ist nicht ganz präzise: Geschrieben wird allenfalls im Stadium der Entwürfe, und dann wird nicht nur gedruckt, sondern gestanzt, gespritzt, gewebt und nach Schablonen geschnitten, es werden Neonröhren zu Schriftzügen gebogen, es werden beschriftete Folien und Aufkleber verpappt. Wir sind nicht nur von Schildern, Plakaten, Leuchtreklamen usw. umgeben, sondern werden mit jeder Plastiktüte, die wir im Supermarkt mitnehmen, für den Nachhauseweg selbst zum Werbeträger. Man denke an die Inflation der Aufkleber, die deutsche Heckscheiben zieren und daran, daß es vielen Ausweis modischen Bewußtseins geworden ist, den Schriftzug der Firma, deren Hemd oder Jacke man trägt, auf der eigenen Brust oder in Taillenhöhe dem Gegenüber gut lesbar zu präsentieren (was wiederum der Schattenindustrie der Fälschungen von Markenzeichen ihre Existenz verschafft hat). Selbst auf Badehosen, Handtaschen oder Turnschuhen kann man mit den richtigen Schriftzügen (Logos) Geschmack demonstrieren bzw. mit seinem Geldbeutel protzen.

Die Sprache in der Öffentlichkeit wird – für ihren Rezipienten – anonym produziert, und sie wird – für ihre Produzenten – ebenso anonym rezipiert. Das Rezipieren geschieht unter optischem oder akustischem Zwang. Der Gradmesser für den Erfolg dieser Form der Kommunikation sind in der Regel dürre Umsatzzahlen. Möglicherweise als Reflex darauf haben sich in verschiedenen Bereichen Tendenzen entwickelt, das öffentliche Sprechen und Schreiben insofern zu individualisieren, als gleichartige Einrichtungen sich mit einer Vielzahl verschiedener Benennungen bezeichnen. Namen sind zu Werbeträgern geworden.

Es gibt, beispielsweise, eine Palette traditioneller Gaststättennamen. Sie weist dialektale und historische Varianten auf, aber insgesamt ist sie überschaubar und konventionell. Jeder weiß, daß ein *Badischer Hof* kein landwirtschaftlicher Betrieb, ein *Schwarzer Adler* oder ein *Goldener Ochsen* keine Tierhandlungen und *Ratskeller* keine Warenlager sind. Herkömmliche Gaststättennamen sind vor allem Tiernamen, oft mit einem Adjektiv und der Präposition *zum/zur* verbunden, Komposita mit *-haus-*, *-hof*, *-keller* oder *-stube(n)* als zweitem Glied, religiöse Namen *(Zum Engel, Hubertusklause)* oder einfach eine Verbindung des Familiennamens des Wirts mit einem Ausdruck für Gaststätte *(Hagenkötters Gasthaus, Waldcafe Pfleiderer, Gaststätte Plümecke).* Seit etwa zwanzig Jahren vollzieht sich einerseits eine Internationalisierung der Gaststättennamen, die sachlich mit der (in Kapitel 7) angesprochenen Verbreitung der südeuropäischen Küchenkulturen zusammenhängt, andererseits eine Individualisierung, von der zumindest soviel gesagt werden kann, daß der Name oft nicht erkennen läßt, daß er eine Kneipe bezeichnet. Das muß man gesagt bekommen bzw. sich zusätzlich merken. Das hängt mit einem Generationswechsel beim Kneipenpublikum zusammen und damit, daß viele Gaststätten sich heute zielgruppenorientiert einrichten, aufmachen und eben auch benennen. Feministische Kneipen mit off-limits-Bestimmungen für männliche Besucher heißen z.B. *Lilith* oder *Mother Jones.* Ökologisch engagierte Gäste werden im *Immergrün* oder in der *Mutter Erde*, Friedensfreunde in der *Taube*, Schwule im *Rosa Winkel* und Cineasten in *Ricks Cafe* verkehren. Das breite jugendliche Publikum zwischen 15 und allmählich auch schon über 50 Jahren, auf das ein vifer Wirt bei der Namensgebung achten muß, steht einem breiteren, weniger gruppenspezifischen Angebot an originellen und originellsten Kneipennamen gegenüber. Die folgenden Beispiele stammen aus den Telefonbüchern einer norddeutschen Provinz- und einer süddeutschen Großstadt:

Club Baou Baou, Crazy Alm, Cuckoos Nest, Cyclus, Delice Vinothek, Ebony, Exil, Feuilleton, Fiaker, Flying 60, Grand Filou, Hemingway, Incontro, Isle of Man, Journal, Krokodil, La Boheme, Lollipop, Lotterleben, LOU-BA, Madeleine, Marabou, Merlin, Mic-Mac, No name, Oblomow, Pantry, Papillon, Pasha, Pendel, petit, Pink Piano, Safe Bistro, Sakristei, Schluck und Schütt, Servus, Sherlock, Sphinx, Spinne, Tatort, Tex-Mex.

Das zu verkaufende Produkt bzw. die angebotene Dienstleistung sollen durch ihre Benennung als individuell, originell und damit erstrebenswert dargestellt werden, und die gesamte Werbebranche lebt davon, immer noch Individuelleres und Originelleres zu erfinden, denn die Veraltensgeschwindigkeit ist hoch, und die Rückbesinnung aufs Deutsche geht manchmal gewaltig daneben (Abb. 6).

Neueröffnung einer
deutschen Gaststätte
California-
Dream
vorher Null-Bock
Wilhelm-Raabe-Straße 7B
Herzlich willkommen
bei deutscher Musik

Aus dem „Delmenhorster Kreisblatt"

Abb. 6

9.2 Ladennamen

An Bezeichnungen für Läden soll nun gezeigt werden, wie sich Umfang und Struktur des Wortfeldes *Laden, Verkaufsstelle* in den letzten Jahren verändert haben. Der Preis für die vielfach nur beabsichtigte Originalität und Modernität ist manchmal ein Verlust an Orientierung, denn gelegentlich sind Kontextinformationen oder explizite Erläuterungen notwendig, damit eine Benennung als Ladennamen identifizierbar wird. Das Denotat *Laden,* also: öffentlich zugängliche Verkaufsstelle für Waren und Dienstleistungen, hat ein ganzes Feld neuer Benennungen um sich eröffnet. Die traditionellen Bezeichnungen für Läden sind eben *Laden, Geschäft, Handlung* und Komposita davon (*Gemüseladen, Schuhgeschäft, Tierhandlung*); Bezeichnungen wie *Markt, Kontor, Vertrieb* und weitere Ausdrücke haben spezielle Bedeutungsbeschränkungen, die sich auf die Rechtsform des Verkaufsgeschäfts beziehen. Traditionell sind Ladenbezeichnungen im Deutschen Nominalgruppen aus dem Familiennamen des Eigentümers und einer Bezeichnung des Handelsgegenstands *(Bäkkerei Straub, Metzgerei Wörner, Fritz Nestle sel. Wwe. – Kolonialwaren und Landesprodukte, Marie Wasner – Lebensmittel)* oder einem Kompositum, das einen Ausdruck für Laden enthält *(Textilhaus Fischer, Schuhgeschäft Widmann).* So ist es auch gegenwärtig noch, aber diese Formen scheinen zu veralten.

Der Ausdruck *Laden* ist seinerseits gewissen Bedeutungsverschiebungen ausgesetzt gewesen. In zwei wichtigen Wörterbüchern findet man unter *Laden* folgende Erläuterungen: »1. Einzelhandelsgeschäft, Geschäft 2. Sache, Angelegenheit, Unternehmung« (DUW 1983), »(kleines) Geschäft« (HDG 1984). Mit diesen Erklärungen lassen sich für Ausdrücke wie *Buchladen, Gemüseladen, Lisa's Brotladen* oder *Musikladen* befriedigende Interpretationen finden, aber nicht für *Babyladen, Bioladen, Frauenladen, Friedensladen, Juso-Laden, Kinderladen, Kirchenladen* oder *Kulturladen*. Der Ausdruck *Hosenladen* bezeichnet in Ulm und Tübingen Fachgeschäfte für Beinkleider, hat aber eine störende Nebenbedeutung. In der DDR war der Ausdruck *Industrieladen* für Einrichtungen verbreitet, die in der BRD *Fabrikladen* hießen. *Laden* bezeichnet heute eben vielfach Räume oder Gebäudeteile, in denen Beratungen, Freizeitvergnügungen und Dienstleistungen angeboten werden, weiterhin Geschäftsstellen von Organisationen, die sich dem progressiven Spektrum zurechnen. Das Wortfeld, das die vielen Benennungen für *Laden* heute ausmacht, rekrutiert sich aus verschiedenen Bereichen. Viele dieser neuen Bezeichnungen sind in den aktuellen Wörterbüchern nicht als Ladennamen erfaßt. Im folgenden wird eine Übersicht über dieses Wortfeld gegeben. Für jeden Teilbereich werden einige Beispiele genannt. Alle Beispiele in diesem Kapitel sind belegt, die meisten haben wir selber gesammelt. Wir beschränken uns bei den Nachweisen auf solche Fälle, die anderen Quellen entnommen sind oder solche, die besonders unwahrscheinlich klingen.

Die erste Gruppe von Bezeichnungen sind Bedeutungserweiterungen und -modifikationen von Ausdrücken, die Räume in einem Gebäude oder ein Gebäude bezeichnen und eine klar eingegrenzte Grundbedeutung haben, die mit Handelsgeschäften keine Berührung hat. Im einzelnen sind das:

1. Ausdrücke für Gebäude: *Depot, Haus, Institut, Kate, Klinik, Scheune, Schule, Stadel, Station*,
2. Bezeichnungen für Gebäudeteile: *Ecke, Etage, Galerie, Passage, Rampe*,
3. Bezeichnungen für Räume in einem Gebäude: *Atelier, Bar, Salon, Stube/Stübchen, Studio, Tenne*,
4. Gebäude oder Gebäudeteile: *Halle, Club/Klub, Pavillon.*

zu 1.: Fliesendepot, Weindepot; Aussteuerhaus, Servicehaus; Hörgeräte-Akustik-Institut, Institut für Schädlingsbekämpfung (Kammerjäger, Stuttgart); Wollkate, Brotkate; Bekleidungsklinik (Kunststopferei), Porzellan-Klinik, Puppenklinik; Fell-Scheune (Laden für Autositzbezüge), Kamin- und Fliesen-Scheune; Car Driver Schule, Schwimmschule; Brotstadel, Dirndlstadel; Brathendlstation, Gyrosstation Thermopyle, Sun-Fun-Station (Solarium), Miet-Station (Autoverleihfirma).

zu 2.: Bonsai-Ecke, Brigitte's Jeans-Ecke; Briefmarken-Etage, Schmuck Etage; Design Galerie; Galleria Alta Moda, Bücherpassage, Briefmarkenpassage; Rudis Reste Rampe.

zu 3.: Blütenatelier (Blumenladen), TPM Figuratelier (Schönheitsfachgeschäft); Absatzbar (Schusterecke in Kaufhäusern), Käsebar; Biersalon, Waschsalon; Kinderbrillenstübchen »Martinchen«, Lockenstübchen; Atemstudio (Atemtherapie), Laser Litho Scanner Studio, Biosthetik-Haar-und-Haut-Studio, Zweithaar-Fachstudio; Küchentenne, Kachelofentenne.

zu 4.: Spiel & Fun Halle, Tapetenhalle; Sauna-Club Adonis, Nautic Club (Seglerbedarf); Blumenpavillon, Restepavillon.

Ausdrücke, die größere Flächen- und Raumeinheiten als Einzelgebäude bezeichnen, kommen vor allem als Bezeichnungen für größere Ladengeschäfte *(City, Hof, Insel, Land, Markt, Paradies, Park, Ranch, Stützpunkt, Welt)* oder mit speziellen Bedeutungseinschränkungen vor *(Farm)*. Beispiele:

Hosencity, Musik-City, Holiday-Kegelcity; Fliesenhof, Restehof, Käsehof; Blumen-Insel, Wäsche-Insel; Freizeitland (Vergnügungsgelände), Opticland, Sauberland (Wäscherei); Aktiv-Markt (Lebensmittel), Auspuffmarkt, Baby-Fachmarkt; Baby- und Kinderparadies (Bekleidung), Rasenmäher-Motorsägen-Paradies, Bratwurstparadies, Pflegeparadies (Reinigung); Miet-Park (Bau-, Wohn-, Wasch- und Toilettenwagen), self clean park (Autowaschanlage); Teppichbodenranch, Lederranch; Getränkestützpunkt; Spielzeugwelt, ARO Teppich-Welt, Welt des Wohnens.

Daß sich Unternehmen, die ihr Geld mit der Pflege der weiblichen Schönheit verdienen, mit einem auf Landwirtschaftliches festgelegten Ausdruck bezeichnen *(Beauty-Farm, Tages-Schönheitsfarm)*, ist bemerkenswert; die Assoziation zu Hühner-, Gänse-, und Fischfarmen ist sicher nicht erwünscht. Weitere Fundstücke sind: *Grill-Farm* und *Hamburger Farm* (Imbißbuden).

Vor allem kleine Läden und Läden, deren Handelsgegenstände nicht viel Platz benötigen, tragen Bezeichnungen für Behältnisse verschiedener Art, die man als Metaphern für umschlossene Räume verstehen kann *(Kiepe, Kiste, Korb, Schatulle, Truhe, Vitrine)*. Beispiele:

Wollkiepe, Brotkiepe; Jutta's Blumenkiste, Möbel-Kiste, Wollkiste; Wollkörbchen, Geschenkekörbchen; Schmuckschatulle; Kindertruhe (Bekleidung), Die Neue Truhe Moden, Woll- und Wäschetruhe; Nylonvitrine (Damenstrümpfe), Woll-Vitrine.

Sehr beliebt sind Ausdrücke, die in verschiedenen Fremdsprachen *Laden* bedeuten *(Basar, Boutique, Discount/Diskont, (Drug)store, Magazin/Magasin, Shop)*. Beispiele:

Beauty-Basar, Wurst-Basar; Blühtique (Lierow/Maletzke 1986, 57), Second-Hand-Boutique (Trödelladen), Sex-Boutique; Army-Discount, Grabmal-Discount (Lierow/Maletzke 1986, 71), Marken-Diskonter (Supermärkte der plus-Kette), Berolina Sarg-Discount; Souvenir Store; Grand Magasin, Büchermagazin; Bargeld-Shop (Geldverleih), Frischbrot-Shop, Gebraucht-Teile-Shop (Schrotthändler), Intim-Shop (Suchbegriff im Branchenverzeichnis in den »Gelben Seiten«).

Vor allem im Dienstleistungsbereich kommen Ausdrücke, die persönliche Verhältnisse oder Fähigkeiten bezeichnen, als Ladennamen vor *(Doktor, Experte, Partner, Profi, Spezialist, Team).* Beispiele:

Fernsehdoktor, badewannen-doktor (Reparaturwerkstatt); ALBI – Ihr Saftexperte, Teppichbodenexperte; Ansprechpartner, Krisenpartner, Hair Partners (Friseur), Sicherheitspartner (Alarmanlagen oder Versicherungsvertreter); Beleuchtungsprofi, Küchenprofi, Seniorenmöbel Profi; Billigflug- und Reisespezialist, Brillenspezialist; Fahrschul-Team, Copy Team.

Auf die Kaufhandlung oder die angebotene Dienstleistung selbst referieren Ladennamen wie *-dienst, -kauf, -service.* Beispiele:

Eros-Abschleppdienst (Autoverwertung), Bestattungsdienst, Umweltdienst (Müllabfuhr); Finanzkauf, Neukauf, Topkauf; Putzteufel Reinigungsservice, Happy day Brautservice (Brautkleider), Hausmeister-Service (Hausmeisterverleihfirma), Umweltservice (Aktenvernichtung).

Auf Institutionen, Vereinigungen, öffentliche Einrichtungen und »soziale Örter« referieren Zusammensetzungen und Wortgruppen mit Elementen wie *-anstalt, -hansa, -institut, -hilfe, -point, -treff:*

Bestattungsanstalt »Pietät«, Druckanstalt; Lufthansa, Autohansa; Trauerhilfe (Bestattungen), Krisenhilfe (Versicherung); Bestattungsinstitut Heimkehr, Institut für Schädlingsbekämpfung (Kammerjäger); Mode Point, HiFiPoint, City-Wash und Proper Point (Reinigung); Küchentreff, Singletreff, Treff-Point.

Eine besondere Gruppe sind die inflationär auftretenden Zusammensetzungen mit *Center* und *Centrum/Zentrum. Centrum* ist die prestigeträchtigere Schreibweise, die der *Duden* zwar nicht zuläßt, manche Stadtverwaltungen aber dennoch verwenden, um einem unangenehmen Problem zu entgehen, denn ein *Congress Centrum* ist in der abgekürzten Form einem *Kongreß-Zentrum* bei weitem vorzuziehen. Nicht alle *Centers, Zentren* und *Centren* verkaufen etwas – im *Kirchencenter* findet Gemeindearbeit statt, und ein *Seniorencenter* ist ein Altersheim. Beispiele:

Abflußzentrale (Klempnerei), Car Color Center (Autolacke), Fell-Zentrale (Auto-Sitzbezüge), Freizeitzentrum Muskelkater, Gourmet-Center, Mietcenter (Autoverleih), Mundcenter (Zahnputzzubehör), Self-Wasch[!]-Center

Münzstudio, Sperrholz-Center (Bastelladen), touristic center, Zweiradcenter (Fahrradladen).

Nicht in die vorgeschlagenen Rubriken einordnen lassen sich Zusammensetzungen mit *Palette (Medien-Palette* (Lesezirkel), *Briefmarkenpalette, Blumenpalette)* und *Quelle (Getränkequelle, Restequelle).*

Stark verbreitet sind vielerlei englische, italienische und französische Ausdrücke und Eigennamen, die in irgendeiner Weise das zum Verkauf stehende Produkt bezeichnen oder assoziativ darauf verweisen. Eine sinnvolle Systematisierung ist nicht möglich. Beispiele:

Gabriella (Dessous), modernfold (Harmonikatüren), picobello (Kehrmaschinen), Quattro-insider, Bijou Bla-Bla, Casanova & Miss B., High & Mighty Outsize Manshop (Bekleidungsgeschäfte).

Auch einige Ableitungen mittels Suffix bzw. Konfix (vgl. Fleischer/Barz 1995) sind zu nennen, namentlich Bildungen mit *-in, -(o)thek* und *-(o)drom* als zweitem Glied (die auch Sachbezeichnungen sein können: eine *Quartz-Infothek* ist eine Armbanduhr) sowie Ableitungen auf *-erie* und *-eria*:

Chic-in (Kleidergeschäft), Mot-in (Motorradwerkstatt), Sleep-in (Betten), Informationszentrale Smoke-in (Zigaretten- und Lottoladen); Computhek (Computerladen), Vinothek (Weinhändler), Kleenothek (Textilreinigung), Spielothek, Flippothek, Fortunathek (Spielhöllen), Ludothek (Spielzeugausleihe in der Schweiz); Aquadrom (Schwimmhalle), Spielodrom (Daddelhalle); Kondomerie, Glaserie; Spaghetteria, Vineria.

Die »Überfremdung« des Wortfelds *Laden* durch Anglizismen hat Kritik hervorgerufen. 1984 beschloß der Stadtrat von Füssen im Allgäu, »fremdsprachige Werbeschriften wie z.B. *Shop*, *Store* und *Truck*« für unzulässig zu erklären und bei Verstößen Geldbußen bis zu DM 100.000.- zu verhängen« (FAZ 25.7.86, 21). Zwar wurde diese Regelung zwei Jahre später vom Verwaltungsgericht wieder aufgehoben, aber in der Urteilsbegründung wurde festgestellt, daß solche Verbote unter bestimmten Umständen durchaus zulässig sein könnten: »In extremen Fällen kann daher auch der sprachliche Gehalt von Werbeanlagen, insbesondere eine Häufung fremdsprachlicher Bezeichnungen, den Charakter des Ortsbildes so beeinflussen, daß dies auch baurechtliche Relevanz bekommt und eine Reglementierung geboten sein kann« (ebd.).

Bemühungen um sprachliche Individualisierung und Originalität haben ihrerseits uniformierende Folgen und sind oft nur noch Anbiederei an einen sprachlichen Zeitgeist. Nicht zufällig scheint es wieder in Mode zu kommen, Verkaufsstellen für ausgefallene oder alternative Waren und Dienstleistungen ausgesprochen altväterlich zu benennen *(Kaufhaus Schrill, Maiers Kaufladen, Alfreds Frisörladen).* Besonders erfinderisch – und damit auch besonders risikofreudig, was das Sprachliche angeht – sind bei der Benennung von Läden einige Branchen, die Güter und Dienstleistungen im Bereich von Schönheitspflege, Kleinkindbedarf und Wollwaren anbieten. In diesen Bereichen haben wir folgende Sprachschöpfungen gefunden:

- für Kosmetikutensilien und kosmetische Behandlungen: Beauty Line, Beverly Hills Schlankheitsinstitut, Biotronic Institut für apparative Ganzheitskosmetik, Cosmetic Parlor, Hollywood Nail & Cosmetic Studio, Linique Cosmetics, Sheriff's Black Cosmetic, Spinnrad – Kosmetik zum Selbermachen.
- für Friseursalons: Barbier Benny, »Lino« Beautyform, Bellezza, Biosthetique – Haarpflege, Cas'accente International Hairdressing, Le cheveu, Coiffeur actuel, Coiffeur-Team, Creativ-Hair, Creativ Coiffeur, Fanatic Cut, Figaros Locke, Inge's Frisierstube, Die Frisur, Frisurenkiste, Das Frisuren-Team, Haar-Galerie, Haarstudio, Haarformer, Haarforum, Haarkunststudio, Haarlekin, Der Haarmeister, Haarmoden, Haarstyling Studio, Hair GmbH, Haircutters, Hairdesign, City-Hairdresser, Hair Gallery, Hair-Inn, Hairstylist, Hairpartners, Hairpoint, Hairport, Hair-Station, Hair Team, Heads, Intercoiffure, Joy of Hair, Kamm und Schere, Kojak, Lockenstübchen, Lui e Lei Stilista, Modern Heads, Puncto Haar, Thea's Lockenstüble, Natural Hair Shop, Peluqueria, La tete, Tiffany.
- für Kinderbekleidung und Spielwaren: Babywelt, Baby Shop Duda für's Baby u. Kind, Die kleine Hose, Die Maus, Grünschnabel, Haus Babyglück, impidimpi, Kinderinsel, Kinderland, Kinderparadies, Kinderstube, Kinderzimmer, Knöpfchen, Kuschelbär, les enfants, Lollipop, Mini und Maxi, Teddybär, Ullala Kinderschuhe, Villa Kunterbunt.

Besonders herzig geht es im Handel mit Wolle en detail zu. Bei *Frau Wolle* und im *Woll-Traum* gibt es vermutlich märchenhafte Auswahlen in traumhaften Qualitäten, und bei Namen wie *Woll-Körbchen, Strickkörbchen, Wollkörble, Wollecke* und *Wollknäuel* hört man die Kätzchen schnurren. *Le petit mouton* scheint ein Fachgeschäft für kleine Schafe zu sein, und in der *Wollkate* bedient der Schäfer persönlich, während seine Heidschnucken auf der *Augenweide* oder im *Woll-Land* grasen. Scharfe Sachen gibts offenbar bei der Fa. *Woll-Lust.* Sachlicher und schon altmodisch sind dagegen *Die Masche, Die Wolle, La Lana, Strickliesel* und *Die Stricknadel.*

Direkt angesprochen wird der Käufer in Namen wie *Ihr Brillen-Spezialist, Ihr Wolle Treff, Ihr Platz* (Drogerie). Auch Reimbildungen werden als Ladennamen verwendet, etwa in *Kanapee Sitzidee* (Möbelgeschäft) und *Ruck-Zuck-Druck Buck.* Zur Schreibweise kann man sagen, daß sich alles findet, was möglich ist: Zusammen-, Bindestrich- und Getrenntschreibungen, auch problematische *(Schmuck*

Etage, Pommes Schmiede), englische und französische Schreibweisen und Mischungen zwischen Schreibweisen verschiedener Sprachen *(Diskount, touristik partner, Collektion)*. Bei Genitivattributen ist die (bis 1996) normwidrige Apostrophschreibung zur Norm geworden *(Lisa's Lockenstübchen, Lothar's Krawattenstudio)*.

9.3 Werbesprache

Das Thema »Sprache in der Werbung« ist mit dem Buch von Ruth Römer *Die Sprache der Anzeigenwerbung*, zuerst erschienen 1968, zu einem anerkannten Gegenstand der Sprachwissenschaft geworden. Zwei Jahre danach brachten Jochen Möckelmann und Sönke Zander die Studie *Form und Funktion der Werbeslogans* auf den Markt. Diese »Untersuchung der Sprache und werbepsychologischen Methoden in den Slogans« lehnt sich in der Definition ihres Gegenstandes eng an Römer an, beschränkt sich dabei aber auf einen Teilbereich der sprachlichen Mittel in der Werbung, eben den Slogan. Die Autoren begnügen sich mit der Analyse dieser sprachlich relativ selbständigen Einheit, weil sie damit einer grundsätzlichen Schwierigkeit aus dem Wege gehen: Werbung bedient sich ja nicht nur sprachlicher Mittel, sie ist eng mit visuellen Ausdrucksmöglichkeiten verknüpft, oft auch mit akustischen. Spätestens seit der Rezeption der Arbeit von Umberto Eco (1972) ist die Erkenntnis vom Zeichencharakter der gesamten Werbebotschaft, von der Einheit von Bild, Wort (und gegebenenfalls Ton) auch in der Germanistik akzeptiert. Deshalb kann sich auch eine sprachwissenschaftliche Analyse nicht mehr völlig auf die sprachlichen Charakteristika von Werbung beschränken. Das ökonomische Umfeld, die Medien, die Absicht und die Wirkung von Reklame sind Teil des Werbeprozesses, sie können nicht isoliert und beiseite geschoben werden. Vance Packards soziologische Studie aus den fünfziger Jahren *The Hidden Persuaders*, deutsch *Die geheimen Verführer*, hat ihre Spuren auch in der Germanistik hinterlassen. Packard hat in seiner Aufsehen erregenden Arbeit den tiefenpsychologischen Aspekt, die »Verführung« durch die Werbemacher heftig angeklagt. Die äußerst kritische Einstellung gegenüber der Werbesprache, die Germanisten gerade als Deutschlehrer in den siebziger Jahren an den Tag legten, hat Packard zu einem guten Teil mitbedingt (vgl. dazu Heller 1972, Becker/Lott/Schwarz 1974). Das Wort »Manipulation« wird seither sehr oft in einen Zusammenhang mit Werbung gebracht (z.B. Menge 1973). Die sprachwissenschaftlichen Arbeiten zur Sprache in der Werbung sind sozialwissenschaftlichen Aspekten gegenüber aufgeschlossener geworden. Franz Januschek (1976) untersuchte Funktion, Wirkung und Rezeptionsbedingungen von Werbesprache, Dieter Flader (1974) behandelte die psychologische Dimension von Werbestrategien, Andrea Hemmi (1994) befaßte sich mit Phraseologismen in der Werbung, Stephanie Bohmann behandelt »Englische Elemente im Gegenwartsdeutsch der Werbebranche« (1996).

Reklame ist für jeden gegenwärtig, keiner kann sich ihr entziehen, längst ist sie kein »geheimer Verführer« mehr, sondern eine allgegenwärtige öffentliche Gewalt. Sie ist auch nicht mehr auf die klassischen Werbeträger beschränkt. Handzettel, Prospekte, Litfaßsäulen, Anzeigen in der Presse, später Rundfunk, Kino, Fernsehen und elektronische Medien verbreiten nicht mehr allein die Werbebotschaft. Öffentliche Verkehrsmittel sind nicht mehr nur mit einigen wenigen eingerahmten Werbeflächen im Fahrgastraum dekoriert, Wände, Fenster, Decken sind mit Aufklebern überladen, die Außenflächen sind mit Spruchbändern beklebt, ganze Busse und Bahnen werden als Werbefläche gestaltet, in Todesanzeigen (vgl. Mader 1990) wird private oder geschäftliche (Abb. 7) Reklame betrieben. Telefonbücher und Vorlesungsverzeichnisse ehrwürdiger Universitäten wimmeln von Anzeigen, in Taschenbüchern sind Werbeseiten eingeschaltet, Streichholzschachteln, Kugelschreiber und Kleidungsstücke verkünden Botschaften. Drei Streifen am Turnschuh signalisieren modebewußte Sportlichkeit, Fähnchen am Pullover- oder Jackenärmel verkünden, wer Boss ist. Und wessen T-Shirt nicht zeigt, daß sein Träger schon in Playa Ingles war oder Camel raucht, der kann ja zum Sticker oder Button greifen. *Alles frisch* paßt auf fast jede Brust, Tchibo dankte mit der beruhigenden Mitteilung *Ihr Pfund ist wieder da.* Mein Pfund, meine ARD, meine CDU, unser Deutschland. *Mir san mir,* warb coop München. Meine Güte.

Die Sprache und der Unsinn, den man mit ihr anstellen kann, sind trotz Bild und Musik in der Fernsehwerbung allgegenwärtig. Ob gesprochen, ob geschrieben wird Sprache präsentiert, wo es nur geht. »ARD – Ihr Programm« flimmert es vom Bildschirm, in dreidimensionalen Buchstaben. In jeden Spielfilm sind links oben die Initialen des Senders eingeblendet, der ihn ausstrahlt. *Persil, F.D.P., Uhu der Sekundenkleber* – da können die Schauspieler noch so viel reden, die Melodien noch so tönen: Das Geschriebene beherrscht den Werbespot.

Geworben wird für alles und von jedem, der das Geld dazu hat. Nicht nur Produkte, die miteinander konkurrieren, die im Regal des Supermarktes nebeneinander stehen und deren Hersteller die Magie ihrer Märkte beschwören müssen, auch Monopolbetriebe wie Post und Bahn preisen ihre Dienstleistungen an. Die Bundeswehr, ziem-

Für uns alle unfaßbar, ist am 4. Februar 1992
unser Mitarbeiter

Verkaufsbereichsleiter

Hermann

im Alter von 55 Jahren plötzlich von uns gegangen.

Über 32 Jahre hat der Verstorbene seine
Schaffenskraft in den Dienst unseres Unternehmens
gestellt und maßgeblich zur Verkaufsentwicklung
beigetragen.

Wir haben einen loyalen, einsatzfreudigen
und allseits beliebten und geachteten
Mitarbeiter verloren.

Sein Tod erfüllt uns mit tiefer Trauer.

**Inhaber, Geschäftsleitung, Betriebsrat
und Mitarbeiter der Firma**

Coca-Cola **H.** Coca-Cola
Markengetränke
Osnabrück-Emsland

Abb. 7

lich konkurrenzlos im Inland, verklärt nicht nur das Soldatspielen als »sicheren Arbeitsplatz«, sie wirbt auch für das Produkt, das sie zu liefern meint: »Sicherheit«. Werte sind Verkaufsschlager. Die Kirche bietet den Glauben an: »Jesus liebt Dich« und die Treue: »Wer oft wechselt, wird bald Kleingeld.« Ein Bundesministerium und viele Unternehmen bieten Negationen an: kein Aids – »Partnerschaftliche Treue ist der beste Schutz«, keinen Lungenkrebs – »Rauchen gefährdet Ihre Gesundheit. Der Rauch einer Zigarette dieser Marke enthält nach DIN ... .«, keine Akne, keine abstehenden Ohren, keine vereisten Türschlösser am PKW. Privatpersonen werben im Kleinanzeigenteil von Zeitungen – Rubrik »Bekanntschaften« – für sich: »Petra, 28, eine zauberhafte Krankenschwester. Man sagt, ich sei sexy, doch am Sonntag sitze ich einsam vor meinem Häuschen. Nur, weil ich nicht tanzen gehen mag? Wer hört mein heiml. Rufen? Bitte, erhöre mich!« Oder bündig: »Aktionär sucht Aktionärin«. Geschäftsmäßig geht es in der Spalte *Diverses* zu: »Fotomodell hat noch Termine frei. Auch frz. Escort Service«.

Träume und Wünsche werden verkauft. Ruhe und Geselligkeit, Jugend und frohes Alter, Potenz, Attraktivität, Wissen, Besonnenheit, Weisheit – nichts läßt sich sprachlich nicht verpacken. Auch wenn das Bild dabei ist und vielleicht auffälliger erscheint, beteiligt ist Sprache fast immer.

Die sprachlichen Phänomene, die Ruth Römer analysiert und klassifiziert hat, haben in den zwanzig Jahren seit Erscheinen der ersten Auflage ihres Buches einige Veränderungen erfahren. Doch gibt es immer noch die »Hochwertwörter« (Römer), die sprachlich den Wert einer Ware erhöhen sollen. Adelsprädikate und prestigebeladene Bezeichnungen für sozialen Status schmücken ältere Produkte, z.B. *Lord extra* (Zigarette), *Fürst von Metternich* (Sekt) und *Fürst Bismarck* (Korn), *Senator, Admiral* und *Commodore* (Autos) ebenso wie neue: *Prince Denmark* (Zigarette), *Herz-König Feinschmecker Korbkäse* und *Commodore* (Computer). Dazu sind Eigennamen von realen und fiktiven Personen gekommen: *Paloma Picasso* (Parfüm), *Steffi* (Kleinwagen), Herr Kaiser (Versicherung). *Brillant, exquisit, exzellent, echt, königlich, fürstlich, kostbar, nobel, wundervoll* geistern wie eh und je durch die Anzeigen, Superlative sind immer noch en vogue, ebenso Fachwörter, tatsächliche und scheinbare: *WA 910 ABW 910/1/PH* (Waschmaschine), *Auto-Bronzant-Hydrant* (Bräunungsmittel), alte und neue: *Duft und Design* (Parfüm), *Ergonomie und Kompatibilität* (Computer) haben Konjunktur, ebenso wie Phantasieabkürzungen und Namen unbekannter Wirkstoffe: *TWS-Aktivlenkrad* (Automobil). Auch *clean* und *cool, spray* und *style* mußten noch nicht abdanken. Sie sind um *High Power* (Verstärker), *High Performance* (Zigarren), *High Tech* (überall), *High-Leitz* (Büromaterial) und *High Chem* und eine große Zahl weiterer Anglizismen vermehrt worden.

Beispiele dafür finden sich in diesem Kapitel reichlich. Manchmal ist es nur die Schreibung, die am Prestige der anderen Sprache partizipieren will, insbesondere die Verwendung des Buchstaben <c> in Wörtern, die nach der geltenden Rechtschreibung mit <k> oder <z> zu schreiben sind. Beispiele: »Top Therm« auf *Vacuumbasis* (Thermoskanne), *Thermicboden* (Kochtopf), 2-lagig-plus *Perfect* (Toilettenpapier), *Frolic Classic* (Hundefutter), Verband der *creativen* Inneneinrichter, *electronische* Drehzahlregulierung (Bohrmaschine). Nicht so richtig entscheiden konnten sich die Texter bei der Benennung von »Moltex *compakt* Ultra-Plus Höschenwindeln«, denn eigentlich wäre ein *compact* zu erwarten gewesen.

Gallizismen sind seltener, sie konzentrieren sich auf die Bereiche der Kosmetik, der Mode, der Lebensmittelbranche und der Gastronomie. Französische Wörter werden dabei von italienisierenden teilweise abgelöst. Die Bäckerei wird zur *Bäckeria,* ein Kaufhaus nennt sich *Galeria,* ein Schlankheitsstudio heißt *Figurella,* Säfte gibt es bei *Beerella,* hinter *Komborella* verbirgt sich ein Papierbindegerät, ein Pizzabringdienst hat sich den schönen Namen *Fahradello* zugelegt. Man kann mit dem Werbeslogan einer Versicherung fragen *alles plaketti?* Fehlerhafte Schreibungen sind nicht selten (z.B. *Coiffeur créative*); über Groß- und Kleinschreibung wird von Fall zu Fall entschieden (z.B. *Croustin Jardin Halbfester Schnittkäse mit Gartengemüse* oder *Riches monts Raclette*). Mitunter wird die Schreibung ans Deutsche angepaßt, was zu merkwürdigen Ergebnissen führen kann, z.B. *Büstier-Set 100% Baumwolle.* Witzig gemeint ist die völlig hybride Fügung *Eau la la Brohler High light,* mit der für ein Mineralwasser geworben wurde. Der Slogan setzt voraus, daß seine Leser <eau> als [o:] realisieren und mit frz. ›oh la la‹ verbinden können. Weiterhin müssen sie mit engl. highlight ›Höhepunkt, Glanzlicht‹ assoziieren. Schließlich ist engl. light ›leicht‹ in vielen neuen Produktbezeichnungen enthalten als Hinweis darauf, daß in diesen Produkten problematische und unerwünschte Bestandteile nur reduziert vorhanden sind; so enthalten Zigaretten mit dem Prädikat *light* weniger Nikotin und Teer, *light*-Kaffee hat weniger Koffein, *light*-Bier weniger Alkohol, *light*-Margarine weniger Fett usw. Was das Militärflugzeug *Jäger light* auszeichnet, bleibt dagegen undurchsichtig.

Die rhetorischen Mittel, derer sich die Texter bedienen, sind nicht anders als vor Jahrzehnten. Sie sind ja auch nicht beliebig vermehrbar. Verschiebungen können sich oft nur an der Häufigkeit ihrer Verwendung ablesen lassen. So ist die direkte Aufforderung in der Form des Imperativs der 2. Person Singular als Satz kaum noch anzutreffen. *Koche mit Gas! Schmücke Dein Heim! Schlafe patent!* sind werbetechnisch hoffnungslos veraltet. *Eßt mehr Obst!,* dieser bekannte Slogan der fünfziger Jahre, klingt nur noch an in der ironischen Werbung einer Buchhandelskette zur Weihnachtszeit, wo ein grimmig aussehender Weihnachtsmann mit ausgestrecktem Zeigefinger auffordert: *K A U F E !*

In den Bereich der Wortbildung gehört das Verfahren, Eigenschaften oder Wirkungen, die dem Produkt in werbender Absicht zugeschrieben werden, in seinen Namen einzubauen, zwar orthographisch abweichend, doch unüberhörbar auf die phonetische Assoziation spekulierend. Traditionelle Fälle sind z.B. *Sanella, Rama, Palmin, Sinalco* oder *Palmolive,* neuere Beispiele sind *Rinderella* (Wurst aus Rindfleisch), *Nofleck* (Fleckenentferner), *Nagut Viromix* Hundenahrung, *Vileda* (Scheuertuch), *Catsan* (Katzenstreu), *Wollana* (Waschmittel) und *Super Vlaush Toilettenpapier.* Auch die Aufforderung, sich des angebotenen Produktes zu bedienen, geht in Produktnamen ein, als direkte (*Nimm zwei* (Bonbons), *Du darfst!* (Lebensmittel), *trink leicht* (verdünnter Fruchtsaft), *iß was?!* (Imbißbude)) oder indirekte Anweisung: *nur die* (Strümpfe), *die da* (Reinigung), *das da* (Sexzeitschrift).

Verkaufsfördernde Eigenschaften werden nicht länger als attributive Adjektive dem eigentlichen Namen zugeordnet, sondern zum unmittelbaren Wortbestandteil gemacht. Bei *Natur-, frisch-, Frühstücks-* und anderen Sonnenscheinvokabeln ist das schon lange der Fall. Auch die Attribute *biologisch* und *ökologisch* sind inzwischen meist zu *bio-* und *öko-* verkürzt: *Bio-Socken, Bioküche, Bio-Dauerwelle, Bio-Waschautomat* usw., *Ökowurst, Öko-Manager, Öko-plus-System* (Waschmaschine). Auch Gänse kann man so aufmotzen: *freilaufende Biogänse, bratfertig zu verkaufen* (NOZ 22.11.89). Ähnlich stark haben sich die Zusammensetzungen mit *Umwelt* vermehrt: *Umweltauto, Umweltmülltonne, Umweltdachpfannen,* und die *Information* ist zu einem umfassend einsetzbaren Zauberwort geworden. Sie erscheint meist verkürzt als *Info: Infos anfordern, Info-Scheck, Info-Line, Gratis-Info usw.* finden sich in vielen Anzeigen.

Nach Fleischer/Barz (1995) ist *bio-* heute bereits als Konfix einzustufen. Konfixe sind entlehnte Wortbildungselemente, die nur als gebundene Morpheme auftreten können. Die Reklamesprache ist voll davon, es wäre zu untersuchen, ob sie nicht eine zentrale Vermittlungsinstanz solcher Entlehnungen ist. Beispiele sind (mit voran- (1.) und nachgestelltem (2.) Konfix):

1. *anti-* (antihaftbeschichtet), *euro-* (Euroflasche), *hyper-* (Hyperbronzant), *inter-* (Interrailticket), *junior-* (Juniorzimmer), *makro-* (Makrogebläse), *maxi-* (Maxibrief), *mega-* (megasoundig, Megaperls), *mikro-* (Mikrowelle), *mini-* (Minipli), *neo-* (Neopren), *semi-* (Semipizza), *senior-* (Seniorexperte), *senso-* (Sensodyne), *super-* (superlight), *techno-* (technogetestet), *tele-* (teleshoppen), *thermo-* (Thermohose), *trans-* (trans-o-flex), *ultra-* (ultraweiß);
2. *-drom* (vgl. oben), *-mobil* (Ökomobil), *-mat(ic)* (Lavamat, Abtaumatic), *-min* (Litamin Duschbad) *-flex* (Lattoflex), -thek (vgl. oben), *-tron(ic)* (Robotron, soundtronic).

Neue Attribute treten auf. An Adjektiven, die semantisch positiv besetzt sind, werden minimale Veränderungen oder Hinzufügungen vorgenommen, was Phantasiebildungen ergibt, die auf das Produkt referieren, z.B. *fortschriftlich* (Schreibmaschine), *schuhverlässig* (Schuhe). Verstärkt wird der Produkt- oder Herstellername als Phantasiewort in eine Phrase oder einen Slogan eingebaut: *Wer imholzt, hat mehr vom Leben* (Reisebüro Imholz), *Für flottes Wirtschafts-Faxtum* (Fernkopierer). Ebenso wird in Zitate, Sprichwörter, Redensarten oder feststehende Wendungen der Produktname einmontiert (vgl. Hemmi 1994): *Oh, Du fröhliche Krönungszeit* (Kaffee), *Bube Dame König Conti* (Autoreifen), *Hilfreich sei der Mensch, edel das Tuch* (Papiertaschentücher), *Uno – freut Euch des Diesels* (Automobil), *Rock'n Rail* (Bahnwerbung für Sonderfahrten zu einem Madonna-Konzert), *Highleitz im Büro* (»Ordnungsmittel fürs Büro«).

Sprachliche Doppeldeutigkeiten, die nur manchmal gelungene Wortspiele ergeben, sind beliebt: *Dachsteine von Braas – alles gut bedacht, Getränke sind unser Bier* (Getränkehandel), *1994 wird keine andere angemacht – abgemacht?* (Zigaretten), *Ausnahmsweise von der Stange* (Stangenspargel), *In der Regel gut* (Tabletten gegen Menstruationsbeschwerden), *Nordsee – da ist meer los* (Fischladen-Kette), *Ein Bit mehr Geschmack* (Bitburger Bier). Auf literarische Bildung spekuliert der Slogan *Der Name der Sauce – Knorr,* auf Voyeurismus der Spruch *Nackte Tatsachen. Wir bringen beides. BILD.*

Auch am spielerisch-witzigen Umgang mit der Sprache versuchen sich die Werbetexter gern (vgl. Dittgen 1989). Der gereimte Zweizeiler, in dem die Eigenschaften von Avocadofrüchten gelobt werden: *frisch ist wichtig – weich ist richtig* wird durch den lockeren Spruch ergänzt *Sandwiches mit Avocado – da wird der Bürger zum King.* Für den guten alten Weißkäse wird so geworben: *Quark baut nicht ab – baut auf Milch.* Eine Strumpffirma bietet ihre Erzeugnisse an: *Ihre persönliche Fußnote.* Eine Süßigkeit wird apostrophiert als *Rocher von Ferrero – Adel verpflichtet.*

Der Sonntag ist der Tag des Lasters, lautet der Slogan eines Hörfunk-Werbespots einer Autoverleihfirma für Wochenend-Billigtarife für ihre LKWs, vorgetragen in psalmodierendem Pastorenton. Die Basis dieses Spruches ist das alttestamentliche »Der Sonntag ist der Tag des Herrn« – darauf spielt die pastorale Tonlage an. Weiterhin wird gespielt mit der Ambiguität von Laster, das einmal ›Lastauto‹, zum anderen ›unsittliches, anstößiges Verhalten‹ bedeutet. Gemeint ist natürlich $Laster_1$; der Witz liegt darin, daß der Sonntag natürlich nicht der Tag des $Lasters_2$ ist, sondern, wie gesagt, »der Tag des Herrn«.

chicco hat das Zeug zum Spielen warb eine Ladenkette, die Kinderspielzeug anbietet. Auch hier liegt eine zweifache Konstruktion vor: einmal die Auflösung von *Spielzeug* in die Wortgruppe *Zeug zum Spielen*, zum anderen der formgleiche Phraseologismus *das Zeug zu etwas haben.* Die Beschriftung einer Packung von Papierblättchen für Zigaretten zum Selberdrehen lautet: »...am besten EL REY –

weil sich's um Ihren Tabak dreht! EL REY Cigarettenpapier«. Das Zigarettenpapier wird in der Tat um den Tabak gedreht und dann verklebt; lexikalisiert ist dies als ›sich eine Zigarette drehen‹, und in diesem Sinn dreht sich das Papier um den Tabak (›um den Tabak‹ ist hier Präpositionalobjekt). Die zweite Lesart beruht wiederum auf einem Phraseologismus: ›etwas dreht sich um etwas‹ mit der Bedeutung ›etwas ist von Interesse, von Wichtigkeit, ist Gegenstand der Aufmerksamkeit‹.

Mit graphischen und orthographischen Spielereien Aufmerksamkeit erregen will man in folgenden Beispielen: *Sehr be – 8 – lich* (Fluglinie), *SERVICE großgeschrieben, Allllrad, Garantiiiiiiiiiiiiiiiiiiie. Wir haben sie verlängert, und zwar deutlich, Alka Seltzer – hilft FESTE feiern* (Schmerztabletten), *SchreIBMaschine, Fairsicherungsladen* (Versicherungen). Die Fa. co op verkaufte *Wahre Ware,* und der *Spiegel* (48/88) hatte den Titel *Ware Kunst.* Zu dieser Kategorie kann man auch Werbegags von Reiseagenturen zählen wie *Sportugal* (Portugalwerbung), *Kurlaub* (Bäderwerbung), *wanderbares Österreich.* Direkt thematisiert wird die Rechtschreibproblematik in dem Spruch *Sie müssen nicht wissen, wie man Kroassong schreibt, Sie müssen es bloß essen* (Backwarenkette).

Erwähnenswert ist schließlich die Mode, wortintern Majuskeln zu verwenden. Sie kommt vor bei Substantivkomposita und bei Wortgruppen, die nach den geltenden Normen getrennt zu schreiben wären. Statt des worttrennenden Spatiums zeigt nun die Majuskel die Wortgrenze an, in Komposita wird die Morphemgrenze graphisch markiert. Beispiele sind: *InterCityExpress, InterRegio-Angebot, RegionalSchnellBahn* und die *BahnCard First.* Die Österreichischen Bundesbahnen bieten den *Neuen AustroTakt.* Dem Vorbild der *BahnCard* folgen die *MasterCard* und die *DresdnerCard* (Kreditkarten). Die Deutsche Bundespost bietet ihre Dientsleistungen im *TelefonLaden* an, eine private Unterrichtsanstalt vertreibt das *Manager-VideoColleg, ZeitSchriften* betreiben *ZukunftsStudien,* und selbst realer Quark partizipiert am Trend: *Qremor. Der CremQuark. Speisequark Magerstufe* (Fa. Kraft). Am buntesten aber treiben es die Künstler: *ArT of CaRE ArT of GUHL* (hier geht es um Körperpflege) und *LebensART* (beim Skifahren).

Das Reimen war in der Reklame stets beliebt und ist nie ganz außer Gebrauch gekommen. Klassische Zweizeiler sind *Im Falle eines Falles/klebt Uhu wirklich alles* oder *Haribo macht Kinder froh/und Erwachsne ebenso* (Gummibärchen). Reimereien finden sich in Zeitungen, Warenkatalogen und Prospekten seit etwa 1880; Belege enthalten mitunter auch noch Inschriften an alten Gebäuden, z.B. *Seit 150 Jahren Grossist in kurzen Waaren* (Minden/Westf., an einem Geschäftshaus), und auch in alten Illustrierten kann man fündig werden: *Biegsam wie ein Frühlingsfalter/bin ich in Forma-Büstenhalter.* Als Beispiel für Minimalpaarbildung in einem Phonologielehrgang könnte der Name einer Kleindruckerei durchgehen: *Ruck-Zuck-Druck Buck.* Andere Beispiele für Minimalreime, z.T. Schüttelreime: *Schwechater – recht hat er* (Bier aus Schwechat in Österreich), *Alpia – Köstlich. Sahnig. Kauf ich* (TV-Werbung für Schokolade; hier ist die standardgemäße spirantische Aussprache des Suffixes <-ig> als [iç] notwendig), *Straße naß – Fuß vom Gas* (Sichtwerbung an der Autobahn, die sich nur in Norddeutschland reimt wegen [gas] vs. süddeutsch [ga:s]), *Almighurt von Ehrmann – keiner macht mich mehr an.* Aber auch dialektal wird gereimt (Hemmi 1994, 80): *I wett i hett es happy-Bett* (›Ich wollte, ich hätte ein Happy-Bett‹). Daß man beim Verseschmieden auch auf den Rhythmus und die Silbenzahl achten sollte, können folgende Beispiele zeigen: *Wunderkinder der Chemie/machen die Hausarbeit so leicht wie nie*; *Möbel-Kraus/bringt Möbelglück ins Haus*; *Begrüßen Sie es brausend/Ticket 2000/Darauf fährt ganz Duisburg ab.*

Zwei neue Trends sind in jüngster Zeit zu beobachten. Der eine konzentriert sich darauf, bewußte Verstöße gegen die Normen des Deutschen in Werbetexte einzubauen. Diese Mode begann Anfang der 90er Jahre mit Wortschöpfungen, die für eine 1,5-Liter-Plastikflasche werben sollten: *Unkaputtbar, leichtwiegig, gutgreifig* waren die Attribute, die dieser Pfandflasche zugeschrieben wurden. *Deutschlands meiste Kreditkarte* erregt durchaus bei manchen Menschen Anstoß, *das König der Biere* ebenso. Mit dem Slogan *sofortiger geht's nicht* wirbt der Lieferdienst eines großen Elektrohauses. Witzig ist die Wortkette, mit der MacDonalds für seine ewig gleichen Klopse warb: *Größer. Satter. Lecker.* Unoriginell ist dagegen das *mach ma Mandarine* eines Sprudelwasserfabrikanten.

Der zweite Trend ist noch weitgehend auf die Namensgebung für Automodelle beschränkt. Spezialisierte Agenturen kreieren neue Wörter, die keine Bedeutung haben, an Bekanntes erinnern und »irgendwie klingen«: *Baleno, Carisma, Espero, Lantra, Lexus, Mégane, Mondeo, Nexia, Tigra, Vectra.* Lange vorbei sind die Zeiten, in denen man den Status des Autobesitzers am Namen seines Fahrzeugs ablesen konnte. *Kadett, Kapitän, Admiral, Senator* – da war die Autowelt noch heil, weil klar gegliedert.

Sicher ist das subjektive Empfinden des Umworbenen der wichtigste Maßstab für das, was »Originalität« meint. Der potentielle Rheumadeckenkäufer im *Goldenen Blatt* will anders angesprochen werden als der BMW-Fan im *Playboy.* Nicht selten schaffen es aber die Werbefachleute, trotz aller Professionalität so richtig schön doof zu sein. Oder finden Sie, liebe Leser, daß es originell ist, eine Uhr *Quartz Time Computer*, eine Versicherung *Rundum-Sorglos-Paket*, eine Krankenkasse *Gesundheitskasse* und einen Behälter mit Deckel *Dosierspender mit Garantieverschluß* zu nennen? Dann sind Sie soweit, das Märchen von der Vermenschlichung der Ware für wahr zu halten. Es ist ja auch kein Märchen mehr, sondern längst Reklamerealität, daß unbelebte Dinge miteinander reden. Würstchen und Schnitzel klagen sich gegenseitig auf dem Grill ihr Leid über die miese Holzkohle, Gebrauchsgegenstände sprechen uns an, die Kaffeebohne nörgelt über das falsche Filterpapier, wir reden mit den Sachen, die Hausfrau unterhält sich mit dem Herd. Alle Beispiele stammen aus dem Rundfunk. Der heißt auch gleich Persilfunk, wenn er seine neuesten Botschaften über Spar- und Schontasten, Spezialknitterschutzprogramme und Ökolux-Ausstattungen nur noch an Waschmaschinen richtet. Und das tut er. Wenn mich schon keiner mehr umwirbt, sondern nur noch meine Waschmaschine, dann ist es Zeit, die Werbung abzuschalten.

10. Kommunikation im Computerzeitalter

Fachtermini aus der Welt der Informationstechnologie dringen immer mehr in unsere Alltagssprache ein. Jeder, der etwas auf sich hält, spricht über die bevorstehende Informationsgesellschaft oder über die Vorteile des Cyberspace oder die neueste virtuelle Bekanntschaft im Chat-Room auf dem neuen IRC-Server. Diese und viele weitere Begriffe werden teils als Übersetzungen, teils als fremdsprachliche Ausdrücke direkt aus dem Englischen übernommen.

Während im Englischen der Satz »my harddisk crashed« bedeutet, daß die Magnetspeicherplatte durch mechanische Einwirkung zerstört wurde, sagt man im Deutschen:« Mein Computer ist abgestürzt.« Es ist natürlich nicht gemeint, daß der Computer vom Tisch gefallen ist, sondern eine schwerwiegende Funktionsstörung hat. Während also hier ein Ausdruck ins Deutsche übersetzt wurde, wird in einem anderen Fall der englische Begriff beibehalten: »Filters that spoof have the additional task ...« Im Deutschen wird das Verb *to spoof* als Anglizismus übernommen, aber nach Regeln der deutschen Grammatik flektiert: »Filter, die spoofen, haben die zusätzliche Aufgabe, ...«. Gerne werden auch Metaphern verwendet, die einen technischen Sachverhalt mit bekannten Ereignissen oder Gegenständen aus dem Alltag beschreiben: z.B. *Virus, Firewall* etc. (Weitere Beispiele zum Wortschatz vgl. Kapitel 2.)

Im Bereich der Textverarbeitung ist sicher die Umsetzung der Rechtschreibreform derzeit eine der spannendsten Fragen.

Zwar bieten einige Verlage bereits eine Reihe von Programmen an, die den neuen Regeln folgen – allerdings zumeist nur für den Grundwortschatz. Aber wie sieht es mit dem Benutzerwörterbuch aus? Muß der Benutzer seinen individuellen Wortschatz selbst neu eingeben? Hier eine kluge Lösung zu finden, ist eine anspruchsvolle Aufgabe, deren Marktwert nicht zu unterschätzen ist.

Sicher ist die Textverarbeitung eine der verbreitetsten Anwendungen für einen PC, doch ein Computer kann mehr sein als eine äußerst komfortable Schreibmaschine. Das Stichwort liefert hierzu das Wort des Jahres 1996: *Multimedia.*

Unter Multimedia versteht man in erster Linie die zeitgleiche Zusammenführung von Text, Grafik, Bewegtbild und Ton in einem Medium. Zentrales Element multimedialer Anwendungen ist die CD-ROM. Dieser Datenspeicher ist genauso aufgebaut wie eine Musik-CD. Doch während auf der traditionellen CD nur Musikstücke gespeichert sind, ist auf einer CD-ROM jegliche Art von Information speicherbar. Die CD-ROM ist besonders prädestiniert für große Datenmengen. Auf einer einzigen CD-ROM lassen sich beispielsweise die Daten von mehreren *Spiegel*-Jahrgängen unterbringen. Durch komfortable Suchfunktionen wird der Nutzer in die Lage versetzt, die CD-ROM in Sekundenschnelle nach einem bestimmten Begriff durchsuchen zu lassen. Dabei stehen nicht nur die Schlagworte des Jahresverzeichnisses zur Verfügung, sondern der gesamte Text der *Spiegel*-Jahrgänge wird nach dem Stichwort durchsucht. Auch literarische Quellen lassen sich so schnell nach den eigenen Bedürfnissen erschließen. Durch diese Möglichkeiten läßt sich die Quellen-Arbeit erheblich vereinfachen, denn die mühselige Suche in Zettelkästen oder Registern entfällt. Doch Multimedia bietet noch eine weitere Möglichkeit: Die Vernetzung, d.h. den Zugang zu weltweit gespeicherten Informationen. Dabei wird der heimische Computer mit einem sogenannten *Modem* (Modulator/ Demodulator) ausgestattet, der über die Telefonleitung und über das Internet Kontakt zu anderen Computern aufnehmen kann.

Das Internet ist ein dezentraler Zusammenschluß von Computern an Universitäten, bei Regierungsstellen, gesellschaftlichen Organisationen, in Unternehmen und bei privaten Teilnehmern. Es umfaßte 1996 ca. 30 Millionen Benutzer weltweit (1,5 Millionen in der Bundesrepublik) und wächst beständig weiter. Innerhalb des Internet stellt das WorldWideWeb (WWW) die meistgenutzte Anwendung dar. Das WWW bietet eine grafische Bedienoberfläche, die Informationen nicht nur als Texte, sondern auch audiovisuell darbieten kann. Die Informationen im Internet sind dabei als sogenannte Hypertext-Strukturen abgelegt, die ›WWW-Pages‹ genannt werden. Hypertexte stellen eine besondere Form der Wissensrepräsentation dar, die die lineare Struktur eines Textes auflöst. Die erste Seite eines solchen Dokuments wird im Internet *Homepage* genannt. Ein typischer Hypertext besteht aus sogenannten Kanten und Knoten. Die Knoten sind dabei zumeist die sich auf einer Bildschirmseite befindlichen Texte. Innerhalb dieser Texte sind durch Unterstreichung bestimmte Wörter ausgezeichnet. Wählt man diese Wörter an, so gelangt man zu einem weiteren Text, der Informationen über diesen Begriff enthält. Diese Verknüpfungen werden *Hyperlinks* genannt. Jeder Nutzer kann sich somit einen individuellen Weg durch den Hypertext suchen. Geleitet wird er dabei nur durch sein Interesse oder seinen Wissensstand. Ein Beispiel aus einem Internet-Dokument könnte lauten: »Die irokesischen Sprachen sind eine nordamerikanische *Sprachgruppe* im Nordosten der USA und im Südosten Kanadas.« Innerhalb dieses Satzes ist der Begriff *Sprachgruppe* markiert. Wird dieser Begriff nun durch einen Nutzer angewählt, so könnte er zu einem anderen Dokument gelangen, das diesen Begriff näher erläutert. »Eine Sprachgruppe ist eine Gruppe verwandter Sprachen, die von einer gemeinsamen *Protosprache* abstammen.« Auch hier besteht wieder die Möglichkeit, den unterstrichenen Begriff anzuwählen, um weitere Informationen zu erhalten. Dabei können diese Verknüpfungen über Kontinente reichen. So kann der Computer mit dem Text über die irokesischen Sprachen in Chicago stehen, während der Text über die Sprachgruppe sich auf einem PC in Uppsala befindet. Der Nutzer wird davon nichts bemerken, da der Transfer der Daten zumeist in Bruchteilen einer Sekunde erfolgt. Aber wo beginnen? Zuerst muß eine sogenannte *Search Engine* angewählt werden. Diese Suchmaschine stellt eine Art Adreßverzeichnis dar, das zusätzlich zu den Adressen der jeweiligen Computer auch einige Angaben zu ihrem Inhalt gespeichert hat. Wird nun die Suche nach einem Begriff gestartet, so erhält man innerhalb von Sekunden das Ergebnis der Suche. Die Zahl der Treffer geht dabei in die Tausende, denn eine gute Suchmaschine findet den gegebenen Begriff auf Computern in Wien ebenso wie in Alameda, Kairo oder Auckland. Hat man sich für ein Ziel entschieden, markiert man die gewünschte Zieladresse und befindet sich wenige Augenblicke später auf dem gewünschten Computer. Findet man dort nicht die gewünschte Information, so kann die Suche von neuem beginnen. Aufgrund der geradezu anarchisch zu nennenden Zustände im Internet ist es allerdings oft schwierig, Informationen in wirklich kurzer Zeit zu erhalten. Das Anarchische schlägt sich nicht nur im Aufbau des Internet nieder, das keinen Besitzer und keine steuernde Instanz kennt, sondern auch in der Struktur der angebotenen Informationen. So erstellen die Suchmaschinen keine einheitliche Taxonomie der Begriffe. Es kann somit vorkommen, daß ein Suchbegriff sich tief vergraben in der Struktur eines Hypertextes befindet, die Suchmaschine aber nur die Inhalte der Homepage erfaßt. Hat man endlich die gewünschte Information erhalten, kann man sie auf dem eigenen Computer speichern und weiter verwenden.

Nicht nur die Zahl der Nutzer des Internet steigt ständig, auch die Zahl der Informationsangebote wächst rasant. Große Bibliotheken wie die *Library of Congress* bieten ihre Kataloge im Internet an, und zunehmend werden ganze Fachpublikationen nur noch in elektronischer Form dargeboten. Es kommt inzwischen durchaus vor, daß ein Artikel schon veraltet ist, wenn er in einer Fachzeitschrift in gedruckter Form erscheint.

Über die Form des elektronischen Publizierens hinaus läßt sich das Internet zur elektronischen Kommunikation nutzen. Unter dem Begriff ›E-Mail‹ (electronic mail) hat sich eine neue Form der Kommunikation etabliert. Die elektronische Post stellt einen Zwitter zwischen unmittelbarer Kommunikation (Telefon) und mittelbarer Kommunikation (Brief) dar. Sender und Empfänger kommunizieren hierbei in schriftlicher Form miteinander, und die Botschaften erreichen sekundenschnell ihren Empfänger. Insbesondere im geschäftlichen Bereich ersetzt die E-Mail mehr und mehr das Fax. Denn im Gegensatz zum Fernkopieren eines Schriftstücks lassen sich elektronisch verschickte Dokumente auf dem eigenen PC weiterverarbeiten. So können sich Arbeitsgruppen bilden und gemeinsam an einem Text arbeiten, auch wenn sich die Mitglieder weit voneinander entfernt befinden.

Neben der gerichteten Kommunikation zwischen definierten Partnern existiert auch eine Form der ungerichteten Kommunikation, die keinen expliziten Dialogpartner anspricht, sondern themenbezogen funktioniert. Diese Art der Kommunikation wird in den sogenannten ›Newsgroups‹ des Internet praktiziert. ›Newsgroups‹ sind elektronische Diskussionsforen, die auf ein bestimmtes Thema ausgerichtet sind. In ihnen findet man ebenso Debatten über die Aufzucht von Hausschweinen wie über aktuelle Paradigmen moderner Philosophie. Hat man in einer ›Newsgroup‹ sein Anliegen formuliert, so dauert es meist nicht lange, bis darauf reagiert wird. Die antwortende Person bleibt dabei bis auf ihre elektronische Adresse anonym. Weil ›Newsgroups‹ weltweit zugänglich sind, ist die Wahrscheinlichkeit groß, daß der Antwortende einem anderen Kulturkreis angehört. Da sich beide Personen fremd sind, kommt es im

Rahmen dieser Kommunikation oftmals zu erheblichen Störungen. Nachrichten werden fehlinterpretiert oder mißverstanden, ironische Wendungen werden nicht als solche erkannt. Das führt öfters zu verbalen Auseinandersetzung, die die jeweiligen Regeln des sozialen Miteinanders verletzen. Beleidigungen und Drohungen gehören zum Repertoire solcher ›Flames‹ genannter verbaler Kriege. Um sie zu verhindern, wurden für die elektronische Kommunikation besondere Regeln und eine spezielle sprachliche Kodierung eingeführt, die *Netiquette* (aus *Net* ›Netz‹ und *Etiquette* ›Etikette‹). Diese Netz-Etikette soll einen gleichberechtigten Dialog zwischen unterschiedlichen Partnern ermöglichen. Spezielle Zeichen fügen der sprachlichen Aussage eine emotionale Komponente hinzu. Diese Komponente soll der Mimik eines Menschen entsprechen, um so der sprachlichen Äußerung ihr non-verbales Pendant beiseite zu stellen. Die Symbole werden *Emoticons* genannt (aus *Emotion* ›Gefühl‹ und *Icon* ›Zeichen‹) und setzen sich aus alphanumerischen Zeichen zusammen, wie sie auf jeder Tastatur zu finden sind. Soll z.B. eine Aussage als humorvoll gekennzeichnet werden, so fügt man der Aussage ein : -) hinzu. Betrachtet man diese Anreihung von Doppelpunkt, Bindestrich und schließender Klammer um 90° im Uhrzeigersinn gedreht, so kann man darin ein stilisiertes lächelndes Gesicht erkennen. Ersetzt man den Doppelpunkt durch eine 8, so ist der Lächelnde ein Brillenträger: 8-). Im Laufe der Zeit hat sich hier ein ganzes Inventar von Piktogrammen entwickelt, deren Verbreitung sich bestimmt nicht nur auf Computerbildschirme beschränken wird.

Ganz allgemein wird die elektronische Form zu kommunizieren und ihre spezifischen Formen, sich zu äußern, nicht ohne Wirkung auf die Alltagssprache bleiben.

Während sich der Computer als Werkzeug zur Kommunikation zwischen Menschen etabliert hat, kann ein Computer aber noch lange nicht selbst kommunizieren. Zwar sind moderne PCs heute in der Lage, auf akustische Befehle zu reagieren oder Gesprochenes in einen geschriebenen Text umzuwandeln, aber *verstehen* können sie einen Text nicht. Dem Computer das Verstehen beizubringen zählt zu den größten Träumen der Informatiker dieser Welt. Denn damit ein Computer verstehen kann, muß der Mensch in der Lage sein, seine sprachlichen Fähigkeiten in explizite Regeln zu fassen: Ohne solche Regeln kann ein Computer nicht funktionieren. Bisher waren aber alle Forschungen auf diesem Gebiet zum Scheitern verurteilt. Dabei geht es weniger um die sprachlichen Regeln in Form einer Grammatik, sondern die Regelhaftigkeit unseres Wissens, insbesondere unseres Alltags- oder Allgemeinwissens. »Napoleon starb auf

Sankt Helena.« »Wellington war traurig.« Diese einfachen Aussagesätze stellen einen Computer vor ungeahnte Probleme. Zwar sind selbst die einfachsten Programme in der Lage, den Satz auf seine syntaktische Struktur hin zu analysieren. Aber woher weiß ein Computer, was ›sterben‹ bedeutet, daß es sich dabei um einen Zustand handelt, der das Gegenteil von Leben ist und dessen Resultat in seiner zeitlichen Ausdehnung unendlich ist? Woher weiß der Computer, daß Sankt Helena der Name einer Insel ist, daß eine Insel ein Stück Land in einem Meer ist? Woher weiß der Computer, was Land und was Meer ist? Diese Fragen lassen sich fast bis ins Unendliche ausdehnen. Jeder Begriff muß durch einen anderen Begriff erklärt werden, der wiederum erklärt werden muß. Diesen Wust an Allgemeinwissen in eine abgeschlossene Form zu bringen ist das Ziel des CYC-Projektes gewesen. CYC steht hierbei für enCYClopaedia. Zehn Jahre lang wurde einem Computersystem Daten eingegeben, die ausschließlich aus strukturiertem Allgemeinwissen bestanden. Doch trotz dieser Anstrengung ist es nicht gelungen, ein dem Menschen gleichwertiges System zu konstruieren.

11. Westdeutsch + Ostdeutsch = Gesamtdeutsch? Die deutsche Sprache in den Jahren nach der »Wende«.

Die öffentliche Beschäftigung mit der Entwicklung der deutschen Sprache in der DDR bzw. in den neuen Bundesländern hat nichts an Attraktivität eingebüßt, wenn man als Maßstab dafür die Zahl der entsprechenden Publikationen gelten lassen mag. Spezielle Wörterbücher, die den DDR-Wortschatz behandeln, sind auch noch nach 1990 erschienen, (z.B. Röhl 1991, Hellmann 1992). Der Sprachentwicklung seit 1989/90 sind vier Sammelbände (Burkhardt/Fritzsche 1992, Lerchner 1992, Welke/Sauer/Glück 1992, Reiher/Läzer 1993) und eine Vielzahl von Zeitschriftenartikeln gewidmet: »... die Flut von Tagungen, Kolloquien und Veröffentlichungen zu der Frage, wie schnell das DDR-Deutsch verschwinden würde, ob vielleicht auch einige ostdeutsche Sprach-Reservate über längere Zeit erhalten bleiben würden, und ob neue Kommunikationshindernisse zwischen West- und Ostdeutschen entstehen würden, hat bis heute nicht nachgelassen« Diese Beobachtung von Wolfgang Teubert (1993, 29) ist weiterhin aktuell. Eine »Gesamtdeutsche Korpusinitiative« (vgl. Herberg/Stickel 1992) arbeitet an einem Wörterbuch der Wende, das u.a. »vereinigungsbedingte Neologismen« erfassen soll. In großen Teilen dürfte es sich dabei allerdings um sehr kurzlebige Wörter und Wendungen handeln, von denen sich viele als okkasionelle Bildungen, also lexikalische Eintagsfliegen, entpuppen werden.

Im »Einheitsduden« von 1991 wurden etwa 600 DDR-typische Ausdrücke verzeichnet, die auch in die Neuauflage von 1996 übernommen worden sind (vgl. Augst/Sauer 1992, Sauer 1992, Schaeder 1994). Die Arbeiten zum Sprachgebrauch in der DDR füllen Bibliographien (vgl. z.B. Schlosser 1990, Bauer 1993).

Zur Debatte steht bis heute die Frage, ob die sprachlichen Besonderheiten, die sich in 40 Jahren DDR herausgebildet hatten, mit dem Aufhören der Eigenstaatlichkeit der DDR verschwunden sind bzw. zu Archaismen wurden, oder ob dies nicht oder zumindest nicht durchgängig der Fall ist. Außer Zweifel steht, daß Bezeichnungen für verschwundene Institutionen und politisch-ideologische Spezifika der alten DDR passé sind. Sie sind nur noch von historischem Interesse und werden entsprechend in den Wörterbüchern verzeichnet: »Abschnittsbevollmächtigter – ehem. in der DDR für ein bestimmtes (Wohn)gebiet zuständiger Volkspolizist; Abk. ABV« (Duden, Bd. 1, 1996). Außer Zweifel steht aber auch, daß damit keineswegs alle »DDR-Typika« (Fleischer) verschwunden sind. Es war deshalb bestenfalls voreilig, wenn Michael Kinne behauptete, daß »markant Unterschiedliches im öffentlichen Sprachgebrauch hüben und drüben [...] zum Jahresende hin« (d.h. 1990/91) nicht mehr existiere (1990, 18), wenn Ulla Fix in der Presse verkündete: »Vergessen sind Broiler und Datsche« (SZ 1.12.93, 12), wenn Helmut Schönfeld feststellte, daß »mit der DDR [...] in kurzer Zeit der größte Teil der besonderen Lexik, Bezeichnungen und Namen sowie viele sprachliche Gewohnheiten« untergegangen seien (1993, 193). »Ade, DDR-Deutsch« (Anatolij Domaschneff, 1991)- es wird sich erst noch herausstellen müssen, was sich da verabschiedet hat. Denn es gibt dazu auch ganz andere Meinungen, z.B.: »Daß die Wiedervereinigung nun verwirklicht ist, bedeutet aber ganz und gar nicht, daß hüben wie drüben die gleiche Sprache gesprochen würde. [...] Ein Jahr nach der vollzogenen Wiedervereinigung [sind] auf allen Ebenen Unterschiede zu bemerken, die sicher noch lange Bestand haben werden« (Eroms 1992, 221).

Es ist tunlich, zunächst einmal zu skizzieren, worum es eigentlich geht bei den Varietäten, die als DDR-spezifisch oder DDR-typisch gelten. Dies soll in den folgenden Abschnitten geschehen.

In den Zeiten des kalten Krieges wurden in Westdeutschland die Entstehung und Konsolidierung der DDR als das ausschließliche Resultat sowjetischer Expansionspolitik betrachtet. Jede sprachliche Entwicklung in der DDR wurde aus dieser Sicht interpretiert. »Russischer Sowjetismus und deutsche Sprache« (Hans Koch, 1954), »Deutsche Sprache in östlicher Zwangsjacke« (August Köhler, 1954), »Tausend Wörter Sowjet-Deutsch« (K.P. Werder, 1957) sind nur einige Titel, die diese Bewußtseinslage dokumentieren. Dirk Bauer stellte fest, daß in Westdeutschland in den 50er Jahren »die politisch-propagandistische Ausrichtung die Sprachwissenschaft eindeutig dominiert« (1993, 48f.).

Was an Neuem in der DDR entstand und sich sprachlich materialisierte, wurde im westlichen Staat nur negativ wahrgenommen – das gilt ab den 60er Jahren im wesentlichen auch vice versa. Positiv war ausschließlich das Eigene, Westliche, als fremd, bedrohlich wurde das Andere, Östliche empfunden. Auf der anderen Seite entdeckte man recht schnell die Bedrohung des Deutschen durch imperialistisches Amerikanisch und monopolkapitalistische Manipulation (vgl. Schneider 1970) und förderte *Die Sprache des Arbeiters im Klassenkampf* (Faulseit/Kühn 1974). Doch ihre Sprache war seit mehr als einem Jahrhundert *der* ideologische Fetisch der Deutschen. Die Idee der deutschen Einheit war auf das engste mit ihr verbunden: »was haben wir denn Gemeinsames als unsere Sprache und Literatur?« hatte Jacob Grimm siebzehn Jahre vor der Bismarckschen Reichsgründung gefragt (1854, 9). Solange das Deutsche Reich bestand, keine 75 Jahre lang, war die »Muttersprache« das feste Band, das im bürgerlichen Bewußtsein die Nation umschlang (vgl. Ahlzweig 1994).

Ob eine kleindeutsche Nation – wie 1871 – oder eine großdeutsche – wie 1938, nach dem »Anschluß« Österreichs – war dabei ohne Belang. Erst die Gründung eines Staates, der sich als deutsch *und* als sozialistisch verstand, wurde zum Skandal und ließ die historisch gar nicht so einmalige staatliche Trennung der Deutschen zur »Spaltung der Nation« werden. Die Spaltung der Sprache hatte damit – zunächst einmal aus ideologischen Gründen – zwangsläufig einherzugehen. Weder die Politik der Staats- und Parteiführung der DDR, die in den 50er Jahren programmatisch und propagandistisch eindeutig auf die Wiederherstellung eines einheitlichen deutschen Staates außerhalb der sog. Westintegration ausgerichtet war, konnte an der Spaltungsphobie in Westdeutschland etwas ändern, noch die Beschwörungen aus dem anderen deutschen Staat, an der Einheit der Sprache festzuhalten (z.B. Weiskopf 1955). Bauer stellt fest, daß die einschlägigen Beiträge von DDR-Autoren einen ausgesprochen sprachpflegerischen Charakter gehabt haben und von der »Sorge um die Einheit der Nation« (1993, 49) und um »nationalsprachliche Einheit« (53) geprägt gewesen seien. Eroms (1992, 212) konstatiert, daß in der DDR in den 50er Jahren eindeutig die »gesamtdeutsche Sprachentwicklung [...] im Mittelpunkt« gestanden habe.

Im Vorwort zur 14. Auflage des Rechtschreib-Duden aus Leipzig (1951) hieß es: »Die Feinde unseres Volkes aber, die seine Spaltung und damit seine Vernichtung erstreben, mögen wissen, daß keine Interessenpolitik der Imperialisten das feste Band zerreißen kann, das die Gemeinschaft unserer Sprache um die deutschen Menschen schlingt, die ihr Vaterland lieben«. Drei Jahre später erschien eine Separatausgabe des *Duden* in der Bundesrepublik.

Generell läßt sich heute sagen, daß von zwei deutschen Sprachen nicht die Rede sein kann und zu keinem Zeitpunkt sein konnte. Wolfgang Thierse sagte in einem Vortrag:

»Eine tatsächliche Sprachspaltung hat in den 40 Jahren der deutschen Zweistaatlichkeit nie stattgefunden – entgegen den besorgten bis süffisanten Stimmen aus der westdeutschen Kulturszene und entgegen der zeitweilig [...] offiziell verkündeten Sprachpolitik der DDR, die ihre Eigenstaatlichkeit gerne auch durch eine Eigensprachlichkeit untermauert gesehen hätte. Mitte der 70er Jahre war die DDR-Regierung entschlossen, eine eigene Orthographie-Reform auf ihrem Staatsgebiet durchzusetzen. Verhindert hat diesen entscheidenden Schritt ironischerweise – die Sowjetunion!« (1993, 115).

So richtig seine erste Feststellung ist, so problematisch ist seine Behauptung, die DDR-Regierung habe tatsächlich ernstlich die Eigenstaatlichkeit durch eine Eigensprachlichkeit »untermauern« wollen. Diese Behauptung stützt sich wesentlich auf folgende Passage aus dem Schlußwort Walter Ulbrichts auf der 13. Tagung des ZK der SED, publiziert am 13.6.1970 im »Neuen Deutschland«: »Sogar die einstige Gemeinsamkeit der Sprache ist in Auflösung begriffen. Zwischen der traditionellen Sprache Goethes, Schillers, Lessings, Marx' und Engels', die vom Humanismus erfüllt ist, und der vom Imperialismus verseuchten und von den kapitalistischen Monopolverlagen manipulierten Sprache in manchen Kreisen der westdeutschen Bundesrepublik besteht eine große Differenz. [...]. Die Sprache der Hitlergenerale, der Neonazis und der Revanchepolitiker gehört nicht zu unserer deutschen Sprache, zur Sprache der friedliebenden Bürger der DDR« (zit. nach Bauer 1993, 73. Vgl. auch Eroms 1992, 214f.). Anfang der 70er Jahre haben tatsächlich einige Linguisten versucht, die aktuelle Parteilinie schöpferisch auf die Sprachforschung anzuwenden, jedoch ist der wichtigste ernsthafte Beleg für solche Tendenzen ein 1974 an nicht sonderlich prominenter Stelle publizierter Aufsatz von Gotthardt Lerchner. Dort hieß es: »Die Veränderungen im Gebrauch der deutschen Sprache sind insgesamt so umfassend und tiefgreifend, daß sie den Fortbestand einer deutschen Nationalsprache hier und in der BRD ernsthaft in Frage stellen. [...] Deutsche Sprache bedeutet demnach [...] den abstrakten, historisch bestimmten Sammelnamen für vier gleichberechtigte nationalsprachliche Varianten im Geltungsbereich von vier selbständigen Nationen.« (Lerchner 1974, 263, 265). Bei den DDR-Linguisten stieß dieser Beitrag eher auf Skepsis. Einer von ihnen, Klaus Welke, stellt in der Rückschau fest, daß sie sich »bekanntlich nicht lange bei dieser nun auch nicht besonders breit und vehement vorgetragenen These aufgehalten« hätten (1992, 5).

Das im Zusammenhang mit der »Vier-Nationen-Lehre« bzw. der »Vier-Varianten-These« kolporierte Gerücht (vgl. Thierse a.a.O.), die Sowjets hätten DDRsche Orthographiereformer vor einer Pressekonferenz 1975 in Wien »zurückpfeifen« müssen, um eine separate Rechtschreibreform in der DDR zu verhindern, ist noch nie durch Dokumente belegt worden (vgl. Sauer 1992).

Den Stein des (westlichen) Anstoßes bildete von allem Anfang an immer nur – und das wird bis heute allzu oft übersehen – ein Teilbereich, nämlich die Lexik. Und hier ist es wiederum ein Teilbereich, der als auffällig wahrgenommen wurde, nämlich einige Nomina, meist Substantive, und nominale Wendungen sowie ihre Abkürzungen, daneben eine Handvoll Verben. Thierses Warnung davor, die Lexik mit »der Sprache an sich« zu verwechseln, ist hier zu beherzigen (1993, 116).

Auf der morphologischen, grammatischen und orthographischen Ebene ist die Einheitlichkeit der deutschen Standardsprache stets voll gewahrt geblieben, wie Gustav Korlén (1967/69), Hans Reich (1968) und vor allem Walter Dieckmann (1967, 1969, 1989) seit 30 Jahren immer wieder betont haben. Warum vielen Bewohnern der Bundesrepublik die Sprache in der DDR als fremdartig, abweichend von ihrer eigenen erschien, hat eine simple Erklärung. Sprachliche Äußerungen, als deren Herkunftsland die DDR erkennbar war, waren in erster Linie solche aus der Domäne der öffentlichen, politischen Sprache. Es waren ungewohnte Wörter, stereotype Wendungen, topische Attribute, die diese Art von DDR-Deutsch kennzeichneten, und sie dienten überwiegend der Bezeichnung institutioneller und politischer Sachverhalte. »[...] über Jahrzehnte hinweg [festigten sich] Differenzierungen im Sprachgebrauch und in den Verfahren der kommunikativen Bearbeitung von Situationen und Aufgaben, die vor allem mit den divergierenden politisch-sozialen Lebenswelten verbunden waren, auf engstem Raum« (Beneke 1993, 213), und es ist nicht sehr wahrscheinlich, daß sich solche Differenzierungen innerhalb weniger Jahre spurlos verflüchtigen.

Tatsächlich füllten auch Wörter wie *Erntebrigade, Betriebskampfgruppe, Staatsrat, Zentralkomitee* die Wörterbücher, ebenso zahlreiche Zusammensetzungen mit Schlüsselbegriffen wie *Volk (volkseigen,*

Volksarmee, Volkskammer, Volkskontrolle, Volkskorrespondent, Volkssolidarität usw.), *national (nationale Front, Nationalpreisträger, Nationalkultur* usw.), *Frieden (Friedensfahrt, Friedensgrenze, Friedensstaat* usw.). Auch Wendungen mit *gesellschaftlich* oder *ökonomisch (gesellschaftliches Eigentum, ökonomische Hauptaufgabe* u.a.) lassen sich einigermaßen gut lexikalisieren. Schwieriger war es bei den vielen schmückenden Beifügungen, die als Topoi immer wieder verwendet wurden. *Fest und unverbrüchlich* war die Freundschaft mit anderen sozialistischen Ländern, *allseits gefestigt* das Bündnis zwischen den Parteien in der DDR, *konsequent parteilich* der Standpunkt eines Schriftstellers, *fortschrittlich demokratisch* oder *offen reaktionär* waren politische Gruppierungen im westlichen Ausland. Bei stereotypen Wendungen wie *die konsequente Erfüllung der Hauptaufgaben* oder *das vom Geist des proletarischen Internationalismus geprägte Treffen* waren die Grenzen eines Wörterbuches allerdings überschritten. Zweifellos gab (und gibt) es auch »westliche« Formeln dieser Art, doch wies der öffentliche Sprachgebrauch in der DDR einen vielfach höheren Anteil an solchen politischen Floskeln auf, die in den entsprechenden Zusammenhängen gewissermaßen rituell zu verwenden waren.

Alle diese Wörter, Zusammensetzungen, Attribute und Wendungen waren für westliche Augen und Ohren als DDR-typisch markiert, aber nicht grundsätzlich unverständlich. Die Bildungselemente gehören samt und sonders zum Inventar des Deutschen und sind in ihrer Bedeutung annähernd entschlüsselbar. Dennoch trugen sie maßgeblich dazu bei, in den Köpfen mancher Bundesbürger die Vorstellung von einer eigenen »DDR-Sprache« entstehen zu lassen.

Die oft beschworenen Verständnisschwierigkeiten schrumpfen beinahe zu einem Nichts zusammen, wenn der Rahmen öffentlicher Sprache verlassen wird. Niemand klagte darüber, daß er die Lokalseiten der *Leipziger Volkszeitung* nicht verstünde, die Sendungen von »Radio DDR« ihn überforderten, er bei Besuchen oder Telefonaten mit Ostverwandten sprachlich bedingte Verständigungsprobleme gehabt hätte. Auch die zahlreichen Werke von DDR-Autoren, die im Westen weit verbreitet waren, stützen die These von der einheitlichen deutschen Sprache. Beim Gespräch mit DDR-Bürgern hat nie jemand nach einem Dolmetscher gerufen. Und die Bücher etwa von Christa Wolf, Stephan Hermlin, Irmtraut Morgner oder Ulrich Plenzdorf wurden ohne Erläuterung etwaiger sprachlicher Probleme auf den Westmarkt gebracht. Sie waren und sind trotz ihrer lexikalischen DDR-Typika verständlich. Der DDR-typische Wortschatz läßt sich folgendermaßen klassifizieren:

1. Termini der marxistisch-leninistischen Theorie und ihrer organisatorischen Praxis, die in der Tradition der Arbeiterbewegung ihren Platz schon lange vor 1933 hatten, z.B. *Bourgeoisie, Genosse, Zentralorgan, Agitprop, Orgbüro, Politschulung, Kader.* Hierher gehört auch eine Reihe »erstarrter Metaphern« (Thierse 1993, 118), z.B. Schimpfwörter für den Klassenfeind wie *Lakai, Marionette, Steigbügelhalter, Handlanger, Büttel, Kettenhund* (jeweils: *des Imperialismus), Börsenjobber, Wallstreethyäne, Immobilienhai,* ebenso Süßliches aus dem »sozialistischen Poesiealbum« (ebd.), z.B. *lichte Höhen der Kultur, zutiefst humanistisches Grundanliegen, die wie den eigenen Augapfel gehütete Einheit der Arbeiterklasse, die unverbrüchliche Freundschaft mit der großen Sowjetunion.*

2. Wörter, die eine Bedeutungserweiterung oder -verschiebung erfahren haben, z.B. *Aspirant* (Bezeichnung für wissenschaftlichen Nachwuchs, sonst ›Bewerber, Anwärter‹), *Brigade* (Arbeitsgruppe in der Industrie, sonst ›Abteilung Soldaten‹), *Rekonstruktion (eines Hauses)* (im Westen: Renovierung; *Rekonstruktion* sonst ›Wiederherstellung‹). Hier kann auch die für West-Ohren veraltet und spießig klingende Anrede *werte Bürgerin, werter Herr* genannt werden.

3. Wörter mit neuer Bedeutung, z.B. *Jugendfreund* (offizielle Anrede für Mitglieder der FDJ – im Westen gab es eine gleichnamige evangelische Kinderkirchenzeitschrift), *Kommissionshandel* (Kooperation zwischen Staatsbetrieben und privaten Kaufleuten), *Oberstudienrat, Sanitätsrat* (Titel für besonders verdiente Lehrer bzw. Ärzte), *Reise-* oder *Ferienscheck* (Berechtigungsschein für Urlaubsreisen), *Kundschafter (des Friedens)* (positiv) – *Spion* (negativ).

4. Neuprägungen durch Komposition oder Ableitung (4a) oder Phraseologisierung (4b), z.B.

4a. *Feinfrostgemüse* (Tiefkühlgemüse), *Luftdusche* (Fön), *Getränkestützpunkt* (Kiosk, der Getränke verkauft), *PGH Farbenfreude* (Malergeschäft, heute öfters: *Farbenfreude GmbH*), *Neuererwesen* (Organisation von »Aktivisten«), *Chemisierung* (Anwendung chemischer Verfahren in anderen Wirtschaftszweigen), *Faserschreiber* (Filzstift).

4b. *Es geht seinen sozialistischen Gang* (zunächst optimistisch, später nur noch sarkastisch gemeint: ›es ist nicht absehbar, ob eine Angelegenheit einer Lösung zugeführt werden wird‹), *ein Auge ausfahren* (›sehr erstaunt sein‹), *sich einen Kopf machen* (›intensiv über ein Problem nachdenken‹), *gepflegte HO-Gastlichkeit* (Formel zur Charakterisierung von Qualität und Niveau einer staatlichen Restaurantkette), *Gastmahl des Meeres* (Fischrestaurant), *gastronomische Betreuung einer Reisegruppe* (Verpflegung einer Touristengruppe), *Kaffee komplett* (Kaffee mit Milch und Zucker), *Versorgung der Bevölkerung mit Gütern des gehobenen Bedarfs, industriebedingter Nebel* (Smog).

Die Zahl der zu 1. bis 4. gehörenden Wörter und Wortgruppen ist erheblich, mit ihnen füllten die Wörterbuchmacher den größten Teil ihrer Wortlisten. Es bereitet nicht unbedingt Schwierigkeiten, ihre Bedeutung zu erschließen, wenn entsprechende historische Kenntnisse vorhanden sind, der Kontext ihrer Verwendung beachtet wird oder die einzelnen Bestandteile sinngemäß zusammengefügt werden. Als DDR-spezifisch waren sie nur in einem recht allgemeinen Sinn zu bezeichnen. Schwieriger zu entschlüsseln waren die tatsächlichen Neuwörter, die in der DDR entstanden sind. Dazu gehören:

5. Warennamen, die als Ersatz für Produkte dienten, deren Warenzeichen in westlichen Ländern geschützt waren, z.B. *Gothaplast* für *Hansaplast®*, *Margonwasser* für Selterswasser, *Totalvision* für *Cinemascope®*, *ORWO* (Original Wolfen) für Produkte der ehemaligen AGFA Filmfabrik in Wolfen, wo der Farbfilm *Orwocolor* heute noch hergestellt wird.

6. Kunstwörter, vielfach Silbenabkürzungen, zur Bezeichnung neuer Waren, Einrichtungen oder Verfahren aus der DDR, z.B. *Dederon* (Chemiefaser; der Name beruht auf der Abkürzung des Staatsnamens), *Rewatex* (Reinigen und Waschen von Textilien), *spezitex* (spezialbehandelte/knitterarme Textilien), *DEWAG (Deutsche Werbe- und Anzeigengesellschaft), DEUTRANS (Deutsche Transporte).*

7. Bezeichnungen von Ladenketten, z.B. *HO-Markt* (Supermarkt der staatlichen Handelsorganisation), *Delikatladen* (Verkauf hochwertiger Lebensmittel), *Exquisitladen* (Verkauf westlicher oder besonders begehrter einheimischer Produkte), *Menüladen* (Verkauf von Fertiggerichten), *Vitaminbasar* (Verkauf von Obst und Gemüse). Die Lebensmittel, die man in der Bundesrepublik beim *Discounter* oder im *Supermarkt* kaufte, kamen in der DDR aus dem *Konsum* oder der *Kaufhalle.* Inzwischen kauft man auch in Stralsund oder Görlitz bei Norma oder Aldi. Das schöne Wort *Shop* war schon lange vor der Wende gemeinsames Sprachgut.

8. Institutionsbezeichnungen, die mit *Inter-* gebildet sind, z.B. *Intervision* (entsprach der westlichen *Eurovision*), *Interflug* (Luftfahrtgesellschaft der DDR), *Interhotel* (Hotelkette für vorwiegend westliche Ausländer), *Interpelz* (staatliche Pelzhandelsorganisation). Spitzenreiter dieser Kategorie war der allseits bekannte *Intershop* (Laden, in dem vorwiegend westliche Waren gegen konvertible Währungen verkauft wurden).

9. Russizismen waren besonders in der Literatur der 50er Jahre populär, haben aber quantitativ nie eine Rolle gespielt. *Stachanow- und Kowaljowmethode* (Aktivistenbewegung in der UdSSR), *Jarowisation* (Verfahren zur Verkürzung der Vegetationszeit von Pflanzen),

Oblomowerei (lebensuntüchtige, träumerische, passive Grundhaltung, nach Oblomov, dem Titelhelden eines Romans des russischen Schriftstellers Gontscharow) und *Kombine* (Maschine, die verschiedene Arbeitsgänge gleichzeitig ausführt) waren in vergangenen Tagen beliebte Zeugnisse für die »Russifizierung« der deutschen Sprache. Ein richtiges deutsches Wort – hüben und drüben –, ist im Laufe der Jahre nur der *Sputnik* (russ. ›Begleiter, Weggefährte‹) geworden; die *Datsche* heißt im Westen *Wochenendhaus* oder *Laube* und ist dort wie *Samowar* und *Troika* ein Fremdwort geblieben. *Glasnost* und *Perestroika* sind inzwischen als Begriffe in die deutsche Sprache (und den »Einheitsduden« 1991) eingegangen, ohne DDR-Typika gewesen zu sein. Dazu traten einige kulinarische Bezeichnungen, die man auf Speisekarten in der DDR genauso finden konnte wie in dortigen Wörterbüchern. *Soljanka* (eine säuerliche Fleischbrühe) und *Letscho* (Paprikagemüse) waren im Westen nicht so populär wie *Borschtsch* (Kohlsuppe mit Rote Beete). Auch die Wendung *Fakt ist, daß* ... ist ein Russizismus, der in der Alltagssprache der DDR üblich war und in den neuen Bundesländern heute noch verbreitet ist. Dazu kamen – als morphosyntaktischer Slavismus – die (z.T. mehrfache) Genitivattribution z.B. bei Straßennamen wie *Allee der Bauschaffenden, Straße des 30. Jahrestages der DDR, Straße der Helden der Arbeit.* Dabei sollte man nicht übersehen, daß es so etwas auch im Westen gab, z.B. *Straße des 17. Juni, Platz der Luftbrücke.*

10. Genuine Neubildungen aus der DDR erfreuen vor allem die Herausgeber der Wörterbücher zur DDR-Sprache. *Trabbi* (Auto der Marke *Trabant*) und *Broiler* (Brathähnchen) werden heute von vielen Bundesbürgern (West) verstanden. *Plaste und Elaste* (Kunststoffe) kannte jeder Autofahrer, der häufiger die Transitstrecke von Helmstedt nach Berlin-West benutzte (Abb. 8). *Ketwurst* (Currywurst mit Ketchup), *Krusta* (ein pizzaähnliches Gebäck), *Grilletta* (bulettenartiges Fleischstück, dem »Hamburger« (West) ähnelnd), *Eisjuice* (eisgekühlter Fruchtsaft) und *Delihering* (Bismarckhering) waren Spezialitäten der DDR-Imbißbuden; in Restaurants gab es die *Sättigungsbeilage.* Der Entsorgung diente die *Speckitonne* (Abfalltonne für Lebensmittel, die zur Schweinezucht verfüttert wurden). So wurden sie zu *Sero* (Sekundärrohstoff). *Winkelelement* (Sammelbezeichnung für Fahnen und Transparente) und *das Q* (Qualitätssiegel für besonders hochwertige Waren) sind Beispiele für Neubildungen, die in der DDR verwendet wurden, dem westlichen Besucher aber oft nicht geläufig waren, ebensowenig wie ein Antonymenpaar der Vor-Wende-Zeit: *Ausreiser – Hierbleiber.*

Manches von dem, was westlicherseits als DDR-typisch klassifiziert wurde, muß mit Vorsicht betrachtet werden. Ob Berufsbe-

Abb. 8

zeichnungen wie *Stadtbilderklärer* (Fremdenführer) oder *Schallplattenunterhalter* (Disc-Jockey) im tatsächlichen Sprachgebrauch beobachtet worden sind oder als längst verschiedene Eintagsfliegen ihr Dasein nur noch in manchen Lexika fristen, ist wegen fehlender Quellennachweise leider nicht zu entscheiden. In Wörterbüchern aus der DDR sind sie nicht zu finden. Die *Kaliningrader Fleischbällchen* (Königsberger Klopse), die *rauhfutterverzehrende Großvieheinheit* (Kuh), der *Frühlingsschokoladenhohlkörper* (Schokoladen-Osterhase), die *Jahresendfigur mit Flügeln* oder *geflügelte Jahresendfigur* (Weihnachtsengel) und der *flexible Schüttgutbehälter* (Sack) sollten als das angesehen werden, was sie tatsächlich waren: als Jux. Die *Jahresendfigur mit Flügeln* hat die Süddeutsche Zeitung noch am 1.12.1993 ernsthaft zitiert. Hingegen gab es den *Staatszirkus der DDR* wirklich; allerdings wies das »Presseamt des Ministerrats der DDR« die Redaktionen des Landes 1985 an: »Nicht vom ›Staatszirkus der DDR‹ sprechen, den Namen umschreiben« (zit. nach Thierse 1993, 122). Auch dieser Staatszirkus ist nach der Wende elend eingegangen.

Manche ironisch gemeinte Wortbildung, z.B. aus der satirischen DDR-Zeitschrift *Eulenspiegel*, wurden im Westen auf wundersame Weise zur sprachlichen Realität. Die *sozialistische Aufzugsgemeinschaft* (angeblich: Bewohner von Hochhäusern, die gemeinsam den Fahrstuhl zwecks Stromsparens benutzen) wurde in der Westpresse ernstgenommen und bissig kommentiert. Ein *Eulenspiegel*-Redakteur hatte sie erfunden. Ähnliches verhielt es mit der *sozialistischen Wartegemeinschaft* (Schlange vor einem Laden). Und was von solchen Blüten angeblicher DDR-Umgangssprache zu halten ist wie *Erichs Krönung* (für eine Kaffeemischung), *Lampenladen Mitte* (für den »Palast der Republik«), *Telespargel* (für den Berliner Fernsehturm am Alexanderplatz), das sei dahingestellt. Angesichts des berüchtigten Berliner Volksmundes (West) sollte eine kritische Distanz gegenüber dem östlichen Pendant gewahrt werden. Allzu leicht entpuppen sich solche »liebevollen Bezeichnungen« (Ahrends 1986, 180) als einfache Mache. Auch die Kultur des politischen Witzes in der alten DDR, die nach der »Wende« offenbar verschwunden ist, kann hier erwähnt werden. Womöglich komplementär dazu hatten nach der Öffnung der Grenze im Westen »Ossi-Witze« eine kräftige, manchmal bedenkliche Konjunktur. Inzwischen haben sich die Ossis wieder gefangen und viele »Wessi-Witze« in Umlauf gebracht, z.B. »Der Fuchs ist schlau und stellt sich dumm / beim Wessi ist es andersrum«.

Peter Braun (1992) reflektiert die Frage, ob und inwieweit bestimmte Typen von Bezeichnungen für öffentliche und institutionelle Gegebenheiten in der alten DDR als oppositionelle oder gar subversive Nominationsstrategien eingestuft werden können. Er stützt sich dabei auf die westlichen Wörterbücher des »Wortschatzes der DDR«, in denen sich eine Vielzahl von Belegen für spöttische und sarkastisch-kritische »Gegenwörter« zu offiziellen Benennungen finden lassen; dies ist angesichts deren empirischer Basis ein methodisch nicht unbedenkliches Verfahren.

Hier wird ein generelles Problem der Literatur zur »DDR-Sprache« sichtbar: die Quellenlage. Kinne/Strube-Edelmann beriefen sich ausschließlich auf »schriftsprachliche DDR-Texte des Bereiches öffentlicher Sprachgebrauch« und auf »Wörterbücher der DDR« (1980, 8). Daß so ein sehr eingeschränktes Bild vom »DDR-Wortschatz« gegeben wird, liegt auf der Hand. Nirgendwo reden die Menschen so, wie es in Wörterbüchern steht und wie es Politiker und Bürokraten vormachen, und gerade in der DDR waren die Gegensätze zwischen öffentlichem und privatem Sprachgebrauch besonders groß. Die Konzentration auf »öffentliches« DDR-Deutsch ist deshalb methodisch bedenklich, hat aber in der Literatur zur »Sprache der DDR« Tradition (vgl. Bauer 1993, 62ff.). Constantin (1982) und besonders Ahrends (1986) verfahren an diesem Punkt großzügig und verzeichnen entsprechend viele »liebevolle«, »spöttische«, »umgangssprachliche« Bezeichnungen aus dem »Volksmund«, oft aber ohne Auskunft über die Herkunft ihres Materials zu geben. Ein Eintrag wie der folgende bleibt leider die Ausnahme:

»urst Kraftausdruck der DDR-Jugendsprache, der mittlerweile in die gesamte Umgangssprache Einzug hielt. Superlativ von ›urig‹, meist im Sinne von ›sehr‹ oder ›sehr groß‹, ›sehr schnell‹, ›sehr schön‹, ›sehr stark‹ etc. gebraucht. Z.B. ein u.er Ofen (Motorrad), eine u. heiße Mutter (Mädchen), die Fete war absolut u., ein u.er Typ, etc.« (Ahrends 1986, 186).

Häufig sind jedoch Wörter und Wendungen, die im Alltag der DDR zu hören und zu lesen waren und in den neuen Bundesländern teilweise noch sind, in den entsprechenden Wörterbüchern nicht zu finden:

Schienenersatzverkehr (Beförderung durch Busse bei unterbrochenem Bahnverkehr) konnte man schon damals auch in Westberliner Zeitungen lesen (Tsp. 4.8.1988, 8), nicht aber Ausdrücke wie *Kaffee komplett* (Kaffee mit Zucker und Milch im Gegensatz zu *Kaffee schwarz*), *Jus* (Orangensaft, sprich [tʃy:s], Verballhornung von engl. *juice*) waren ebenso gängige DDR-Wörter wie *Bückware* (Ware, für die der Verkäufer unter den Ladentisch greifen mußte, d.h. die nur über gute Beziehungen zu erhalten war) oder *n' Hunderter Kelle* (Schmiergeld für solche Waren oder seltene Dienstleistungen). Auch Verben wie *umrubeln* (Ostmark verbotenerweise in Westmark tauschen), *genexen* (Westwaren über die Geschenkdienstorganisation GENEX beziehen), *abkindern* (die zurückzuzahlende Summe eines staatlichen Kredits zur Familiengründung durch die Geburt von Kindern vermindern), *brettsegeln* (surfen), *jdn. abschöpfen* (Informationen ahnungsloser Informanden in Geheimdossiers sammeln) oder *jdn. beauflagen* (jemandem (Plan-) Auflagen machen) waren in die einschlägigen Wörterbücher größtenteils nicht aufgenommen. Nach-Wende-Bildungen sind z.B. *plattmachen, entindustrialisieren, abwickeln.*

Julia Liebe-Reséndiz (1992) erweiterte die Frage nach östlichen und westlichen Sprachvarianten, indem sie über die lexikalisch-semantische Ebene hinausgriff und dafür plädierte, pragmatische Faktoren stärker zu berücksichtigen. In ihrer Studie geht es um die Diagnose und Messung von Spracheinstellungen. Sie fand heraus, daß Kommunikationsstile von Sprechern aus den beiden ehemaligen deutschen Staaten von Hörern aus denselben Staaten unterschiedlich wahrgenommen und bewertet wurden. Merkmale wie *locker, selbstbewußt* und *kompetent, der Umgangssprache nahestehend* und *natürlich* wurden durchgängig als »westlich« erklärt, Merkmale wie *leiernd* und *stockend,* lange Sätze und kontrastarme monotone Intonationskurvenverläufe wurden als »östlich« eingestuft. Ihre Vermutung, daß auch hier eine Anpassung der östlichen Deutschen an den westlichen Usus begonnen habe bzw. zu erwarten sei, ist vielfach eingetroffen.

Im *Spiegel* (15/1994, 90) erklärte Wolfgang Müller Befunde dieser Art mit einer »verbalen Schreckstarre«, in welche die »Wende« die Ostdeutschen versetzt habe: »Langsames, ruhiges oder auch leierndes, ja roboterhaftes Sprechen Ost kontrastiert mit schnellem, akzentuiertem Sprechen West« – man darf jedoch vermuten, daß die Ostdeutschen z.B. bei Ehekrächen oder Familienfeiern schon immer schnell und akzentuiert sprechen konnten, und es ist bekannt, daß leierndes, ja roboterhaftes Sprechen im Westen z.B. bei der Einweihung von Behördengebäuden oder bei den Verkehrsnachrichten vorkommt.

Im dem von Wolfgang Fleischer herausgegebenen Buch *Wortschatz der deutschen Sprache in der DDR* (1987) wird betont, daß die Vorstellung von einer eigenständigen »DDR-Sprache« für ihn nicht zur Diskussion steht. Die Einbindung der deutschen Sprache in der DDR in den allgemeinen Entwicklungsprozeß des Deutschen wird dort mehrfach betont, die gleichlaufenden Tendenzen werden gezeigt, z.B. die Zunahme von Anglizismen (S. 182ff.). Die Autoren wollen den gelegentlich in der wissenschaftlichen Literatur verwendeten, analog zu *Austriazismus* und *Helvetismus* gebrauchten Terminus *DDR-Spezifikum* ausdrücklich durch den schwächeren Ausdruck *DDR-Typikum* ersetzt wissen (S. 38ff.; vgl. dazu auch Andersson 1984, 62). Sie stellen unmißverständlich fest: »Es gibt kein besonderes ›DDR-Deutsch‹, wie von manchen – vor allem von Gegnern unserer gesellschaftlichen Entwicklung – behauptet wird« (S. 29). Auch nach dem Ende der DDR hat sich Fleischer (1992) mit dem Begriff *DDR-typische Benennungen* auseinandergesetzt und an zahlreichen Beispielen gezeigt, welchen Veränderungen diese Gruppe von Bezeichnungen derzeit unterliegt und Annahmen geäußert, welchen sie zukünftig unterliegen wird. Seine These, daß die Beseitigung der ideologischen und institutionellen Grundlagen dieses Teilwortschatzes nicht notwendig sein komplettes Verschwinden bedeute, ist überzeugend, ebenso seine Feststellung, »daß es grundsätzlich bei einer deutschen Sprache geblieben ist« (S. 15). Viele Ausdrücke, die man als *DDR-typische Benennungen* klassifiziert hat, werden aller Voraussicht nach weiterbestehen, sei es als langlebige Archaismen, sei es mit Bedeutungs- und Funktionsverschiebungen. Allerdings ist der Ausdruck *DDR-typische Benennungen* obsolet geworden für solche Elemente, die die Wende überlebt und in den neuen Bundesländern nach wie vor lebendig sind. Mangels eines eingebürgerten Ausdrucks könnte man hier von *Ossizismen* sprechen. Dabei ist klar, daß diese Bildung, die auf einem umstrittenen umgangssprachlichen Ausdruck beruht, nicht ohne weiteres Aussichten hat, terminologisiert zu werden. Immerhin hat es der *Besserwessi* zum *Wort des Jahres* 1991 gebracht, was vermuten läßt, daß die Karriere von Bildungen mit den Basen *Ossi* und *Wessi* noch nicht abgeschlossen ist; im »Einheitsduden« 1991 sind beide, mit dem Attribut *ugs.* versehen, aufgeführt.

Schließlich sei auf den Umstand hingewiesen, daß es in diesem Kapitel fast durchgängig aus der westlichen Perspektive um sprachliche Eigentümlichkeiten der Ostdeutschen ging. Die Perspektive läßt sich aber auch umkehren, es kann auch gefragt werden, welche Rolle »Wessizismen« im Alltag der neuen Bundesländer spielen und in welchem Maße sie dort als fremd und neu empfunden wurden und noch werden. Sicher waren die DDR-Bürger durch den Empfang des Westfernsehens auch sprachlich gut auf den Westen vorbereitet, aber wohl nicht in allen Bereichen. Dies dürfte besonders dann der Fall gewesen sein, wenn die bezeichneten Gegenstände, Sachverhalte, Einrichtungen oder Dienstleistungen in der DDR nicht existierten, z.B. bei Ausdrücken wie *Trimm-Dich-Station, Kitchenette, Gerechtigkeitslücke, FCKW-frei*. Bauer (1993, 140f.) nennt das gemeinte lexikalische Feld den »Wortschatz der Risikogesellschaft«. Dazu gehören auch Wörter wie *Minusbeschäftigung, Erlebniswelt* und vieles andere, was in Glossaren wie Eckhard Henscheids »Dummdeutsch«-Sammlung (1993) oder im »Wörterbuch des Gutmenschen« (Bittermann/Henschel 1994, 1995) dokumentiert wurde.

Zur Illustration soll hier aus der Arbeit der Leipziger Linguistin Marianne Schröder eine Liste von Ausdrücken für hochschulbezogene Sachverhalte, Institutionen und Vorgänge zitiert werden, die sie vor und nach 1989/90 gesammelt hat. Als ungebräuchlich, eventuell unverständlich, mitunter archaisch für Ostdeutsche führt sie u.a. folgendes auf:

Geisteswissenschaften, Studienprogramm, Projekt, Prüfungsordnung, Zulassungsbeschränkung, Schein, Vordiplom, Habilitationsschrift, rückmelden, experimentieren, Grund-, Haupt-, Zusatz-, Zweit-, Aufbaustudium, Pro-, Haupt-, Oberseminar, Sommerkurs, Telekolleg, Magisterprüfung, Studienfahrt, Sommer-, Winter-, Fach-, Hochschul-, Auslandssemester, Lehramtsstudent, Magisterstudent, Erstsemester, Ordinarius, Akademischer Rat, Studentenwerk, Studentenkanzlei, Sprachenzentrum.

Als DDR-Typika gestrichen hat sie u.a. folgende Ausdrücke:

Gesellschaftswissenschaften, Sonderstudienplan, Studentensommer, -tage, Direkt-, Fern-, Teil-, Zusatz-, Forschungs-, Beststudent, Fachschulabsolvent, Seminargruppe, Studienjahr, Lehrer im Hochschuldienst, Akademiemitglied, Direktor für Forschung bzw. für Erziehung und Ausbildung, Seminargruppenberater, Studienjahresbetreuer, Forschungskollektiv, Betriebsakademie (Schröder 1992, 288ff.).

Diese Aufzählung soll lediglich zeigen, daß die institutionelle Neuorganisation spürbare sprachliche Folgen hatte, d.h. daß im Osten viel mehr Westdeutsches gelernt und verstanden werden mußte als umgekehrt: »Die Konfrontation der neuen Bundesbürger mit einer Fülle an neuen Sachverhalten und Bezeichnungen, die ihnen fremd sein mußten, zwingt zu Anpassungsleistungen, die mehr Kraft erfordern, als sich ein Altbundesbürger überhaupt vorstellen kann« (Schlosser 1993, 150).

Themen wie *Sprache der DDR* und *Sprache der Wende* sind heute historische bzw. veraltende Themen. Die letzten Jahre haben für die deutsche Sprache eine Umbruchsituation gebracht. Dieser Umbruch ist nicht so einschneidend wie derjenige nach 1945, aber er bewirkte Veränderungen, die weit über die einschlägigen Bereiche des Wortschatzes hinausgehen, namentlich im Bereich pragmatischer Normen. Bestimmender Faktor ist nicht nur die Tatsache, daß der deutsche Kernsprachraum nun staatlich vereinigt ist, sondern auch die europäische Integration Deutschlands. Die Rolle des Deutschen als internationaler Sprache in Europa steigt erheblich, insbesondere in den Ländern Ost- und Ostmitteleuropas (vgl. Kapitel 1). Und gerade dort haben DDR-Spezifika ein womöglich langlebiges Refugium gefunden bei Deutschlehrern und Germanisten, die ihre Ausbildung in der DDR genossen haben und heute noch – mangels Alternativen – mit alten DDR-Lehrmaterialien unterrichten müssen. Es wäre folglich zu kurz gegriffen, wollte man das Thema »Die deutsche Sprache nach der Wende« auf das Archivieren der sprachlichen Hinterlassenschaften der ehemaligen DDR beschränken. Sicherlich ist auch das notwendig und sinnvoll, denn ein Teil von ihnen wird dem Deutschen als Archaismen erhalten bleiben. Ihre Kenntnis wird, etwa beim Lesen von DDR-Literatur, weiterhin nützlich sein.

Einige DDR-Typika werden zweifellos als Ossizismen überleben. Welche das sein werden, wird man in 20 Jahren besser als heute beurteilen können – zum *Abnicken* ist es noch viel zu früh. Aber schon heute kann man *sich einen Kopf darüber machen* (zumindest aber *andenken*), ob aus den blühenden Landschaften des Beitrittsgebiets nicht doch das eine oder andere Wörtchen herüberwächst und in den westlichen Teilen des Landes heimisch wird. Denn Sprachwandel – und damit haben wir es zu tun – ist selten oder nie eingrenzbar auf einen Teil eines Sprachgebiets: In aller Regel gibt es Wechselwirkungen.

12. Dudennorm und Rechtschreibreform

Die deutsche Sprache ist – wie kaum ein anderer Bereich von öffentlichem Interesse – nur wenig vom organisierten staatlichen Zugriff betroffen. Mag auch die Beschaffenheit des Gegenstandes dazu beitragen, erstaunlich ist diese Tatsache allemal. Wenn sich auch der

Umgang mit Sprache nicht besteuern läßt, reglementieren und ggf. überwachen lassen könnte ihn der Staat. Ansätze, das zu tun, lassen sich durchaus finden; sie sind keineswegs auf die zwölf Jahre der nationalsozialistischen Herrschaft beschränkt gewesen. Eine staatliche Behörde aber, die die deutsche Sprache verwaltet hätte, hat es nie gegeben. Und das ist für deutsche Verhältnisse bemerkenswert. 1913 gab es zwar den »Entwurf eines Reichssprachgesetzes«, durch das »Pflege und Schutz der deutschen Sprache« Verfassungsrang bekommen sollten. Ein Reichssprachamt sollte eingerichtet werden, das die Sprache durch Verordnungen hätte pflegen und durch Bußgelder vor den Sprechern schützen sollen. Zur parlamentarischen Beschlußfassung darüber ist es aber nie gekommen (vgl. Sauer 1988).

Man mag sich an der Vorstellung von einer Sprachpolizei als Exekutivorgan eines Sprachamtes – ausgerüstet mit einem Block Strafzettel für falsches Sprechen – belustigen oder sich vor ihr gruseln. Die staatliche Abstinenz gegenüber der deutschen Sprache hat auch ihre Nachteile. In all den Fragen, wo normative Übereinkünfte nötig sind, wird die Verwaltung und Verwertung unserer Sprache privaten Institutionen überlassen. Fast sechs Jahrzehnte lang war es der stocknationale »Allgemeine Deutsche Sprachverein« (ADSV), der als organisierte Lobby mit wechselndem Erfolg Einfluß auf sprachliche Fragen nahm, u. a. bei der Verdeutschung zahlreicher Wörter aus dem Französischen im Eisenbahn- und Postwesen, bei der Abfassung des BGB, bei der Eindeutschung englischer Fußball-Termini. Ehrenmitglied war u.a. der Reichspräsident v. Hindenburg. Sein Nachfolgeverein, die »Gesellschaft für deutsche Sprache« (GfdS), hat bei weitem nicht den Einfluß des ADSV. Eine andere, rein privatwirtschaftliche Einrichtung hatte jahrzehntelang den nachhaltigsten institutionellen Einfluß auf die Entwicklung des Deutschen, vor allem im Bereich der Rechtschreibung und des Wortschatzes, nämlich der Dudenverlag in Mannheim.

12.1 Der *DUDEN* als nationale Institution

Im August 1996 erschien die 25. Auflage des absoluten Bestsellers auf dem deutschen Buchmarkt. Sein Titel ist schlicht: »DUDEN: Die deutsche Rechtschreibung«. Die Absatzzahlen für diesen Band werden auf bis zu 20 Millionen geschätzt, eine genaue Angabe wird es nicht geben, da die Verkaufszahlen des *Duden* ein wohlgehütetes Verlagsgeheimnis sind. Auf dem Titelblatt steht »21., völlig neu bearbeitete Auflage«. Woher kommt der enorme Erfolg dieses Buches, wie läßt sich die Diskrepanz in der Auflagenzählung erklären?

Ein Rückblick: Das wahre Geschäft mit den Tücken der Sprache ist seit mehr als hundert Jahren mit diesem Buch verbunden, sein Name ist zur Institution geworden ist. Es ist benannt nach seinem ersten Verfasser, dem preußischen Gymnasialdirektor Konrad Duden. Gleich nach der Ausrufung des Deutschen Reiches im besetzten Frankreich im Jahre 1871 wurde offensichtlich, daß die Bismarcksche Gewaltlösung der deutschen Frage zwar einen politischen Rahmen für einen deutschen Einheitsstaat geschaffen hatte, aber auch nicht mehr. Um das deutsche Reich sichtbar, fühlbar werden zu lassen, um den Rausch von Versailles aufzufangen und die Einheit Realität werden zu lassen, mußte erst einmal Alltägliches vereinheitlicht werden. Die Arbeit an einheitlichen Gesetzbüchern wurde in Gang gesetzt, die Spurweiten der Eisenbahnen wurden einander angeglichen, Maße und Gewichte auf gemeinsame Normen getrimmt, die Währungen zur »Reichsmark« zusammengefaßt. Die verschiedenen bundesstaatlichen Varianten der deutschen Orthographie störten die reibungslose schriftliche Kommunikation im neuen Reich. Der Versuch, die Rechtschreibung einheitlich zu normieren, mündete in die orthographische Konferenz von 1876. Vertreter der Bundesstaaten, des Reiches und Experten – einer von ihnen war Konrad Duden – legten einen Entwurf für eine einheitliche Reichsorthographie vor. Ihre Verwirklichung scheiterte jedoch am Veto des Reichskanzlers und preußischen Ministerpräsidenten Otto v. Bismarck. Der konservative Bismarck war zornig über den reformfreudigen Entwurf für eine neue Orthographie und verbot ihre Einführung in Preußen kurzerhand. Da Preußen der größte und wichtigste Staat im neuen Reich war, wagte kein anderer Bundesstaat, die Konferenzbeschlüsse in die Tat umzusetzen. Die Misere der uneinheitlichen Rechtschreibung war damit verlängert worden.

Konrad Duden, der zu den reformfreudigsten Mitgliedern der orthographischen Konferenz gehört hatte, legte unmittelbar nach ihrem Scheitern eine Schrift vor, die »Zukunftsorthographie«, in der er mit Verve die Reformvorschläge verteidigte. Als Bildungsprivileg verdammte er die herrschende Orthographie und forderte eine *Rechtschreibung für alle,* ganz im Sinne der liberalen Ideen der Revolution von 1848, an der er teilgenommen hatte. Pathetisch rief er am Anfang seiner »Zukunftsorthographie« aus: »Freunde, viele Freunde muß sie [...] zu gewinnen suchen, und zwar in allen Schichten des Volkes, oben, unten und in der Mitten« (S. 1), doch als ihm in den folgenden Jahren bewußt wurde, daß Bismarcks Verdikt mehr bewirkte als sein flammender Appell, arrangierte er sich mit der Macht.

1880 legte er sein »Vollständiges Orthographisches Wörterbuch der deutschen Sprache« vor, eine schlichte Wortliste, die den durchschnittlichen herrschenden Schreibusus getreulich abbildete. Basis dafür waren die »Regeln für die deutsche Rechtschreibung«, wie sie an preußischen Schulen verwendet wurden. Diesem heute so genannten »Urduden« war rascher Erfolg beschieden. Neuauflage folgte auf Neuauflage. Die sechste erschien 1900. Mit diesem Buch hatte Konrad Duden zwar die aktuellen orthographischen Probleme nicht gelöst, aber er hatte die Konturen vorgezeichnet, wie eine zukünftige einheitliche Reichsorthographie aussehen könnte. Nicht mehr eine durchgreifende Reform, sondern die bloße Angleichung der unterschiedlichen Schreibweisen stand nun im Vordergrund. Auf der zweiten orthographischen Konferenz im Jahre 1901 wurde seine Konzeption im großen und ganzen bestätigt. Anpassung hatte über Reform gesiegt, die Mängel im System der deutschen Rechtschreibung wurden zementiert. Die Beschlüsse von 1901 wurden rasch in Kraft gesetzt, und sie blieben bis 1996 Grundlage der Orthographie.

Konrad Duden äußerte zwar Unbehagen an diesem Ergebnis und wies darauf hin, daß nach der Vereinheitlichung nunmehr eine Reform zur Herstellung einer besseren und einfacheren Rechtschreibung in Angriff zu nehmen sei (Vorwort zur 7. Auflage des *Orthographischen Wörterbuchs*, 1902), aber der eigentliche Gewinner bei diesem Ergebnis war er selbst. Die bescheidenen Änderungen der 2. Konferenz machten weitere Neuauflagen seines Wörterbuchs erforderlich. Erweitere Ausgaben, die sogenannten *Buchdruckerduden*, erschienen für eine Übergangszeit, das *Kleine Wörterbuch*, eine reduzierte Ausgabe, erwies sich als Verkaufsschlager. Konrad Duden hatte mit seinem Wörterbuch eine Institution ins Leben gerufen, die bis heute fortbesteht. Nach seinem Tode im Jahre 1911 gab der Verleger ihr den Namen ihres Schöpfers, und seither – seit der 9. Auflage – heißt der Duden *Duden*.

Im Laufe der Jahrzehnte erschien eine Reihe weiterer Publikationen unter diesem Namen: verschiedene Bücher zur deutschen Sprache, allgemeine und spezielle Lexika und anderes. Doch im Bewußtsein der Deutschen ist und bleibt die »Rechtschreibung der deutschen Sprache und ihrer Fremdwörter« der *Duden*. Unbeschadet überstand das orthographische Normbuch, das immer stärker zu einem kompakten Lexikon der deutschen Sprache ausgebaut wurde, die einschneidenden geschichtlichen Veränderungen dieses Jahrhunderts. In der ersten deutschen Republik ließ man sich zehn Jahre Zeit, das Buch aus dem Kaiserreich der neuen Entwicklung anzupassen, auf die Machtverhältnisse der NS-Zeit reagierte man seitens der Herausgeber prompt mit einer Neuauflage 1934 und einer weiteren, die territorialen Okkupationen berücksichtigenden, 1941. Bald nach Kriegsende erschien eine mühselig und nur unvollkommen von nationalsozialistischen Texteinträgen gereinigte Neuausgabe. Der Verlag, in dem der *Duden* herausgegeben wurde, war bis zu diesem Zeitpunkt das *Bibliographische Institut* mit Sitz in Leipzig.

Nach Bildung zweier deutscher Staaten gab es zwar immer noch *einen* einzigen *Duden*, doch die Spaltung auch dieser Institution war bereits abzusehen. Die sowjetische Militäradministration hatte die Aktiengesellschaft *Bibliographisches Institut* enteignet und den Verlag in einen »Volkseigenen Betrieb« umgewandelt. Die alten Firmeneigner zogen sich – wie so viele andere – in die westlichen Zonen zurück und vertrieben dort den Nachkriegsduden als Lizenzausgabe. Als aber 1951 eine völlig neu konzipierte Ausgabe vom nunmehr *VEB Bibliographischen Institut* in Leipzig/DDR vorgelegt wurde, war die Zeit des Einheitsbuches der deutschen Rechtschreibung abgelaufen. Drei Jahre später kam für die Bundesrepublik aus dem *Bibliographischen Institut AG* in Mannheim eine Separatausgabe in den Handel. Die deutsche Sprache wurde bis 1990 von zwei orthographischen Wörterbüchern auf einem streng geteilten Markt repräsentiert und verwaltet. Fünf Neubearbeitungen sind in der Zeit der Spaltung des *Duden* in Leipzig erschienen, sechs in Mannheim. An beiden Verlagsorten wurden die Auflagen unmittelbar von der letzten gemeinsamen (Nachkriegs-) Ausgabe an, der 13. Auflage, weitergezählt, so daß es von der 14. bis zur 18. Auflage je eine Leipziger und eine Mannheimer Duden-Rechtschreibung gibt.

Sehr unterschiedlich präsentierten sich *Duden* (Ost) und *Duden* (West). Beide waren Wörterbücher der deutschen Rechtschreibung, beide führten in den entsprechenden Teilen – in unterschiedlicher Form und Aufmachung – dieselben Regeln derselben deutschen Orthographie auf – auf der Grundlage des seit 1901 gültigen Regelwerks –, und beide erhoben in ihren Untertiteln den Anspruch, *die* deutsche Sprache zu behandeln. Viel gewichtiger – wie das Land selbst – stellte diese sich in der Ausgabe aus der Bundesrepublik allein vom Umfang her dar. Über 30.000 Stichwörter mehr als in Leipzig wurden zuletzt in Mannheim notiert (107.000 gegenüber 74.000). Dieser gewaltige quantitative Unterschied entsprach nie der tatsächlichen Entwicklung der deutschen Sprache in den beiden deutschen Staaten. Er war nur zu einem geringen Teil mit der unterschiedlichen Sprachentwicklung und den damit einhergehenden einzelstaatlichen Varianten zu erklären. Im wesentlichen mußte diese Differenz den auseinanderklaffenden Arbeitsweisen beider Redaktionen zugeschrieben werden.

Nachdenklich macht folgende Tatsache: Während es in der Leipziger Ausgabe – außer bei einigen wenigen Einträgen im separaten

»Verzeichnis der Abkürzungen [...]« – keine Stichwörter gab, deren Herkunft mit *BRD* markiert war, registrierte der Mannheimer *Duden* etwa 130 Wörter, die den Zusatz *(DDR)* hatten. In den »Hinweisen für den Benutzer« wurde zwar nicht erläutert, was mit dieser Angabe gemeint ist; die entsprechenden Einträge lassen jedoch deutlich werden, daß es sich hierbei um Wörter handelte, die in der DDR entstanden sind und/oder dort verwendet wurden. Im Leipziger Pendant wurde solch ein eigenstaatlicher Wortschatz nicht ausgewiesen. Folgt man nun der Logik der damals getrennten *Duden*, bedeutet dies, daß es a) einen spezifischen Wortschatz der Bundesrepublik überhaupt nicht gab und b) eine Sonderentwicklung der Sprache für die DDR nur aus westlicher Perspektive feststellbar war.

Der Standpunkt der Leipziger Redaktion ließ immerhin die implizite Auffassung erkennen, es gebe nur *eine* deutsche Einheitssprache, während die Mannheimer Position alle Besonderheiten der sprachlichen Entwicklung in der Bundesrepublik der deutschen Sprache schlechthin zuschlug, »das Deutsche« mit der westlichen Varietät gleichsetzte und die DDR-spezifischen Eigenheiten kühn ausgrenzte.

Auf den Vorschlag, der auf dem 14. Internationalen Linguistenkongreß in Berlin (DDR) im August 1987 gemacht wurde, nämlich in Mannheim und Leipzig gemeinsam darüber nachzudenken, was eigentlich in einen *Duden* gehöre, reagierte der Leiter der westlichen Redaktion entsprechend gereizt. »Jedem deutschen Staat sein Wörterbuch« lautete die Überschrift eines Artikels im *Mannheimer Morgen* (24.8.1987, 28), in dem der damalige *Duden*-Chef Günther Drosdowski ausführte: »Das Volkswörterbuch Duden hat nach Auffassung der Mannheimer Redaktion die Aufgabe, den gesamten für die Allgemeinheit bedeutsamen Wortschatz der deutschen Sprache aufzunehmen, also auch Ableitungen und Zusammensetzungen.« Hierbei überging er zwar die Frage, was das eigentlich ist, »der Wortschatz der deutschen Sprache«, verteidigte aber elegant die gewaltige Aufblähung des Mannheimer Wörterverzeichnisses. Die quantitative Differenz zum Leipziger *Duden* kam nämlich in erster Linie durch die Aufnahme einer großen Zahl zusammengesetzter Stichwörter in der Mannheimer Ausgabe zustande. Seit der 17. westlichen Auflage ist zu beobachten, daß immer mehr Nominalkomposita mit zwei substantivischen Komponenten zur Füllung des Wörterbuchs herangezogen werden.

So werden alleine beim Stichwort *Jagd* neunzehn neue Zusammensetzungen verzeichnet. Fanden sich 1968 in der 16. Auflage (Mannheim) acht solcher Komposita, waren es fünf Jahre später bereits 27, und dabei ist es bis heute geblieben. In der 21. Auflage

(1996), finden sich so schlichte Lexemkoppelungen wie *Jagdeifer, Jagdgewehr, Jagdglück, Jagdrennen, Jagdschein.* Die mögliche Anzahl solcher Zusammensetzungen ist fast grenzenlos, und in Mannheim wird das weidlich ausgenützt. Diese Wörter bieten weder Verständnisprobleme noch irgendwelche orthographischen Schwierigkeiten, da sie in jeder Hinsicht durch ihre einzelnen Bestandteile entschlüsselbar sind. Nach welchen Kriterien Komposita in Wörterbüchern Aufnahme finden sollen, ist ein schwieriges Problem, doch irgendwelche beliebig zum Füllen der Wörterverzeichnisse aneinanderzureihen, ist sicher keine Lösung des Dilemmas. Warum steht der *Jagdhund* im *Duden,* nicht aber der *Jagdfalke,* warum die *Jagdgenossenschaft,* nicht die *Jagdgesellschaft*? Warum fehlen rechtliche Begriffe wie *Jagderlaubnis, Jagdverbot, Jagdgesetz, Jagdrecht, Jagdschutz,* wo doch *Jagdschein* und *Jagdzeit* vermerkt sind, warum ist *Jagdzeit* ein bedeutsameres Wort als *Jagdzeitschrift*?

Dieses Vorgehen, das den westlichen *Duden* von der Leipziger Ausgabe im Hinblick auf die quantitativen Entwicklung zunehmend abkoppelte, ist selbstverständlich nicht auf dieses eine Beispiel beschränkt. Kam man in Leipzig bei *Mond* mit 17 Komposita aus, waren es in Mannheim zur selben Zeit 44, bei *Krieg* war das Verhältnis 10 zu 44 usw. Es ist auch nicht auf Nominalkomposita beschränkt, bei den anderen Wortarten verfährt man in Mannheim genauso. Bei den mit Präfixen gebildeten Verbalkomposita verzeichnet der Mannheimer *Duden* 1150 Verben, die mit den Vorsilben *auf/aus/ein* gebildet sind. Leipzig kam zuletzt mit 540 aus. Bei den mit dem Präfix *pro-* gebildeten Einträgen *(probabel – prozyklisch)* enthält der *Duden* (West) 670 Einträge, der *Duden* (Ost) kam mit 340 aus (alle Zahlenangaben aus: Sauer 1988, Kapitel 4, sowie aktuelle Ergänzungen).

Diese Art, ein Wörterbuch zu füllen, bringt dem Benutzer wenig, dem Verleger viel. Letzterer kann nämlich jederzeit die Notwendigkeit einer Neuauflage mit Mengenangaben begründen. »Neu 1991. Über 5000 neu aufgenommene Wörter«- so prangte es von Einband und Lasche der 20. Auflage. Das war der sogenannte Vereinigungsduden, die Ausgabe, die als »der gemeinsame DUDEN für Ost und West« warb. Faktisch ist sie eine Fortschreibung der westlichen Konzeption, die Leipziger *Duden* und ihre Machart sind sang- und klanglos aus der Wörterbuchlandschaft verschwunden. Mit der »geradezu explosionsartigen Ausweitung des deutschen Wortschatzes im zwanzigsten Jahrhundert« (Günther Drosdowski lt. *Mannheimer Morgen,* a.a.O.) haben diese Zahlenspiele nur zum geringen Teil zu tun, mit der Vermarktung der deutschen Sprache eine Menge.

Bei der im August 1996 erschienenen 21. Auflage des *Duden* hat man zwar in der Werbung weitgehend auf das quantitative Moment mit den neu aufgenommenen Wörtern verzichtet, konzeptionell ist jedoch alles beim alten geblieben. Der Grund für die Abstinenz ist wohl damit zu erklären, daß die Werbung für diese jüngste Auflage völlig auf die Neuregelung der deutschen Rechtschreibung abgestellt ist. »Die neuen Regeln. Die neuen Schreibungen« leuchtet in großer Schrift, rot unterlegt, vom Einband dieser Ausgabe dem Leser entgegen.

12.2 Die Rechtschreibreform

1990, in der ersten Auflage dieses Buches, haben wir in Form einer Kapitelüberschrift die Frage gestellt: »Brauchen wir eine Rechtschreibreform?« und sie mit einem klaren »Ja« beantwortet. Seit Juli 1996 ist »die amtliche Regelung der deutschen Rechtschreibung« nun beschlossene Sache, zum 1. August 1998 wird die Neuregelung in allen deutschsprachigen Ländern in Kraft treten, eine Reihe von Staaten mit Deutsch als Minderheitensprache wird sich anschließen. Bis 2005 werden die alte und die neue Orthographie nebeneinander existieren, Schreibungen in der alten Form werden bis zu diesem Zeitpunkt nicht als falsch gelten. Die tatsächliche Einführung der neuen Orthographie beginnt bereits früher, in der Hälfte der deutschen Bundesländer lernen die Erstkläßler seit Schuljahresbeginn 1996 das Schreiben nach der reformierten Rechtschreibung. Damit hat ein gut 20 Jahre lang dauernder Prozeß ein Ende gefunden. Seit Mitte der 70er Jahre arbeiteten Experten aus allen deutschsprachigen Staaten an einer Orthographiereform.

Ende 1988 hatte die *Kommission für Rechtschreibfragen des Instituts für deutsche Sprache*, die in der zwischenstaatlichen Arbeitsgruppe die Bundesrepublik vertrat, ihre Ergebnisse unter dem Titel *Vorschlag zur Neuregelung der deutschen Orthographie* veröffentlicht. Auftragsgemäß hatte diese Kommission ihren »Vorschlag« dem Bundesministerium des Innern und der Ständigen Konferenz der Kultusminister der Länder vorgelegt. Der Auftrag bestand darin, »zu den Bereichen Silbentrennung, Interpunktion, Zusammen- und Getrenntschreibung, Fremdwortschreibung und Laut-Buchstaben-Beziehung Vorschläge für eine Reform des Regelwerks vorzulegen« (Vorschlag, S. VII). Die Kommission setzte sich aus Wissenschaftlern zusammen, Lehrer, Verleger oder Vertreter schreibintensiver Berufe wie Journalisten und Schriftsteller waren ausgeschlossen.

Obwohl der »Vorschlag« alles andere als revolutionär war, obwohl das dringende Problem der geltenden Regeln zur Groß- und Kleinschreibung aufgrund des Arbeitsauftrags ausgeklammert war, heulten die Medien nach seiner Veröffentlichung auf. An ein paar Kleinigkeiten und Beispielen, nicht an der Argumentation und Konsistenz der Arbeit rieb sich die veröffentlichte Meinung. Insbesondere die Vorschläge für einige Veränderungen bei der Laut-Buchstaben-Beziehung wurde zum Anlaß genommen, den »Vorschlag« insgesamt herunterzuputzen und ins Lächerliche zu ziehen. Aus <aa> soll <a> werden (Aal > Al), aus <oo> ein <o> *(Moor > Mor),* aus einem <ai> ein <ei> *(Kaiser > Keiser).* »Der Keiser im Mor?« – so oder ähnlich lauteten die Überschriften in der Provinzpresse, und mit diesen Beispielen war hinreichend begründet, weshalb die Reform insgesamt abzulehnen sei. Feinsinniger reagierten die Kommentatoren der überregionalen Blätter. Vom »Recht auf Rechtschreibung« (FAZ 12.8.1988, 8) war die Rede. Günther Gillesen schrieb dort, sie sollten »schamrot in den Boden sinken«, die »Reformer« (die Anführungszeichen stehen im Original): »Die Muttersprache ist wie die Landschaft, in die man hineingeboren wird, etwas Angestammtes, eine Heimat, aus der niemand vertrieben werden darf (ebd.)« – so bewegende Gleichnisse fand der besorgte Chronist inmitten der idyllischen Fachwerklandschaft der Frankfurter Innenstadt. Und fuhr fort: »Wir haben sie ererbt, wir müssen sie heil weitergeben« – die Sprache, nicht die Landschaft.

»Duden ade? Vom falschen Fummeln an der deutschen Sprache.« Vor dieser Schreckensvision wollte uns die *Zeit* (28.10.88,1) bewahren. Rudolf Walter Leonhardt, ein erfahrener Sprachmann, fummelte lieber selber: »Ein Regel-Buch wie der Duden ist genau das, was wir brauchen. Glücklicherweise haben wir es«. Die meisten Kommentatoren in Presse, Funk und Fernsehen hatten ein fachmännisches Urteil parat, das auf eine schlichte Einheitsformel hinauslief: Alles lassen, wie's ist, *ich* kanns ja. Dementsprechend waren die Leserbriefe. »Die Wissenschaftler sollte man abschaffen« schrieb die BZ-Leserin Frau T. aus Berlin-West. Ein Dipl.-Ing. aus Bielefeld brachte das Problem auf seinen Begriff: »Was sind das für Menschen, die unsere gepflegte deutsche Sprache verändern wollen. Dies können doch nur Umbedeuter sein, aus Langeweile übermütige oder grundsätzliche Umfunktionierer mit Vollbart« (WamS 4.9.88).

»Kübel von Dreck und Hohn« seien über den Reformvorschlag ausgegossen worden, klagte ein Mitarbeiter des IdS, »hinter Schloß und Riegel setzen« wollen habe man die Mannheimer »Deutschapostel, Idioten, Kommunistensäue« usw. (vgl. Sprachreport 4/88, 1). Die Antwort der Kommissionsmitglieder auf die in der Regel völlig unsachlichen und inkompetenten Angriffe war verbal tapfer - kurzfristig. In der Sache waren sie jedoch anpassungsbereit, bis auf Wolfgang Mentrup vom IdS. Er zog aus der Reformkommission aus, weil er die immer stärker verwässerten Überarbeitungen nicht mehr mittragen wollte. Die Chronologie des Nachgebens der Orthographiereformer umfaßt folgende Stationen: 1992 legten sie eine abgemilderte Version ihres Reformvorschlags vor unter dem Titel *Deutsche Rechtschreibung – Vorschläge zu ihrer Neuregelung*. Als Herausgeber zeichnete nun der *Internationale Arbeitskreis für Orthographie,* in dem inzwischen auch die ehemaligen DDR-Orthographen und ihr »marxistisch-leninistischer Kulturbegriff« ein Plätzchen gefunden hatten. Wie dieser Arbeitskreis zustande kam und was ihn legitimierte, blieb ein wenig im dunkeln. Er berief sich weiterhin auf den staatlichen Auftrag, der einst an das IdS ergangen war.

Diese Version wurde Grundlage einer Anhörung durch die Kultusministerkonfernz der Länder und das Bundesministerium des Innern im Mai 1993. Die Meinungen zu dem damaligen Reformentwurf gingen weit auseinander. Völlige Ablehnung signalisierten die Akademien der Wissenschaften. Die *Gesellschaft für deutsche Sprache* forderte eine weitere gründliche Überarbeitung des Entwurfs, der *Verband der Schulbuchverlage* begrüßte in den Grundzügen die Reform, machte sich aber Gedanken über die Folgekosten. Von einer sichtbaren »Rechtschreib-Verdrossenheit« sprach schon damals der Leiter der Duden-Redaktion, Günther Drosdowski. Den Entwurf hielt er für wenig brauchbar, er plädierte für Vereinfachungen in der Groß- und Kleinschreibung.

Nach dieser Anhörung wurde unverdrossen weiter überarbeitet. Im Dezember 1995 sollte die abermals abgespeckte neue Rechtschreibung feierlich beschlossen werden (ein neuer *Duden* war bereits ausgedruckt), da stoppten die Ministerpräsidenten der deutschen Bundesländer den Beschluß. An weniger als 100 Einzelschreibungen von Wörtern hatten sie noch immer etwas zu nörgeln, also wurde noch einmal seitens der Reformer die Reform verwässert. Ein Beispiel: der Freistaat Bayern erreichte, daß der *Heilige Vater* – entgegen den Prinzipien der neuen Regelung – sein großes H behielt.

In der Fachdiskussion büßten die Reformvorschläge immer mehr an Unterstützung ein. Die Reformer verteidigten ihre Rück- und Klimmzüge damit, daß es immer noch besser sei, überhaupt Änderungen zu erreichen, als alles beim alten zu belassen. Die Kritiker hielten ihnen vor allem vor, daß das Erreichte undurchdacht, widersprüchlich und Quelle neuer Schwierigkeiten sei, daß »die Reformatoren nicht wußten, was sie taten« (Welt 24.8.1996, 10). So sind etwa die neuen Regeln für die Getrennt- und Zusammenschreibungen an vielen Punkten willkürlich und erneut auf Einzelfallregelungen angewiesen, z.B. *leer stehend*, aber *freistehend*. Die »vermehrte

Großschreibung« hat z.B. das Problem bei den Personennamen weiter verwirrt: *darwinsche Evolutionstheorie*, aber: *Darwin'sche Evolutionstheorie, Cansteinsche Bibelanstalt*, aber: *luthersche Bibelübersetzung*, und auch die reformierten »Laut-Buchstaben-Zuordnungen« produzieren neue Ungereimtheiten, z.B. *nummerieren* (wegen *Nummer*), aber weiterhin: *numerisch*. Auch aus linguistischer Sicht ist die Reform ein Desaster.

Was nun auf die Deutsch Schreibenden im In- und Ausland zukommt, ist im folgenden zusammenfassend dargestellt. Die nun gültige *Amtliche Regelung der deutschen Rechtschreibung* ist u. a. in der 21. Auflage der Duden-Rechtschreibung abgedruckt.

Die Darstellung folgt in der Sache, nicht in der Systematik, dem Text der amtlichen Regelung, wie er zuerst abgedruckt ist in *Internationaler Arbeitskreis für Orthographie (Hg.): Deutsche Rechtschreibung. Regeln und Wörterverzeichnis* (Tübingen 1996). Die Beispiele sind überprüft anhand der Duden-Rechtschreibung, 21. Aufl. 1996 (sowohl an Einzelwortschreibungen als auch im Regelteil, der immer noch 45 Seiten umfaßt). In diesem Abschnitt verwenden wir die »neue« Rechtschreibung.

Im Bereich der Zeichensetzung ist die Verwendung des Kommas liberaler geregelt. Hauptsätze, die mit *und* oder *oder* verbunden sind, müssen nicht mehr durch ein Komma getrennt werden, z.B.

Erna fuhr in den Urlaub und sie war begeistert über das schöne Wetter.

Erweiterte Infinitive (Infinitivgruppen) und erweiterte Partizipien (Partizipialgruppen) müssen nicht mehr durch Kommata abgetrennt werden. Kommas können gesetzt werden, wenn dadurch die Gliederung des Satzes deutlicher wird oder Missverständnisse ausgeschlossen werden, z.B.

An seine neue Freundin denkend fuhr er ganz vorsichtig.
Wir fordern sie auf nicht zu rasen.
Wir raten ihm kein Geld zu geben.
Wir raten ihm, kein Geld zu geben.
Wir raten, ihm kein Geld zu geben.

Vereinfacht ist die Worttrennung am Zeilenende. *st* wird getrennt, *ck* wird nicht mehr als *k-k* getrennt, sondern bleibt als Konsonantenverbindung erhalten (wie *ch, sch*), z.B.

Der Las-ter brems-te has-tig.
Die Zu-cker-bä-cker kle-ckern kräftig.

Ein einzelner Vokal am Wortanfang kann abgetrennt werden, z.B.

Am A-bend geht A-dolf über E-ckardts e-benen A-cker ans U-fer.

Wörter aus fremden Sprachen (Lehn- und Fremdwörter) können nach Sprechsilben getrennt werden, z.B.

Ein in-te-res-san-tes Si-gnal des Pä-da-go-gen e-lek-tri-sier-te das Pub-li-kum.

Die alte (etymologische) Trennung ist aber weiterhin möglich:

Ein in-ter-es-san-tes Sig-nal des Päd-ago-gen elek-tri-sier-te das Pu-bli-kum.

Lesehemmende oder doppeldeutige Trennungen sollte man auch weiterhin vermeiden, z.B.

Einü-ben, beste-hende, bein-halten, Urin-stinkt

Da die gemäßigte Kleinschreibung der Substantive von der politischen Seite abgelehnt wurde, kommt es nun zu einer vermehrten Großschreibung. Grob kann man sagen: wenn ein Artikel vor dem Substantiv steht oder stehen könnte, wird es großgeschrieben, z.B.

Das ist im Übrigen das Letzte. Im Großen und Ganzen versteht das kein Einziger.

Unterscheidungen zwischen übertragener Bedeutung des Substantivs in feststehenden Verbindungen und seiner konkreten Bedeutung werden nicht mehr getroffen, z.B.

Im Dunkeln tappen / Im Dunkeln durch den Park gehen.
Auf dem Trockenen sitzen / Sich ins Trockene flüchten.

Adjektive in Paarformeln zur Bezeichnung von Personen werden großgeschrieben, z.B.

Arm und Reich, Jung und Alt, Gleich und Gleich feierten gemeinsam.

Tageszeiten werden großgeschrieben nach Adverbien wie *gestern, heute, morgen, übermorgen* usw.

heute Abend, morgen Mittag

Mengen, die nicht in Ziffern angegeben werden, können großgeschrieben werden, müssen aber nicht,

einige Tausend/tausend Reifen
Dutzende/dutzende von Autos

In der Regel klein werden von Personennamen abgeleitete Adjektive und feste Fügungen geschrieben:

die luthersche Bibel, schillersche Gedichte, die erste Hilfe, das schwarze Brett

Die vertraulichen Anredepronomen *du* und *ihr* und die entsprechenden Possessivpronomen *dein, euer* usw. werden generell kleingeschrieben, auch in Briefen, doch die Höflichkeitsanrede *Sie* und die entsprechenden Possessivpronomen *Ihr, Ihre* usw. werden weiterhin großgeschrieben:

Liebe Petra, hast du meine Karte erhalten, geht es dir und deinem Freund gut ...?
Liebe Frau Petra, haben Sie meine Karte erhalten, geht es Ihnen und Ihrem geschätzten Freund gut ...?

Teilweise extrem widersprüchlich sind die neuen Regeln für die Getrennt- und Zusammenschreibung und für die Schreibung mit Bindestrich. Hier wäre vom tatsächlichen Schreibgebrauch her der geringste Regelungsbedarf, man hätte es getrost dem Belieben der Schreibenden überlassen können, ob sie *irgend etwas* oder *irgendetwas*, *Gummi verarbeitende* oder *gummiverarbeitende* Industrie, *8Pfünder, 8-Pfünder, Acht-Pfünder* oder *Achtpfünder* vorziehen. Nach der Neuregelung wird eher getrennt geschrieben. Verbindungen mit einem Verb als zweitem Bestandteil werden meistens getrennt geschrieben, z.B.

Rad fahren (wie Auto fahren), Eis laufen, Halt machen, nahe stehen, sitzen bleiben (auch in der Schule), übrig bleiben, Laub tragende Bäume, zusammen sein.

Alle Verbindungen mit *irgend-* werden zusammengeschrieben:

irgendjemand, irgendetwas.

Mehrgliedrige Anglizismen und einige Zusammensetzungen können zusammen oder getrennt geschrieben werden.

Jobsharing/Job-Sharing, Nofuturegeneration/No-Future-Generation, Ichsucht/Ich-Sucht, Zooorchester/Zoo-Orchester, fetttriefend/fett-triefend

Warum *freilaufende, wild lebende* Hühner mal so und mal so geschrieben werden, warum (einen Brief) *freimachen* und (die Brust) *freimachen* immer in einem Wort, *sitzen lassen* (den Partner) und *sitzen lassen* (die alte Dame in der U-Bahn) immer getrennt geschrieben werden sollen, verstehe, wer will. Die Schreibenden sollten sich dieser Regelung verweigern, in der Übergangsfrist bis 2005 kann die Reform durchaus reformiert werden.

Hauptpunkt der Reform ist die Laut-Buchstaben-Zuordnung. Hier gibt es nur wenige rekursive Regeln, dafür aber eine große Menge von Einzelfallregelungen. Letztere lassen sich nicht generalisieren, sondern müssen einzeln nachgeschlagen (oder auswendig gelernt) werden.

Nach kurzem Vokal steht immer *ss*, nach langem Vokal und Diphthong (Doppelvokal) immer *ß*, z.B.

Kuss, Schlussszene, er muss, nass, Hass, Fass, Riss, Ross, kess, sie lässt, dass, aber: Bus, was, weshalb, Kaktus

Gruß, grüßen, Maß, Schoß, schließen, reißen, aber: Mus

Die Abschaffung des urdeutschen Buchstabens *ß*, den die deutschsprachigen Schweizer seit 60 Jahren nicht mehr benutzen, ist ausgeblieben.

Die Konjunktion *daß* wird zu *dass*, die neue Schreibung schafft die häufige Fehlerquelle, *daß/das* zu unterscheiden, nicht ab. Von den Wortarten und der syntaktischen Funktion her ist diese Differenzierung korrekt. Das, dass das *daß* zu *dass* geworden ist, stört viele.

Bei Zusammensetzungen von Wörtern (Komposition) und bei einigen Ableitungen bleiben alle Buchstaben der einzelnen Teile erhalten, z.B.

Stofffetzen, Seeelefant, Schneeeule, Klemmmappe, Rohheit, selbstständig

Bei einer Reihe von Fremdwörtern, bei denen man ein *z* ([ts]) spricht, kann man dieses auch schreiben, muss es aber nicht:

potenziell/potentiell, Differenzial/Differential.

Bei zahlreichen häufig verwendeten Wörtern aus dem Französischen, Griechischen, Italienischen werden einige Graphem-Verbindungen der deutschen Schreibweise angeglichen, so kann u. a. für *ai* ein *ä*, *ou* ein *u*, *ph* ein *f*, *gh* ein *g*, *rh* ein *r*, *th* ein *t* geschrieben werden. Die bisherigen Formen können weiterhin verwendet werden.

Nessessär, Fon, Delfin, Buklee, Spagetti, Katarr, Hämorride, Panter, Tunfisch

Etliche Wörter bleiben von dieser Vereinfachung ausgenommen, z.B. *Physik, Philosophie, Rheuma, Theater, Theologie*. Die *Orthographie* behält ihr *th*, anstelle des *ph* kann auch *f* geschrieben werden. Zu einer generellen Regelung konnte man sich nicht entschließen, da man mit Protesten seitens der Philosophen, Physiker, Theologen, Rhetoriker und Rheumakranken konfrontiert war. Gerade die Gebildeten wollen ihr gewohntes Schriftbild nicht missen. An die vielen und häufig verwendeten Wörter aus dem Englischen (Anglizismen) hat man sich nicht gewagt. Sie bleiben im Hinblick auf die Laut-Buchstaben-Beziehungen in ihrer oft verwirrenden britischen Schreibung unangetastet, z.B. *light* (amerikanisch: *lite*), *Blue Jeans/Bluejeans, Recycling, Eyeliner, Duty-free-Shop/Dutyfreeshop*. Nicht einmal der *Fan* oder das *Handy* können mit *ä* geschrieben werden. Das Muster *Streik* (strike) oder *Keks* (cakes) blieb ungenutzt.

Nicht verbindlich ist in diesem Zusammenhang die Entscheidung, bei englischen Substantiven, die auf *-y* enden, ausschließlich eine Pluralform auf -ys als verbindlich zu erklären, z.B.: Ladys, Babys, Rowdys.

Im Englischen laufen die korrekten Formen immer auf *-ies* aus (*Ladies, Rowdies* usw.), bisher waren sie auch im Deutschen üblich. Nicht nur Englischlehrer werden diese neue Regel verwunderlich finden.

Eine erkleckliche Zahl von Einzelwörtern wird dem sogenannten Stammprinzip unterworfen, d.h. die neuen Schreibungen entsprechen der Schreibung anderer, meist einfacherer Wörter aus der jeweiligen Wortfamilie. Das gilt nicht immer; manchmal beruht die Änderung nur auf phonetischer Ähnlichkeit und ist bestenfalls volksetymologisch begründbar, z.B.

Gämse (zu Gams), Stängel (zu Stange), Bändel (zu Band), Stuckateur (zu Stuck), nummerieren (zu Nummer), platzieren (zu Platz), verbläuen (wg. blau), Quäntchen (wg. Quantum), Plattitüde (wg. platt).

Dass *verbläuen* nicht zu *blau*, *belämmert* nicht zu *Lamm*, *Tollpatsch* nicht zu *toll* gehören, hat den Reformeifer nicht gebremst. Die *Bullette* (wg. des Rindfleischgehaltes) und *Weinnachten* (wg. des festtäglichen Getränkes) blieben uns erspart. *Nummerieren* wird von *numerisch* unterschieden, das *Paket* nicht dem *Päckchen* angeglichen, die *Zigarette* nicht der *Zigarre*. Beachte: Wer solch häufige Sätze schreibt wie *Die Gämse sprang behände über die Wechte* benutze unbedingt das Wörterbuch. Da *Wächte* – wie die Forschungen ergaben – nicht zu *wachen* gehört, hat sie ihr bisheriges *ä* verloren. Bei den *Eltern* (zu *alt*) bleibt wiederum alles beim Alten, sie bekommen kein *ä*. Das *raue Känguru* verliert bei beiden Wörtern das *h*, die *zähe Kuh* macht aber weiterhin *muh*.

Die Neuregelung in ihrer gegenwärtigen Form lässt sich mit dem Satz zusammenfassen: Wer nichts gewagt hat, gewinnt auch nichts. Wo es am unwichtigsten ist, bei den Kommaregeln und in einigen Fällen der Groß-Schreibung, dort lassen sich einige Erleichterungen entdecken. Liberal wirkt die Tendenz, mehr Doppelformen als bisher zuzulassen.

Die Getrennt- und Zusammenschreibung ist unausgegoren, weil sehr widersprüchlich. Das Stammprinzip wird zwar beschworen, aber seine Auswirkungen bleiben auf wenige Einzelfälle beschränkt. Verändert worden sind häufig Wörter, die kaum einmal in Texten auftauchen. Unsere Beispiele zeigen die inkonsequente Anwendung des Prinzips. Bei Wörtern aus fremden Sprachen ist wenig Prinzipielles, sondern eher ein ängstliches Chaos festzustellen. *Frisör* ja, *Frisöse* nein, *Coifför* nein, *Coiffure* und *Konfitüre* – da steige durch, wer mag.

Der Arbeitskreis betonte stets seine Internationalität, er hat sich jedoch am Ende (gesamt-)deutsch verhalten und sich vor jeglicher

Nörgelei aus einer diffusen Öffentlichkeit gebeugt, Fachkritik aber weitgehend ignoriert. Es ist zu hoffen, dass die künftige *Kommission für Rechtschreibfragen*, die beim IdS eingerichtet wird, Mut beweist und die ärgsten Unsinnigkeiten beseitigt. Wenn sie nicht weiß, wie sie das tun soll, möge sie in die bisher gültigen amtlichen Regeln aus dem Jahre 1901 gucken. Was da nicht geregelt war, muss 2001 nicht penibel geregelt werden. Rechtschreibwörterbücher wie der *Duden* sind das Eine, das Bedürfnis der Schreibenden, Wörter nachzuschlagen, das Andere, aber ein Rahmen in strenger Gesetzesform ist etwas Drittes. Weniger Staat und mehr Mut zur Demokratie auch in der Rechtschreibung stünden der Nation gut an. Der preußische Oberlehrer sollte zu Beginn des dritten Jahrtausends nicht mehr das alleinige Sagen haben.

13. Schlußbemerkung

In diesem Buch haben wir einige Aspekte des Deutschen heute dargestellt und kommentiert, die uns für aktuelle Entwicklungen in unserer Sprache und in ihrem praktischen Gebrauch charakteristisch scheinen. Daß dabei manchmal kursorisch verfahren werden mußte, daß Akzente gesetzt und gelegentlich Wertungen vorgenommen wurden, gehört zur Konzeption dieses Buches. Es gibt einen Überblick über einen aktuellen Zustand, und es ist klar, daß es veralten wird, denn der Zustand unserer Sprache am Ende des 20. Jahrhunderts wird in einer Generation bereits ein anderer sein. Möglicherweise wird sich herausstellen, daß einiges von dem, was wir heute als Trends und Tendenzen beobachten können, normal und alltäglich geworden sein, anderes verschwunden sein wird. Mit ziemlicher Sicherheit wird, um ein Beispiel zu geben, die Alltagssprache zunehmend von den gegenwärtigen und zukünftigen Entwicklungen im Bereich der Computer-Kommunikation betroffen werden – wir stecken mitten in einer technischen Revolution, die unweigerlich auch in der Sprache ihre Spuren hinterlassen wird. Aktueller Bedarf an sprachplanerischer Arbeit ist hier zweifellos gegeben. Ebenso wahrscheinlich ist es, daß einige der Sprachmoden, die in den letzten Jahren chic waren, bald verschwinden und von anderen abgelöst werden, etwa im Bereich der Jugend- und Bewegungssprache oder bei den Laden- und Produktbezeichnungen. Deshalb ist dieses Buch nicht mehr, aber auch nicht weniger als eine Momentaufnahme, die die Konturen des Deutschen heute erkennen läßt.

Literatur

Abraham, Werner, Der Dativ im heutigen Deutschen. In: Colloque du Centre de Recherches germaniques de l'universite de Nancy, II. Nancy 1983, 2-101.

Adorno, Theodor W., Jargon der Eigentlichkeit. Zur deutschen Ideologie. Frankfurt/M. [4]1969.

Ahlzweig, Claus, Muttersprache- Vaterland. Die deutsche Nation und ihre Sprache. Opladen 1994.

Ahrends, Martin (Hg.), Trabbi, Telespargel und Tränenpavillon. Das Wörterbuch der DDR-Sprache. München 1986.

Allensbacher Berichte, Schnell per Du. Allensbacher Berichte 9, 1993, 1-6.

Amendt, Gerhard, Über das Suzen und Diezen an der deutschen Reformuniversität. In: Leviathan 22, 1994, 307-317.

Amendt, Gerhard, Du oder Sie. 1945 – 1968 – 1995. Bremen 1995.

Ammon, Ulrich, Die internationale Stellung der deutschen Sprache. Berlin/New York 1991.

Ammon, Ulrich, Empirische Untersuchungen zur Stellung der deutschen Sprache in Europa in Wirtschaft, Wissenschaft und Politik. In: Born/Stickel 1993, 38-53.

Ammon, Ulrich, Die deutsche Sprache in Deutschland, Österreich und der Schweiz. Das Problem der nationalen Varietäten. Berlin/New York 1995.

Andersson, Sven G., Wortwanderung. Zur Beschreibung der deutsch-deutschen Sprachsituation im Bereich des Wortschatzes. In: Deutsche Sprache, 12, 1984, 54-84.

Aufderheide, Patricia (Hg.), Beyond PC. Saint Paul 1992.

Augst, Gerhard, Neuere Forschungen zur Substantivflexion. In: ZGL 7, 1979, 220-232.

Augst, Gerhard/Sauer, Wolfgang W., Der Duden – Konsequenzen aus der Wende? In: Welke/Sauer/Glück 1992, 71 -92.

Bade, Klaus, J., Vom Auswanderungsland zum Einwanderungsland? Deutschland 1880-1980 (=Beiträge zur Zeitgeschichte, 12). Berlin-West 1983.

Bade, Klaus J. (Hg.): Deutsche im Ausland – Fremde in Deutschland: Migration in Geschichte und Gegenwart. München 1992

Ballmer, Joachim/ Thieroff, Rolf (Hg.), Tense Systems in European Languages. Bd. 1. Tübingen 1993.

Bauer, Dirk, Das sprachliche Ost-West-Problem. Untersuchungen zu Sprache und Sprachwissenschaft in Deutschland seit 1945. Diss. Bochum 1993. Frankfurt/M. usw. 1993.

Bausinger, Hermann, Sie oder Du? Zum Wandel der pronominalen Anrede im Deutschen. In: Ezawa, Kennosuke/Rensch, Karl H. (Hgg.), Sprache

und Sprechen. Festschrift für E. Zwirner zum 80.Geburtstag. Tübingen 1979, 3-11.
Bayer, Klaus, Die Anredepronomina »Sie« und »Du«. Thesen zu einem semantischen Konflikt im Hochschulbereich. In: Deutsche Sprache 3, 1979, 212-219.
Becker, Christine/Lott, Hans-Joachim/Schwarz, Eckhard, Sprache und Wirtschaft – Objektivität, Parteilichkeit und Ideologie im Bereich der Wirtschaft. In: Hölsken, Hans Georg/Sauer, Wolfgang W./ Schnell, Ralf (Hgg.), Sprache, Literatur und Kommunikation. Stuttgart 1974 (= Zur Praxis des Deutschunterrichts, Bd. 1).
Benckiser, Norbert (Hg.), Im Gespräch mit der Sprache. Glossen. Frankfurt/M. 1960.
Beneke, Jürgen, Die jugendsprachliche Varietät – ein Phänomen unserer Gegenwartssprache. In: LS ZISW, Reihe A, Nr. 140, Berlin 1986.
Beneke, Jürgen: Zur Entwicklung der Redeweisen Jugendlicher und ihrer Erforschung in der DDR. In: Jugendwerk der Deutschen Shell (Hg.): Jugend '92. Lebenslagen, Orientierungen und Entwicklungsperspektiven im vereinigten Deutschland. Bd. 3: Die neuen Länder: Rückblick und Perspektiven. Hamburg 1992, 159-169.
Beneke, Jürgen, »Am Anfang wollten wir zueinander ...« – Was wollen wir heute? Sprachlich-kommunikative Reflexionen Jugendlicher aus dem Ost- und Westteil Berlins zu einem bewegenden Zeitthema. In: Reiher/ Läzer 1993, 210-238.
Bergmann, Klaus/Schneider Gerhard (Hgg.), 1945. Ein Lesebuch. Hannover 1985.
Bericht der Bundesregierung zur Zusammenarbeit mit den Nachfolgestaaten der Sowjetunion und den MOE-Ländern in den Bereichen Bildung, Wissenschaft und Kultur. Bonn 1993.
Bericht der Bundesregierung zur Auswärtigen Kulturpolitik 1994/95. Bonn 1996.
Berman, Paul (Hg.), Debating P.C. New York 1992.
Berning, Cornelia, Vom »Abstammungsnachweis« zum »Zuchtwart«. Vokabular des Nationalsozialismus. Berlin-West 1964.
Betten, A., Ellipsen, Anakoluthe und Parenthesen – Fälle für Grammatik, Stilistik, Sprechakttheorie oder Konversationsanalyse? In: Deutsche Sprache 4, 1976, 207-230.
Bittermann, Klaus/Henschel, Gerhard (Hgg.), Wörterbuch des Gutmenschen. Zur Kritik der moralisch korrekten Schaumsprache. Bd. I, II. Berlin 1994, 1995.
Bittner, A., Wie stark sind die schwachen Verben? in: LS ZISW, Reihe A, Nr. 126. Berlin DDR 1985, 51ff.
Blanke, Detlef, Internationale Plansprachen. Berlin 1985.
Bohmann, Stephanie, Englische Elemente im Gegenwartsdeutsch der Werbebranche. Marburg 1996.
Bolte, Henning u. a., Alles paletti. Deutsch für die Grundstufe. Leiden 1987.
Born, Joachim/Dickgießer, Sylvia, Deutschsprachige Minderheiten. Ein Überblick über den Stand der Forschung für 27 Länder. Mannheim 1989.

Born, Joachim/Stickel, Gerhard, Deutsch als Verkehrssprache in Europa (IdS-Jahrbuch 1992). Berlin 1993.
Bornemann, Ernest, Sex im Volksmund. Die sexuelle Umgangssprache des deutschen Volkes. Wörterbuch und Thesaurus. Herrsching 1984.
Bornschein, Matthias/Butt, Matthias, Zum Status des s-Plurals im gegenwärtigen Deutsch. In: Abraham W./Arhammer R. (Hgg.), Linguistik in Deutschland. Tübingen 1987. 135-153.
Braun, Peter (1979a), Tendenzen in der deutschen Gegenwartssprache. Stuttgart usw. 1979, [2]1987, [3]1993.
Braun, Peter (Hg.) (1979b), Fremdwort-Diskussion. München 1979.
Braun, Peter, »Erichs Krönung« im »Palazzo Protzi« – Zur Rolle alltagssprachlicher Kritik vor der Wende. In: Welke/Sauer/Glück 1992, 35-42.
Brown, R./Gilman, A., The Pronouns of Power and Solidarity. In: Sebeok, Th. A. (ed.) Style in Language. Boston, Mass. 1960, 253-276. Wiederabgedruckt in: Giglioli, Pier Paolo (ed.) Language and Social Context. Harmondsworth 1972, 252-282.
Burkhardt, Armin/Fritzsche, K. Peter (Hgg.), Sprache im Umbruch. Politischer Sprachwandel im Zeichen von »Wende« und »Vereinigung«. Berlin/New York 1992.
Buscha, Joachim/Zoch, Irene, Der Konjunktiv. Leipzig 1984.
Buschmann, Matthias: Zur »Jugendsprache« in der Werbung. In: Muttersprache 3, 1994, 219-231.
Carstensen, Broder, Beim Wort genommen, Bemerkenswertes in der deutschen Gegenwartssprache. Tübingen 1986.
De Cillia, Rudolf/Anzengruber, Grete, Fremdsprachenpolitik in Österreich, Mitteleuropa, Osteuropa (= Schulheft, Bd. 68). Wien, München 1993.
Clyne, Michael, The German Language in a Changing Europe. Cambridge 1995.
Constantin, Theodor, Plaste und Elaste. Ein deutsch-deutsches Wörterbuch. Berlin-West 1982.
Coulmas, Florian, Die Wirtschaft mit der Sprache. Frankfurt/M. 1992.
Coulmas, Florian, Was ist die deutsche Sprache wert? in: Born/Stickel 1993, 9-25.
Deutsches Universalwörterbuch. Hg. und bearb. vom Wissenschaftlichen Rat und den Mitarbeitern der Dudenredaktion unter der Leitung von Günther Drosdowski. Mannheim/Wien/Zürich 1983.
Die deutsche Sprache der Gegenwart. Vorträge gehalten auf der Tagung der Joachim Jungius-Gesellschaft der Wissenschaften Hamburg, am 4. und 5. November 1983. Göttingen 1984.
Die Stellung der deutschen Sprache in der Welt. Bericht der Bundesregierung. Bonn 1985, [2]1986.
Die Stellung der deutschen Sprache. Bericht der Bundesregierung. Bonn 1993.
Die Zukunftsorthographie nach den Vorschlägen der zur Herstellung größerer Einigung in der deutschen Rechtschreibung berufenen Konferenz erläutert und mit Verbesserungsvorschlägen versehen von Konrad Duden. Leipzig 1876.

Dieckmann, Walter, Kritische Bemerkungen zum sprachlichen Ost-West-Problem. In: Zs. für deutsche Sprache 23, 1967, 136-165.
Dieckmann, Walter, Sprache in der Politik. Einführung in die Pragmatik und Semantik der politischen Sprache. Heidelberg 1969.
Dieckmann, Walter, Die Untersuchung der deutsch-deutschen Sprachentwicklung als linguistisches Problem. In: ZGL 17, 1989, 162-181.
Dittgen, Andrea Maria, Regeln für Abweichungen. Funktionale sprachspielerische Abweichungen in Zeitungsüberschriften, Werbeschlagzeilen, Werbeslogans, Wandsprüchen und Titeln. Frankfurt/M. u. a. 1989.
Dokumentation der Vertreibung der Deutschen aus Ost-Mitteleuropa. Hg. vom Bundesminsterium für Vertriebene, Flüchtlinge und Kriegsgeschädigte in Verbindung mit Adolf Diestelkamp, Rudolf Laun, Peter Rassow und Hans Rothfels, bearb. von Theodor Schieder. 5 Bde. [8 Teilbde. und 3 Beihefte]. 1954-1961.
Domaschneff, Anatolij J., Ade, DDR-Deutsch! Zum Abschluß einer sprachlichen Entwicklung. In: Muttersprache 101, 1991, 1-12.
Drosdowski, Günther, Rechtschreibung und Rechtschreibreform aus der Sicht des Dudens. Mannheim/Wien/Zürich 1987.
Duden-Grammatik der deutschen Gegenwartssprache. Hg. von der Dudenredaktion unter der Leitung von Paul Grebe. Mannheim 1959.
Duden-Grammatik der deutschen Gegenwartssprache. Bearb. von Paul Grebe u.a. 2., vermehrte und verbessert Auflage. Mannheim 1966.
Duden-Grammatik der deutschen Gegenwartssprache. 3., neu bearbeitete und erweiterte Auflage. Bearb. von Paul Grebe u.a. Mannheim 1973.
Duden-Grammatik der deutschen Gegenwartssprache. 4., völlig neu bearbeitete und erweiterte Auflage. Hgg. von Günther Drosdowski u.a. Mannheim/Wien/Zürich 1984.
Duden-Grammatik der deutschen Gegenwartssprache. 5., völlig neu bearbeitete und erweiterte Auflage. Hgg. von Günther Drosdowski u.a. Mannheim/Leipzig/Wien/Zürich 1995.
Dundes, Alan, Sie mich auch. Weinheim/Basel 1985.
Eco, Umberto, Einführung in die Semiotik. München 1972.
Ehmann, Hermann (1992 a), Jugendsprache und Dialekt. Regionalismen im Sprachgebrauch von Jugendlichen. Wiesbaden 1992.
Ehmann, Hermann (1992 b), Affengeil. Ein Lexikon der Jugendsprache. München 1992.
Eisenberg, Peter, Grundriß der deutschen Grammatik. Stuttgart/Weimar [3]1994.
Eisfeld, Alfred, Die Rußlanddeutschen. München 1992.
Ellermann, Bernd, Schimmel-Dämmerung. Deutsche Behördenprosa. SZ 8./9.11.1986.
Engel, Eduard, Sprich Deutsch! Zum Hilfsdienst am Vaterland. Leipzig 1917.
Engel, Ulrich, Deutsche Grammatik. Heidelberg 1988.
Eppler, Erhard, Kavalleriepferde beim Hornsignal. Die Krise der Politik im Spiegel der Sprache. Frankfurt/Main 1992.
Erben, Johannes, Deutsche Grammatik. Ein Abriß. 11. völlig neu bearbeitete Auflage. München 1972.

Eroms, Werner, Die deutsche Sprache hüben und drüben vor und nach der Wiedervereinigung. In: Emig, Dieter/Hüttig, Christoph/Raphael, Lutz, Sprache und Politische Kultur in der Demokratie. Hans Gerd Schumann zum Gedenken. Frankfurt/M. usw. 1992, 209-224.

Faulseit, Dieter/Kühn, Gudrun, Die Sprache des Arbeiters im Klassenkampf. Berlin 1974.

Flader, Dieter, Strategien der Werbung. Ein linguistisch-psychoanalytischer Versuch zur Rekonstruktion der Werbewirkung. Kronberg/Ts. 1974.

Fleischer, Wolfgang, Wortbildung der deutschen Gegenwartssprache. 4. durchgesehene Auflage. Leipzig 1976.

Fleischer, Wolfgang (Hg.), Wortschatz der deutschen Sprache in der DDR. Fragen seines Aufbaus und seiner Verwendungsweise. Leipzig 1987.

Fleischer, Wolfgang, DDR-typische Benennungen und ihre Perspektive. In: Welke/Sauer/Glück 1992, 15-34.

Fleischer, Wolfgang/Barz, Irmhild, Wortbildung der deutschen Gegenwartssprache. Tübingen [2]1995.

Frecot, Janos/Geist, Johann Friedrich/Kerbs, Diethart, Abriß der Lebensreform. In: Kraushaar, Wolfgang (Hg.), Autonomie oder Getto? Kontroversen über die Alternativbewegung. Frankfurt/M. 1978, 210-245.

Fröhlich, Werner/Gellert, Claudius, Die Lektoren des Deutschen Akademischen Austauschdienstes. Erfahrungen im Ausland und nach der Rückkehr. Frankfurt/M. u.a. 1995.

Gauger, Hans Martin (Hg.), Sprachstörungen. Beiträge zur Sprachkritik. München 1986.

Gauger, Hans-Martin, Auszug der Wissenschaften aus dem Deutschen? in: Merkur 508, 1991, 583-594.

Gaumann, Ulrike, »Weil die machen jetzt bald zu«. Angabe- und Junktivsatz in der deutschen Gegenwartssprache. Göppingen 1983.

Glismann, Claudia (Hg.), Schüler-Sprüche. München 1984.

Glismann, Claudia (Hg.), Amazone steht auf Macho. Kleinanzeigen in der alternativen Presse. München 1985.

Glück, Helmut, Die preußisch-polnische Sprachenpolitik. Hamburg 1979.

Glück, Helmut, Der muttersprachliche Unterricht für die Kinder der Immigranten als sprachen- und bildungspolitisches Problem. In: ISS Informationen zur Ausländerarbeit, 4, 1984, 62-71.

Glück, Helmut, Zweisprachigkeit und Zweitspracherwerb – Ökonomische, politische und linguistische Argumente zu einer aktuellen sprachpolitischen Grundsatzdebatte. In: Deutsch lernen 3, 1985, 15-42.

Glück, Helmut, Schrift und Schriftlichkeit. Stuttgart 1987.

Glück, Helmut, Die deutsche Sprache in der Welt (I, II). Ein Bericht zur Sprachpolitik der Wende. In: ZS 5.1, 1986, 138-147 und 6.2, 1987, 249-258.

Glück, Helmut, Deutsch als Fremdsprache und Deutsch als Zweitsprache. Eine Bestandsaufnahme. In: Zs. für Fremdsprachenforschung I/2, 1991, 12-63. Wieder abgedruckt in: Henrici, Gert/Koreik, Peter (Hgg.), Deutsch als Fremdsprache. Wo warst Du, wo bist Du, wohin gehst Du? Zwei Jahrzehnte der Debatte über die Konstituierung des Fachs Deutsch als Fremdsprache. Baltmannsweiler 1994, 214-255.

Glück, Helmut (1992a), Die internationale Stellung des Deutschen auf dem europäischen Arbeitsmarkt. In: Kramer/Weiß 1992, 47-76.
Glück, Helmut (1992b), Aktuelle Beobachtungen zu den Namen *deutsch* und *Deutschland*. In: Welke/Sauer/Glück 1992, 141-171.
Glück, Helmut, Viele wollen wieder die Sprache Lessings und Goethes lernen. Deutsch in Mittel- und Osteuropa. In: FAZ 30.6.1994, 8.
Glück, Helmut/Sauer, Wolfgang W., La crise de l'allemand. In: Maurais, Jacques (Hg.), La crise des langues. Québec/Paris 1985, 219-279.
Glück, Helmut/Sauer, Wolfgang W., Directions of Change in Contemporary German. In: Stevenson 1995, 95-116.
Glück, Helmut/Schmöe, Friederike, Vademecum Deutsch als Fremdsprache. Bamberg 1995.
Gotta, Manfred et al., Brand News. Wie Namen zu Markennamen werden. Hamburg 1988.
Grimm, Jakob, Vorrede zum ersten Band [des Wörterbuchs der deutschen Sprache]. 1854. Faksimiledruck Darmstadt 1961.
Grosse, Siegfried, Reklamedeutsch. In: Wirkendes Wort 16, 1966, 56-87.
Grundzüge einer deutschen Grammatik. Von einem Autorenkollektiv unter der Leitung von Karl Ernst Heidolph, Walter Flämig und Wolfgang Motsch. Berlin 1981.
Günther, Hartmut, Schriftliche Sprache. Strukturen geschriebener Wörter und ihre Verarbeitung beim Lesen. Tübingen 1988.
Günther, Hartmut et al. (Hgg.), Schrift und Schriftlichkeit. Ein interdisziplinäres Handbuch internationaler Forschung (= Handbücher zur Sprach- und Kommunikationswissenschaft, 10). 2 Bde. Berlin/New York 1994, 1996
Günthner, Susanne, »... weil – man kann es ja wissenschaftlich untersuchen. Diskurspragmatische Aspekte der Wortstellung in *weil*-Sätzen. In: LB 143, 1993, 37 -59.
Haase, Martin, Respekt: Die Grammatikalisierung von Höflichkeit. München 1994.
Handwörterbuch der deutschen Gegenwartssprache in zwei Bänden.Von einem Autorenkollektiv unter der Leitung von Günter Kempcke. Berlin 1984.
Harnisch, Karl-Rüdiger, Die Pluralbildung des Substantivs im Deutschen – Ein Fall von »Grundformflexion«? In: Bassarak, Armin u. a. (Hgg.), Wurzel(n) der Natürlichkeit. Studien zur Morphologie und Phonologie IV. Berlin 1990, 37-55.
Hau, Willi, Sponti-Sprüche. Frankfurt/M. 1981.
Heckmann, Herbert, Irgendwie?. In: Gauger 1986, 67-71.
Heiber, Helmut (Hg.), Goebbels, Reden. Bd. 1. Düsseldorf 1971.
Heinemann, Margot: Kleines Wörterbuch der Jugendsprache. Leipzig 1989.
Heißenbüttel, Helmut, Ich gehe davon aus. Kritik am Zustand der Sprechenden. In: Gauger 1986, 63-66.
Helbig, Gerhard, Grammatik im Kreuzfeuer. Rede anläßlich der Ehrung mit dem Konrad-Duden-Preis der Stadt Mannheim am 16. März 1994. Mannheim 1994.

Helbig, Gerhard/Buscha, Joachim, Deutsche Grammatik. Ein Handbuch für den Ausländerunterricht. Leipzig ^{9}1986, Leipzig u. a. ^{17}1996.
Heller, Karl-Jürgen, Die Sprache der Parteienreklame. Die Sprache der Artikelwerbung. In: Ide, Heinz (Hg.), Sozialisation und Manipulation durch Sprache – Analysen nicht-literarischer Texte (=Projekt Deutschunterricht, Bd. 2). Stuttgart 1974.
Hellmann, Manfred W., Wörter und Wortgebrauch in Ost und West. Ein rechnergestütztes Korpus-Wörterbuch zu Zeitungstexten aus beiden deutschen Staaten. 3 Bde. Tübingen 1992.
Hemmi, Andrea, »Es muß wirksam werben, wer nicht will verderben.« Kontrastive Analyse von Phraseologismen in Anzeigen, Radio- und Fernsehwerbung. Bern 1994.
Henne, Helmut, Jugend und ihre Sprache. Darstellung, Materialien, Kritik. Berlin/New York 1986.
Henscheid, Eckhard u.a., Dummdeutsch. Ein satirisch-polemisches Wörterbuch. Frankfurt/M. 1985.
Henscheid, Eckhard, Dummdeutsch. Ein Wörterbuch. Unter Mitwirkung von Carl Lierow und Elsemarie Maletzke. Stuttgart 1993.
Henscheid, Eckhard, Dummdeutsch. Ditzingen 1994.
Heppe, Hortense von, »Einfach kreativ sein.« Bewegte Sprache als Sprache der Bewegung. In: Berliner Hefte 7, 1978, 13-23.
Herberg, Dieter/Stickel, Gerhard, Gesamtdeutsche Korpusinitiative. Ein Dokumentationsprojekt zur Sprachentwicklung 1989/90. In: Deutsche Sprache 2, 1992, 185-192.
Heringer, Hans Jürgen (Hg.), Holzfeuer im hölzernen Ofen. Tübingen 1982.
Heringer, Hans Jürgen u.a. (Hgg.), Tendenzen der deutschen Gegenwartssprache. Paris/Tübingen 1994.
Heringer, Hans Jürgen, Das Stasi-Syndrom. In: Heringer 1994, 163-176.
Heringer, Hans Jürger/Strecker, Bruno/Wimmer, Rainer, Syntax. Fragen – Lösungen – Alternativen. München 1980.
Hinrichs, Uwe, Die Sprache der »Betroffenheit«. In: Sprachreport 3, 1988, 7-11.
Hinrichs, Uwe, Sprache und sozialer Touch – vom Elend der Psychosprache. In: Muttersprache 97, 1987, 145-152.
Hirsch, Eike Christian, Deutsch für Besserwisser. Hamburg 1976.
Hommel, Hildebrecht, Bemerkungen zur deutschen Sprachverwilderung,. In: Festschrift für Antonio Tovar. Tübingen 1984, 199-210.
Hoppe, Ulrich, Von Anmache bis Zoff. Ein Wörterbuch der Szene-Sprache. München 1984
Hughes, Robert, Nachrichten aus dem Jammertal. München 1994.
Inghult, G., Die semantische Struktur desubstantivischer Bildungen auf *-mäßig*. Stockholm 1975.
Ivo, Hubert, Handlungsfeld: Deutschunterricht. Argumente und Fragen einer praxisorientierten Wissenschaft. Frankfurt/M. 1975.
Janssen, Horst, Deutschland, wie es sich wäscht. In: Blanc, Klaus (Hg.) Tatort Wort. München 1983, 157-162.

Januschek, Franz, Sprache als Objekt. »Sprachhandlungen« in Werbung, Kunst und Linguistik. Kronberg/Ts. 1976.
Januschek, Franz/Schlobinski, Peter (Hgg.), Thema *Jugendsprache* (= OBST 41). Osnabrück 1989.
Jung, Walter, Grammatik der deutschen Sprache. Leipzig 1967, [5]1973, [9]1988.
Kaehlbrandt, Roland, Neuhochdeutscher Alltag. Vom semantischen Rauschen in der Erlebnisgesellschaft. In: Heringer 1994, 121-128.
Kann, Hans-Joachim, Beobachtungen zur Hauptsatzwortstellung in Nebensätzen. In: Muttersprache 82, 1972, 375-380.
Kaufmann, Gerhard, Die indirekte Rede und mit ihr konkurrierende Formen der Redeerwähnung. München 1976.
Kinne, Michael, Deutsch in den Farben der DDR. Sprachlich Markantes aus der Zeit vor und nach der Wende. In: DS 34, 1990, 13-18.
Kinne, Michael/Strube-Edelmann, Birgit, Kleines Wörterbuch des DDR-Wortschatzes. Düsseldorf 1980, [2]1981.
Klein, Wolfgang, Der Wahn vom Sprachverfall und andere Mythen. In: LiLi 62, 1986, 11-28.
Klemperer, Victor, LTI. Notizbuch eines Philologen. Leipzig [2]1968.
Kleßmann, Christoph, Die doppelte Staatsgründung. Deutsche Geschichte 1945 – 1955. Bonn [3]1984.
Kohz, Armin, Linguistische Aspekte des Anredeverhaltens. Untersuchungen am Deutschen und am Schwedischen. Mit einer selektiven Bibliographie zur Linguistik der Anrede und des Grußes. Tübingen 1982.
Kolb, Herbert, Der inhumane Akkusativ. In: Zs. für deutsche Wortforschung 16, 1960, 168-177.
Kommission für Rechtschreibfragen des Instituts für deutsche Sprache, Mannheim: Vorschlag zur Neuregelung der deutschen Orthographie. Mannheim 1988.
Köpcke, Klaus-Michael, Untersuchungen zum Genussystem der deutschen Gegenwartssprache. Tübingen 1982.
Köpcke, Klaus-Michael, Schemata bei der Pluralbildung im Deutschen. Versuch einer kognitiven Morphologie. Tübingen 1993.
Korlén, Gustav, Führt die deutsche Teilung zur Sprachspaltung? In: Moser, Hugo (Hg.), Satz und Wort im heutigen Deutsch. Düsseldorf 1967, 36-54. Überarbeitete und ergänzte Fassung in: Der Deutschunterricht 21, 1969, 5-23.
Korn, Karl, Sprache in der verwalteten Welt. Frankfurt/M. 1958. München [2]1962.
Korte, Barbara, Die Pluralbildung als Paradigma linguistischer Theorien. In: Der Deutschunterricht 38, 1986, Nr.2, 15-30.
Kramer, Wolfgang/Weiß, Reinhold (Hgg.), Fremdsprachen in der Wirtschaft. Ein Beitrag zu interkultureller Kompetenz. Köln 1992.
Kraus, Karl, Ausgewählte Werke in 3 Bdn. München 1977.
Kretzenbacher, Heinz Leonhard/Segebrecht, Wulf, Vom Sie zum Du – mehr als eine neue Konvention? Hamburg/Zürich 1991.
Kreuzer, Peter, Graffiti-Lexikon. Wandkunst von A bis Z. München 1986.

Kuhn, Fritz, Überlegungen zur politischen Sprache der Alternativbewegung. In: Sprache und Literatur in Wissenschaft und Unterricht 51, 1983, 61-79.
Küpper, Heinz, Pons-Wörterbuch der deutschen Umgangssprache. Stuttgart 1987.
Lapp, Edgar: »Jugendsprache«: Sprechart und Sprachgeschichte seit 1945. Ein Literaturbericht. In: Sprache und Literatur in Wissenschaft und Unterricht 63, 1989, 53-75.
Lässig, Curt Lutz, Deutsch als Gerichts- und Amtssprache. Völker-, gemeinschafts- und verfassungsrechtliche Anforderungen an die Behandlung Deutschunkundiger im Gerichts- und Verwaltungsverfahren. Berlin 1980.
Latsch, Johannes, Die Bezeichnungen für Deutschland, seine Teile und die Deutschen. Eine lexikalische Analyse deutschlandpolitischer Leitartikel in bundesdeutschen Tageszeitungen 1950 – 1991. Frankfurt/M. u.a. 1994.
Leiss, Elisabeth, Die Verbalkategorien des Deutschen. Berlin/New York 1992.
Leiss, Elisabeth, Genus und Sexus. Kritische Anmerkungen zur Sexualisierung von Grammatik. In: LBer 152, 1994, 281-300.
Lemberg, Eugen/Edding, Fr. (Hgg.), Die Vertriebenen in Westdeutschland – Ihre Eingliederung und ihr Einfluß auf Gesellschaft, Wirtschaft, Politik und Geistesleben. 3 Bde. Kiel 1959.
Lerchner, Gotthard, Zur Spezifik der Gebrauchsweise der deutschen Sprache in der DDR und ihre gesellschaftliche Determination. In: Deutsch als Fremdsprache 11, 1974, 259-265.
Lerchner, Gotthard (Hg.), Sprachgebauch im Wandel. Anmerkungen zur Kommunikationskultur in der DDR vor und nach der Wende. Frankfurt/M. u.a. 1992.
Liebe Resendiz, Julia, Woran erkennen sich Ost- und Westdeutsche? – Eine Spracheinstellungsstudie am Beispiel von Rundfunksendungen. In: Welke/Sauer/Glück 1992, 127-140.
Lierow, Carl/Maletzke, Elsemarie, Dummdeutsch Zwo. Ein satirisch-polemisches Wörterbuch. Frankfurt/M. 1986.
Mader, Hans, Es ist echt zu bitter. Todesanzeigen gesammelt und kommentiert von H. M. Hamburg 1990.
Marcuse, Herbert, Der eindimensionale Mensch. Studien zur Ideologie der fortgeschrittenen Industriegesellschaft. Neuwied/Berlin 1967.
Martin Jordans Renategeschichten. In: Der Salmaxisbote 2, Nr. 6, Bremen 1994, 2-24.
Maus, Hansjörg, Werbedeutsch. In: Zierer, Otto (Hg.), Weisbuch zur Rettung der Sprache. München 1976, 29-48.
Menge, Wolfgang, Der verkaufte Verkäufer. Die Manipulation der Konsumgesellschaft. Frankfurt/M. 1973.
Metzler Lexikon Sprache. Hg. von Helmut Glück. Stuttgart/Weimar 1993.
Möckelmann, Jochen/Zander, Sönke, Form und Funktion der Werbeslogans. Untersuchung der Sprache und werbepsychologischen Methoden in der Slogans. Göppingen 1970.

Müller-Thurau, Claus Peter, Laß uns mal 'ne Schnecke angraben. Sprache und Sprüche der Jugendszene. Düsseldorf/Wien 1983.
Müller-Thurau, Claus Peter, Lexikon der Jugendsprache. Düsseldorf/Wien 1985.
Nerius, Dieter, Untersuchungen zu einer Reform der deutschen Orthographie. Berlin 1975.
Nerius, Dieter/Scharnhorst Jürgen, Theoretische Probleme der deutschen Orthographie. Berlin 1980.
Nerius, Dieter/Scharnhorst, Jürgen, Grundpositionen der Orthographie. In: dies. 1980, 11-73.
Neumann, Renate, Das wilde Schreiben. Graffiti, Sprüche und Zeichen am Rande der Straße. Essen 1991.
Packard, Vance, Die geheimen Verführer. Der Griff nach dem Unbewußten in Jedermann. Düsseldorf 1958.
Paul, Hermann, Deutschen Grammatik. 5 Bde. 1918-1920. Halle ^{5}1959.
Polenz, Peter von, Geschichte der deutschen Sprache. Berlin ^{8}1972.
Polenz, Peter von, Deutsche Satzsemantik. Grundbegriffe des Zwischen-den Zeilen-Lesens. Berlin/New York 1985.
Polenz, Peter von, Deutsche Sprachgeschichte vom Spätmittelalter bis zur Gegenwart. Bd. 1: Einführung, Grundbegriffe, Deutsch in der frühbürgerlichen Zeit. Berlin/New York 1991. Bd. II: 17. und 18. Jahrhundert. Berlin/New York 1994.
Pörksen, Uwe, Plastikwörter. Die Sprache einer internationalen Diktatur. Stuttgart ^{2}1988, ^{3}1989.
Prosinger, Wolfgang, Das rabenstarke Lexikon der Scene-Sprache. Frankfurt/M 1984.
Rath, Rainer, Korrektur und Anakoluth im gesprochenen Deutsch. In: LBer 37, 1975, 1-12.
Rees, Nigel, The Politically Correct Phrase Book. London 1994.
Reich, Hans H., Zwei Sprachen deutscher Nation? In: Abich, Hans (Hg.), Versuche über Deutschland. Bremen 1970, 216-228.
Reiher, Ruth/Läzer, Rüdiger (Hgg.), Wer spricht das wahre Deutsch? Erkundungen zur Sprache im vereinigten Deutschland. Berlin 1993.
Reimann, Ariane, Die Verlaufsform im Deutschen: Entwickelt das Deutsche eine Aspektkorrelation? Phil. Diss. Bamberg 1996.
Reiners, Ludwig, Stilfibel. Der sichere Weg zum guten Deutsch. München 1963, ^{16}1978.
Reiners, Ludwig, Stilkunst. Ein Lehrbuch deutscher Prosa. 1943. München 1953, 1976.
Röhl, Ernst, Deutsch-Deutsch. Ein satirisches Wörterbuch. Berlin 1991, ^{3}1992.
Roman, Christian, Chauvi sucht Emanze. Kontaktsuche in der Szene. Frankfurt/M. 1983, ^{5}1984.
Römer, Ruth, Die Sprache der Anzeigenwerbung. Düsseldorf 1968, ^{2}1971, ^{6}1976.
Roth, Roland, Kommunikationsstrukturen und Vernetzungen in neuen sozialen Bewegungen. In: ders./Rucht, Dieter (Hgg.), Neue soziale Bewegungen in der Bundesrepublik Deutschland. Bonn 1987, 68-88.

Russ, Charles V. J., Die Pluralbildung im Deutschen. In: ZGL 17, 1989, 58-67.
Sandig, Barbara, Zur historischen Kontinuität normativ diskriminierter Muster in spontaner Sprechsprache. In: Deutsche Sprache 3, 1973, 37-57.
Sandig, Barbara, Stilistik der deutschen Sprache. Berlin/New York 1986.
Sauer, Wolfgang Werner, Der *Duden*. Geschichte und Aktualität eines »Volkswörterbuchs«. Stuttgart 1988.
Sauer, Wolfgang Werner, Absage an Keiser und Mos. Der unaufhörliche Kampf um die deutsche Rechtschreibung: ein 90. Geburtstag. In: SZ 12.12.92, Feuilleton-Beilage, S. 149.
Sauer, Wolfgang W./Glück, Helmut, Norms and Reforms. Fixing the Form of the Language. In: Stevenson 1995, 69-93.
Schaeder, Burkhard, Wir sind ein Wörterbuch! – Wir sind das Wörterbuch! Duden Ost + Duden West = Einheitsduden? Zum Erscheinen der 20. Auflage *Duden. Die deutsche Rechtschreibung*. In: ZGL 22, 1994, 58-86.
Schick, Paul, Karl Kraus in Selbstzeugnissen und Bilddokumenten. Reinbek 1965
Schlobinski, Peter/Kohl, Gaby/Ludewigt, Irmgard: Jugendsprache. Fiktion und Wirklichkeit. Opladen 1993.
Schlosser, Horst Dieter, Die deutsche Sprache in der DDR zwischen Stalinismus und Demokratie. Historische, politische und kommunikative Bedingungen. Köln 1990.
Schlosser, Horst Dieter, Vom Reden und Schweigen in Ost und West. In: Gesellschaft für deutsche Sprache (Hg.), Wörter und Unwörter. Sinniges und Unsinniges der deutschen Gegenwartssprache. Niedernhausen/Ts. 1993, 143-151.
Schneider, Gisela, Monopolkapitalistische Manipulation mit Hilfe der Sprache. In: Wissenschaftliche Zeitschrift der PH Potsdam 14, 1970, 391-397.
Schneider, Wolf, Deutsch für Kenner. Die neue Stilkunde. Hamburg 1986, [3]1988.
Schönfeld, Sybil Gräfin, 1 x 1 des guten Tons. Das neuen Benimmbuch. Reinbek 1991.
Schönfeldt, Helmut, Auch sprachlich beigetreten? Sprachliche Entwicklungen im zusammenwachsenden Berlin. In: Reiher/Läzer 1993, 187-209.
Schröder, Marianne, Lexikographische Nach-Wende. Ein Überarbeitungsbericht. In: Lerchner 1992, 263-296.
Seibicke, Wilfried,Wie schreibt man gutes Deutsch? Mannheim 1969.
Siebs, Eduard, Deutsche Aussprache. Reine und gemäßigte Hochlautung mit Aussprachewörterbuch. Hg. H. von de Boor, H. Moser, und C. Winkler. Berlin 1969.
Skudlik, Sabine, Sprachen in der Wissenschaften. Deutsch und Englisch in der wissenschaftlichen Kommunikation. Tübingen 1990.
Sommerfeldt, Karl-Ernst (Hg.), Entwicklungstendenzen in der deutschen Gegenwartssprache. Leipzig 1988.

Sornig, Karl, Intim-Varianten. In: Rehbein, Jochen (Hg.), Interkulturelle Kommunikation. Tübingen 1985, 175-189.
Stark, Franz, Faszination Deutsch. Die Wiederentdeckung einer Sprache für Europa. München 1993. 2. überarbeitete Auflage unter dem Titel: Zauberwelt der deutschen Sprache. Geschichte ihres Wortschatzes und seiner Ausstrahlung. Moskau 1995.
Steinitz, Renate, Der Status der Kategorie »Aktionsart« in der Grammatik (oder: Gibt es Aktionsarten im Deutschen?). LS ZISW, Reihe A, Nr.76. Berlin DDR 1981.
Stephan, Cora, Der Betroffenheitskult. Eine politische Sittengeschichte. Berlin 1993
Stephan, Cora, Neue deutsche Etikette. Berlin 1995.
Stevenson, Patrick (ed.), The German Language and the Real World. Oxford 1995.
Storz, Gerhard, Deutsch als Aufgabe und als Vergnügen. Stuttgart 1984.
Stötzel, Georg, Der öffentliche Sprachgebrauch in der Bundesrepublik Deutschland seit 1945 – Entwicklungen und Auseinandersetzungen. In: Heringer 1994, 41-80.
Stötzel, Georg/Wengeler, Martin, Kontroverse Begriffe. Geschichte des öffentlichen Sprachgebrauchs in der Bundesrepublik Deutschland. Berlin/ New York 1995.
Teubert, Wolfgang, Sprachwandel und das Ende der DDR. In: Reiher/Läzer 1993, 28-52.
Thieroff, Rolf, Das finite Verb im Deutschen. Tempus – Modus – Distanz. Tübingen 1992.
Thieroff, Rolf (Hg.), Tense Systems in European Languages. Bd. 2. Tübingen 1995.
Thierse, Wolfgang, »Sprich, damit ich dich sehe«. Beobachtungen zum Verhältnis von Sprache und Politik in der DDR-Vergangenheit. In: Born/ Stickel 1993, 114-126.
Tucholsky, Kurt, Gesammelte Werke in zehn Bänden. Reinbek 1975.
van de Velde, M., Noch einmal zur Hauptsatzwortstellung im Nebensatz. In: Muttersprache 84, 1974, 77-80.
Wegener, Heide, Der Dativ im heutigen Deutsch. Tübingen 1985.
Wegener, Heide, Generative Morphologie und Deutsch als Fremd- und Zweitsprache. In: Jahrbuch Deutsch als Fremdsprache 21, 1995, 185-208.
Weinrich, Harald, Wege der Sprachkultur. Stuttgart 1985.
Weisgerber, Leo, Theudisk. Der deutsche Volksname und die westliche Sprachgrenze. Marburger Universitätsreden Nr.5, 1940. Wiederabgedruckt in: Eggers, Hans (Hg.), Der Volksname Deutsch. Darmstadt 1970, 103-165.
Weisgerber, Leo, Verschiebungen in der sprachlichen Einschätzung von Menschen und Sachen. Köln/Opladen 1958.
Weiskopf, Ferdinand Carl, »Ostdeutsch« und »Westdeutsch« oder über die Gefahr der Sprachentfremdung. In: Neue Deutsche Literatur 7, 1955, 79-88.
Welke, Klaus, Deutsche Sprache BRD/DDR. Reflexionen in der Linguistik der DDR. In: Welke/Sauer/Glück 1992, 1-14.

Welke, Klaus/Sauer, Wolfgang W./Glück, Helmut (Hgg.), Die deutsche Sprache nach der Wende (= Germanistische Linguistik, Bd. 110/111). Hildesheim 1992.
Willen, Günther, Gemein! Nomi est Omi. Ein Null-Fehler-Ritt durch die *Bild*-Zeitung. In: Titanic 11, 1988, 44-48.
Winter, Werner (Hg.), Anredeverhalten. Tübingen 1984.
Wörterbuch der deutschen Aussprache. Leipzig 1964, Leipzig/ München ^{2}1969.
Wörterbuch der deutschen Gegenwartssprache. Hg. von Ruth Klappenbach und Wolfgang Steinitz. 6 Bde. Berlin DDR 1962ff., ^{9}1978.
Wurzel, Wolfgang Ulrich, Flexionsmorphologie und Natürlichkeit: Ein Beitrag zur morphologischen Natürlichkeit. Berlin 1984.
Wurzel, Wolfgang Ulrich, Konrad Duden. Leipzig ^{2}1986.
Zentralinstitut für Sprachwissenschaft der Akademie der Wissenschaften der DDR (Hg.), Sprachwissenschaftliche Untersuchungen zu einer Reform der deutschen Orthographie (=LS ZISW, Reihe A, Nr. 83/I, II). Berlin 1981.
Zimmer, Dieter E., Redens Arten. Über Trends und Tollheiten im neudeutschen Sprachgebrauch. Zürich 1986.

Register

Printed in the United States
By Bookmasters